SCHRIFTEN DES KOLONIAL-INSTITUTS
DER HANSISCHEN UNIVERSITÄT
Band 2
Kolonialrechtliche Reihe Nr. 1

Alexander W. Braune

Die Rechtspflege in den britischen Gebieten Afrikas

HAMBURG
FRIEDERICHSEN, DE GRUYTER & CO.
1941

Die Rechtspflege in den britischen Gebieten Afrikas

von

Dr. iur. Alexander W. Braune

HAMBURG
FRIEDERICHSEN, DE GRUYTER & CO.
1941

D. 18.

Druck von Niemann & Moschinski, Hamburg 23, Kantstraße 18/20.

Meinen lieben Eltern

Gliederung.

Seite

Seite

I. Einleitung.

A. Die Entwicklung des kolonialen Gedankens in Deutschland seit dem Weltkrieg.

Der damalige Präsident der Vereinigten Staaten von Nordamerika, Thomas Woodrow Wilson, hatte besonders in seiner Kongreßbotschaft vom 8. 1. 1918 (bekannt als seine „14 Punkte") in deren fünftem Punkt[1] von einer „gerechten Lösung aller kolonialen Ansprüche" gesprochen. Entgegen dieser und wiederholter anderer Zusicherungen war während der Friedenskonferenz in Versailles von einem derarigen Vorgehen nichts zu spüren. Es gelang vielmehr dem unversöhnlichen britischen Premierminister David Lloyd George und dem französischen Ministerpräsidenten Georges Clemenceau dem Reiche seine gesamten Außenbesitzungen ohne irgendeine Entschädigung abzunehmen. Unter anderem hatte man gemäß Artikel 119 bis 127 des Friedensdiktates von Versailles dem Reiche auch seine Kolonien entzogen und sie gemäß Artikel 22 der Völkerbundssatzung nach einem Gedanken des südafrikanischen Generals Smuts als „Mandate" an die Siegermächte verteilt.

In der Nachkriegszeit drohte der koloniale Gedanke im deutschen Volke wieder zu erlöschen, weil jede Verbindung zu den Kolonien zunächst abriß, und der einzelne Volksgenosse infolge der schweren wirtschaftlichen und politischen Lage des Reiches kaum mehr ein Interesse für Kolonien aufzubringen vermochte. Ein Vorgang, wie er sich ähnlich bereits mehrere Male im deutschen Volke abgespielt hat, so insbesondere nach den Kolonisationsversuchen der reichen Augsburger Bankierfamilie Welser (1529) in Venezuela und nach dem Verlust der um 1680 erworbenen kurbrandenburgischen Kolonien[2] im Jahre 1717.

Im Zuge der Erneuerung des gesamten deutschen Lebens durch den Nationalsozialismus erhielt jedoch der koloniale Gedanke wieder einen bedeutenden Auftrieb. Dies war z. B. zum Ausdruck gekommen in der Zusammenfassung aller kolonialen Verbände und Bestrebungen im Reichskolonialbund, durch Gründung von Kolonialschulen (so in Rendsburg und Witzenhausen) und nicht zuletzt auch in der Be-

[1] „Das Programm des Weltfriedens ist daher unser Programm, und dieses Programm — unserer Auffassung nach das einzig mögliche — ist folgendes:

. . . 5. Eine freie, weitherzige und unbedingt unparteiische Schlichtung aller kolonialen Ansprüche, die auf einer genauen Beobachtung des Grundsatzes fußt, daß bei der Entscheidung aller derartigen Souveränitätsfragen die Interessen der betroffenen Bevölkerung ein ebensolches Gewicht haben müssen, wie die berechtigten Forderungen der Regierung, deren Rechtsanspruch bestimmt werden soll."

[2] Mayer, im Buch der deutschen Kolonien S. 18 ff.

lebung eines Schrifttums, das ganz energisch und zwingend den deutschen Kolonialanspruch begründete und die Unhaltbarkeit der Kolonialschuldlüge dartat.

Wir benötigen Kolonien nicht nur aus wirtschaftlichen Gründen, sondern es ist für eine führende Kulturnation wie die deutsche eine Frage der Ehre, an der kolonialen Entwicklung teilzuhaben. Außerdem besteht eine dringende Notwendigkeit, die wissenschaftlichen Kräfte Deutschlands in den Kolonien anzusetzen, die ihrer besonders in medizinischer Hinsicht benötigen.

Die NSDAP. hat schon in ihrem Programm vom 24. 2. 1920[3] die Wiedergutmachung des Deutschland durch das Versailler Diktat zugefügten kolonialen Unrechts gefordert. Im Jahre 1937 fand die deutsche Kolonialforderung aus berufenstem Munde ihre Sanktionierung und die Kolonialschuldlüge ihre schlagende Abweisung. Die Äußerungen des Führers[4], sowie anderer hoher nationalsozialistischer Persönlichkeiten lassen nicht den geringsten Zweifel daran aufkommen, daß der Drang in überseeische Gebiete vom Reiche in jeder Hinsicht geschützt und gefördert wird, und daß die Erfüllung der kolonialen Ansprüche als eines der Hochziele der nationalsozialistischen Bewegung anzusehen ist.

B. Unsere Aufgabe bezüglich der zukünftigen Kolonial-Rechtspflege.

Ist der Rückerwerb unseres Kolonialeigentums nach dem Gesagten über kurz oder lang zu erwarten, so bedürfen sämtliche kolonialen Kräfte einer erhöhten Einsatzbereitschaft. Dieses gilt vornehmlich auch für die theoretische Vorbereitung durch die Kolonialwissenschaften, und hier nicht zuletzt durch die Rechtswissenschaft, da sie — wie noch zu zeigen sein wird — ein wichtiges Glied der Kolonialpolitik ausmacht, andererseits aber wie kein anderer Wissenszweig die Verbindung mit den Kolonien verloren hatte. Der Philologe beschäftigte sich weiter ausgiebig mit den afrikanischen Sprachen. Die Tropenmedizin stellte nach wie vor einen wichtigen Zweig der deutschen Heilkunde dar. Der Theologe blieb durch die Missionen aufs engste mit außerdeutschen Gebieten verbunden. Nur die Rechtswissenschaft hatte sich ganz auf deutsches Reichsgebiet zurückgezogen, sofern man die geringe und praktisch unbedeutende deutsche Konsular-Gerichtsbarkeit außer acht läßt.

Voraussetzung für die Vorbereitung jeder zukünftigen Rechtsgestaltung in den Kolonien ist jedoch, daß man sich zumindest in gro-

[3] 3. Punkt: „Wir fordern Land und Boden (Kolonien) zur Ernährung unseres Volkes und Ansiedlung unseres Bevölkerungsüberschusses."

[4] Gegenüber dem Sonderkorrespondenten der „Daily Mail" (Ward Price) im Oktober 1933; in der Reichstagsrede vom 30. 1. 1937; auf dem Parteitag der Arbeit 1937; auf dem Bückeberg am 3. 10. 1937; gegenüber dem britischen Botschafter am 25. 8. 1939; in der Reichstagsrede vom 6. 10. 1939.

ßen Zügen ein Bild von der einzuschlagenden Kolonialpolitk macht. Blickt man in der Geschichte zurück, so lassen sich folgende „Typen" möglicher Gestaltung herausarbeiten:

1. Die brutale Unterdrückung und Ausrottung der Eingeborenen mit allen Mitteln, die europäische Kultur und Unkultur ersinnen kann. Dieses Verfahren wurde angewandt besonders in Nordamerika und Australien. Eine Beschreitung dieses Weges ist der deutschen Nation jedoch unwürdig und bedarf deshalb keiner weiteren Erörterung.

2. Eine weitere Möglichkeit bildet die weitgehende Förderung der Rassenmischung zwischen Eindringlingen und Eingeborenen. Das ist geschehen z. B. in Mittel- und Südamerika. Dieser Weg hat sich nicht nur in der Vergangenheit bei den romanischen Völkern (Portugiesen, Spanier) besonderer Beliebtheit erfreut, sondern wird auch heute noch insbesondere von Frankreich vorgezogen. Nach einem Ausspruch des früheren französischen Kolonialministers Sarraut[5] umfaßt das französische Imperium 100 Millionen „Franzosen" — weißer, gelber und schwarzer Hautfarbe, allerdings verschiedener Kulturstufen. Bis vor kurzem noch war die gleiche Einstellung gegenüber den Kolonialvölkern auch herrschend in Italien. In der letzten Zeit hat sich jedoch die italienische Kolonialpolitik durch Einbeziehung des Rassegedankens grundlegend gewandelt.

3. Demgegenüber haben z. B. England und Belgien einen anderen Weg eingeschlagen, indem sie eine „Symbiose" eingegangen sind, soll heißen: ein gedeihliches Zusammenleben mit den Eingeborenen unter Wahrung beiderseitiger Rassereinheit. Speziell für die Engländer hat Lord Lugard eine treffende Formulierung gegeben: Englische Kolonialpolitik bezwecke eine treuhänderische Förderung der Entwicklung der Eingeborenen und Hebung der Kolonialschätze im Interesse der Menschheit[6].

Deutschland hatte sich in seinen Schutzgebieten praktisch zum Prinzip der Rassentrennung bekannt, wenn auch dieser Grundsatz theoretisch manchmal angezweifelt wurde. Heute wird nach den klaren Erkenntnissen und Zielsetzungen des Führers man diesen Weg ganz bewußt beschreiten, wie man ihn in Deutschland selbst bereits vor allem in der Judengesetzgebung gegangen ist. Allerdings muß schon hier betont werden, daß Rassentrennung nichts mit Rassenunterdrückung zu tun hat, wie man im Auslande oft fälschlicherweise glaubt. Vielmehr gibt gerade die Rassentrennung im Gegensatz zu den anderen Kolonialmethoden den Eingeborenen weitesten Spielraum für eine ihrem Wesen am besten entsprechende eigenständige Entwicklung.

Sämtliche wissenschaftlichen Untersuchungen bezüglich der künftigen deutschen Kolonialpolitik haben also vom Grundsatz der Rassentrennung auszugehen, um der deutschen Anschauung gerecht zu

[5] Rohrbach S. 214 ff.

[6] Rohrbach S. 221.

werden. Unter demselben Gesichtspunkte müssen auch die Forschungen auf rechtswissenschaftlichem Gebiete betrieben werden. In Ermangelung eigener praktischer Erfahrung in der neuesten Zeit können hier aber nur die Erkenntnisse anderer Kolonialvölker zugrunde gelegt werden, wenn eine theoretische Vorbereitung erfolgreich sein soll. Es ist in erster Linie die britische Kolonial-Rechtspflege, die sich dem deutschen Rassenstandpunkt am weitesten nähert und deshalb herangezogen zu werden verdient.

Aufgabe der vorliegenden Arbeit soll es darum sein, die britische Rechtspflege in Afrika zu schildern und sie mit der früheren deutschen zu vergleichen; Gutes und Schlechtes an ihr herauszukehren, um so einen Ausblick geben zu können auf Möglichkeiten, welche der künftigen deutschen Rechtspflege in Afrika offen stehen. Zugleich möchte diese Arbeit künftigen Kolonialbeamten die Möglichkeit rascher Orientierung über den bisherigen Rechtszustand bieten, wenn sie unsere alten Schutzgebiete und vermutlich auch neue Kolonien dereinst übernehmen sollen. Größtmögliche Vollständigkeit der Gesetzgebung und der einschlägigen Literatur wurde angestrebt, aber jeder, der die Schwierigkeiten der Beschaffung ausländischer Literatur in den letzten Jahren kennt, wird dem Verfasser zugute halten, daß dieses Ziel nur annäherungsweise erreicht werden konnte. Während der Drucklegung dieser Arbeit erschienen noch einige einschlägige Aufsätze, die nur im Literaturverzeichnis berücksichtigt werden konnten, nicht aber mehr im Text selbst, da der Verfasser zur Wehrmacht einberufen wurde.

II. Die britische und deutsche Kolonial-Rechtspflege in Afrika.

Wenn soeben vom Studium der „Rechtspflege" die Rede war, so interessiert zunächst, inwieweit hierbei auch „Gesetzgebung" und „Verwaltung" hineinspielen, das heißt, ob und wie sich die rechtsprechende von den beiden anderen Gewalten abgrenzen lasse.

Der Gedanke der Gewaltentrennung hat im Staatsrecht beinahe aller europäischer Länder Fuß gefaßt, und in Deutschland seine schärfste Ausprägung in der Weimarer Reichsverfassung vom 11. 8. 1919 gefunden. Dieser Standpunkt ist insbesondere durch das Ermächtigungsgesetz vom 24. 3. 1933 und das Staatsoberhaupt-Gesetz vom 1. 8. 1934 in Deutschland wieder verlassen worden, so daß heute — ähnlich wie in England — die Gewaltenteilung nur noch im Sinne einer Zuständigkeitsverteilung zu verstehen ist.

In Deutschland hat sich diese Erkenntnis allerdings erst auf Grund der gesammelten politischen Erfahrungen Bahn gebrochen, während eine derartige Auffassung dem Engländer schon von vornherein näher gelegen hat. Deutschland hatte deshalb im Gegensatz zu England versucht, auch in den Schutzgebieten dem Prinzip der Gewaltentrennung und -hemmung Geltung zu verschaffen — zumindest für die weiße Bevölkerung[7]. England hingegen hat sich niemals ganz auf diesen Grundsatz festgelegt, wie überhaupt einziger englischer Grundsatz ist, möglichst keine Grundsätze zu haben[8]. Es muß vielmehr schon hier betont werden, daß England durch Förderung einer möglichst vielseitigen und immer wieder differenzierten Entwicklung auch auf kolonialem Gebiete instand gesetzt wird, eine Art „Schaukelpolitik" zu treiben, die es ihm gestattet, seine Herrschaft mit einem Minimum von Kraftaufwand und Risiko aufrecht zu erhalten[9].

A. Einführung in die Geschichte, Verwaltung und Gerichtsverfassung der einzelnen Gebiete.

Da England sich auch in seinen afrikanischen Kolonien nicht auf den Grundsatz der Gewaltentrennung festgelegt, liegen Rechtspflege und Verwaltung der einzelnen Gebiete fast durchweg in ein und derselben Hand. Daher ist es nicht ratsam, diese beiden Gebiete voneinander zu trennen, so daß bei der Rechtspflege auch immer wird auf

---

[7] Blumhagen, „Südwestafrika" S. 58 ff.
[8] „Prinzipien der britischen Außenpolitik" S. 7.
[9] „Prinzipien der britischen Außenpolitik" S. 28.

die Verwaltung eingegangen werden müssen. Ferner erfordern die jeweils mehr oder minder voneinander abweichenden Gerichtsverfassungen und Verwaltungen der einzelnen Gebiete auch ein kurzes Eingehen auf deren geschichtliche Entwicklung bis zum heutigen Zustande.

Die Vielheit und Buntscheckigkeit aller englischen Gebiete Afrikas zwingt — zum Zwecke der Darstellung der geschichtlichen Entwicklung, der Verwaltung und der Gerichtsverfassung — zu einer gewissen Gruppierung. Diese läßt sich am besten in der unterschiedlichen Eingeborenenpolitik finden, sofern man nicht rein regional vorgehen will (Süd-, West- und Ostafrika). Die englische Eingeborenen-Politik neigt entweder mehr zu der sogenannten „indirect rule" mit Hilfe der Eingeborenen oder zur „direkten Verwaltung" durch europäische Beamte.

a. Die Territorien mit überwiegend „direkter Verwaltung".

1. The Union of South Africa.

(a) Geschichte und heutiges Bild der Union of South Africa[10].

Vier Jahre nach Abschluß des westfälischen Friedens (1648), in dem die Niederlande auch rechtlich ihre Selbständigkeit gegenüber dem deutschen Reiche durchgesetzt hatten, begann die Niederländisch-Ostindische Kompanie die Erwerbung und Verwaltung Südafrikas. Schon die ersten Kolonisten brachten das in ihrer Heimat geltende holländisch-römische Recht mit[11], das sich bis heute gehalten hat. Bis zu den napoleonischen Kriegen sah sich Holland in dem ungetrübten Genuß des Besitzes von Südafrika. In jener Zeit erst glaubte der damalige Statthalter der Niederlande, Prinz von Oranien, gezwungen zu sein, das Kapland unter britischen Schutz zu stellen. Dies nutzten die Engländer jedoch aus, indem sie Südafrika für sich eroberten, so daß es mit den Kapitulations-Bestimmungen vom 16. 9. 1795 unter englische Oberherrschaft kam. Vorübergehend (1803—1806) gab England das Kapland wieder an die damalige „Batavische Republik" (= Holland) zurück, um es dann aber endgültig zu erobern und zu behalten. Mit den neuen Herren hielt auch ein neues Recht Einzug — insbesondere seit der Charter of Justice of 1827 steigerte sich der Einfluß des englischen Rechtes[12] (hauptsächlich Handels- und Verfahrensrecht).

Der unstillbare Freiheitsdrang der Buren und die Zwangs- und Willkürherrschaft der Briten führten um 1836 zu dem großen „trek" (= Wanderung der Buren nach Norden) und zur Gründung der Buren-Republiken Natal, Oranje-Freistaat und Transvaal im Jahre 1837. In der Folgezeit ging England dazu über, einerseits die Buren-

---

[10] Hoops S. 25 ff., 84 ff.
[11] Hailey S. 267.
[12] Hailey S. 267.

staaten durch immerwährende Annektionsversuche und bewaffnete Einfälle zu beunruhigen, andererseits einer weiteren Ausdehnung des burischen Elementes dadurch entgegenzutreten, daß es sich in den südafrikanischen Eingeborenen-Protektoraten (Basutoland, Bechuanaland und Swaziland) und in Südrhodesien festsetzte. Ohm Krüger, der Präsident der „Südafrikanischen Republik" (= Transvaal), trachtete nach dieser Einkreisung der völligen Abwürgung der Burenstaaten zu entgehen, indem er um den Schutz des Deutschen Reiches bat. Bismarck lehnte jedoch ab[13]. Immerhin bekundete der deutsche Kaiser seine Anteilnahme in der sogenannten Krüger-Depesche.

Goldfunde am Witwatersrand und die Entdeckung von Diamanten in Kimberley beschleunigten nun die Herbeiführung einer endgültigen Auseinandersetzung zwischen Buren und Engländern. 1899—1902 schritt England dann zu einem großangelegten Kriege und zu einer grausamen Niederwerfung der Buren.

Durch die Einführung des „responsible government" 1906 in Transvaal, 1907 im Oranje-Freistaat wurde dann die Gleichstellung mit dem Kapland und Natal vollzogen und die Grundlage für die Union of South-Africa geschaffen. Bereits 1907 ging man an eine Vereinigung des Zoll- und Eisenbahnwesens und die Schaffung eines allen vier Provinzen gemeinsamen Berufungsgerichtes. Den Schlußstein dieser Entwicklung bildete dann die Unions-Verfassung (S. A. A.) vom 31. 5. 1910[14]. Ein letztes Mal suchte sich das burische Element bei Ausbruch des Weltkrieges teilweise gewaltsam gegen England zu erheben, was aber infolge der Uneinigkeit im eigenen Lager nicht zu dem gewünschten Erfolge geführt hat.

In der Nachkriegszeit ist es dann der Südafrikanischen Union gelungen — ebenso wie anderen britischen Dominien —, ihre vollständige Unabhängigkeit vom englischen Mutterlande zu erlangen. Als Mitglied der British Commonwealth of Nations steht die Union heute nur noch durch die Personalunion des englischen Königs in staatsrechtlicher Verbindung mit Großbritannien.

Neben z. B. wirtschaftlichen Sorgen[15] entspringen heute die größten Probleme für die Union einerseits aus dem Verhältnis der Weißen zu den Eingeborenen (das im wesentlichen durch die „Farbenschranke" bestimmt ist), andererseits aus den immer noch fortwährenden Spannungen zwischen Buren und Engländern. Die ständig steigende Zahl der Mischlinge aller Rassen (Europäer, Neger, Malaien, Ostasiaten) beginnt sich ebenfalls als schwere innenpolitische Belastung auszuwirken. Immerhin scheint die Entwicklung dahin zu gehen, daß die beiden weißen Völker allmählich einem Ausgleich

[13] Mayer, im Buch der deutschen Kolonien, S. 26.

[14] Abgedr. bei Hoops S. 142 ff.

[15] Südafrika hat etwa 200 000 „poor whites", das sind besitz- und arbeitslose Weiße, die infolge „Verkafferung" das Ansehen der übrigen Europäer zu untergraben drohen. (Pahl S. 39.)

und einer Verschmelzung näher kommen. England trägt zwar auf der einen Seite dem ständig wachsenden burischen Einfluß Rechnung (z. B. durch zeitweise Duldung des burischen Ministerpräsidenten James Hertzog), auf der anderen Seite fesselt es jedoch Südafrika immer enger an sich durch Aufprägung des englischen Lebensstils und dadurch Hebung des mittelbaren Einflusses.

(b) Die Verwaltung der Union.

Nach dem „Royal Executive Functions and Seals Act of 1934" ist noch immer der englische König das Haupt der Verwaltung der Union. In allen die Union betreffenden Angelegenheiten kann er jedoch nur auf Rat seiner Südafrikanischen Minister handeln. „The Executive Government of the Union — — — — may be administered by His Majesty in person or by a Governor-General as his representative" — als Stellvertreter des Königs handelt der Governor-General in Council[16]. Das Hauptgewicht der Verwaltung liegt jedoch bei den (1937) 16 Ministerien, die von elf Ministern verwaltet werden[17].

Der erwähnte Grundsatz der Verbindung von Verwaltung und Rechtsprechung hat für die eben geschilderten hohen Spitzenbehörden keine Gültigkeit, wohl aber für die mittlere und untere Verwaltung. Diese letztere wird ausgeübt von den sogenannten „Provincial Committees" und den „Magistrates"[18].

Dem Wesen der direkten Verwaltung entspricht es, daß die Exekutive ganz in der Hand europäischer Organe liegt und trotz des „Native Administration Act of 1927" noch heute von ihnen ausgeübt wird. Die Vollmachten der Häuptlinge der Eingeborenen gehen nur dahin, Verbrechen zu verhindern und aufzudecken, die Steuerbehörden bei der Erfassung der Eingeborenen und bei der Einziehung der Steuern zu unterstützen, den Arbeitseinsatz zu regeln, Gesetze betreffend Landesverteilung auszuführen, ungesetzliche Versammlungen aufzulösen[19] — nicht aber, wie etwa in den Ländern der indirect rule, selbständig verwaltend tätig zu werden.

Für Eingeborenen-Angelegenheiten waren zunächst in den vier späteren Unions-Provinzen (Kapland, Natal, Oranje-Freistaat und Transvaal) „Native Affairs Departments" geschaffen worden und die Gouverneure hatten die Stellungen von Eingeborenen-Oberhäuptlingen angenommen. Bei Gründung der Union übernahm der „Governor-General in Council of the Union" die Stellungen der Einzelgouverneure als Oberhäuptlinge; ebenso gingen die Geschäfte der einzelnen „Native Affairs Departments" auf ein zentrales der Union über[20].

---

[16] Act No. 69 of 1934 sec. 4[1], abgedr. bei Hoops S. 202.
[17] South-Africa Act sec. 14[1], abgedr. bei Hoops S. 145.
[18] Hailey S. 145 ff.
[19] Hailey S. 345, 371.
[20] Hailey S. 363 f.

(c) Die Gerichtsverfassung der Union.

Sieht man sich die Organisation der Gerichte in der Südafrikanischen Union genauer an, so müssen wir als Deutsche in wichtigen Punkten eine ganz andere Systematik feststellen, als sie bei uns üblich ist. Die Prinzipienlosigkeit des Engländers hat in den verschiedenen Gebieten die mannigfaltigsten und sich offenbar widersprechenden Gebilde sich entwickeln lassen. Als ganz krasse Abweichungen von unserer Anschauung soll schon jetzt — und nicht nur für die Union — folgendes hervorgehoben werden:

1. Verwaltung und Justiz sind zumindest in den unteren und mittleren Behörden weitgehend miteinander verknüpft.
2. Das Schwergewicht der englischen Rechtsprechung liegt im Gegensatz zur deutschen nicht bei den unteren Gerichten (in Deutschland Amtsgericht, Landgericht, in unseren Kolonien Bezirksgericht), sondern bei den höheren (High oder Supreme Courts).
3. Es besteht nirgends eine klare Grenze zwischen der Rechtsprechung für Weiße und derjenigen für Eingeborene, wie sie in den deutschen Kolonien selbstverständlich war. Allerdings sind die „Native Courts" Gerichte, die ausschließlich für Eingeborene bestimmt sind; ihrer Rechtsprechung unterliegt ein Europäer niemals[21].

(A) Die magisterial courts.

Während der Herrschaft der Niederländisch-Ostindischen Kompanie wurde die Gerichtsbarkeit geübt von vier Bezirksgerichten (in Kapstadt, Stellenbosch, Swellendam und Graaf-Reinet), die aus dem „Landdrost" und seinem Verwaltungsstabe bestanden. Bis zur Errichtung eines „Hohen Gerichtshofes" in Kapstadt am Ende des 17. Jahrhunderts war der Staatsrat für Berufungen zuständig gewesen. Höchste Instanz bildete das oberste Gericht in den Vereinigten Niederlanden[22].

Nach der Machtergreifung durch die Engländer waren zunächst Gerichtsbarkeit und Verwaltung miteinander verbunden; sie wurden 1834 durch Schaffung eines „Supreme Courts" wenigstens in der Spitze voneinander gelöst[23]. Seitdem bestehen bis heute die Gerichtsbehörden für die Weißen aus „Inferior Courts" (= untere Gerichte), deren Richter zugleich Verwaltungsbeamte sind und „Superior Courts" (= höhere Gerichte).

Die unteren Gerichte sind die „Justices of the Peace" (= Friedensrichter). Über ihnen stehen, zugleich als Berufungsgerichte gegen deren Entscheidungen, die „Magistrates' Courts". Von dem Magistratsgericht gehen Berufungen an den „Superior Courts",

[21] Lugard S. 550.
[22] Hoops S. 26.
[23] Hoops S. 30.

der regelmäßig Teil des „Supreme Courts of South-Africa" ist. Die Zuständigkeit desselben ist örtlich bestimmt, und zwar:

1. besonders für die südlichen Teile der Kap-Provinz: die Provincial Division of the Cape-Province,
2. für Natal: die Provincial Division of Natal,
3. für den Oranje-Freistaat: die Provincial Division of the Orange-Free-State,
4. besonders für die nördlichen Teile Transvaals: die Provincial Division of Transvaal[24],
5. besonders für die östlichen Teile der Kap-Provinz: die Eeastern District Local Division,
6. besonders für die westlichen Teile der Kap-Provinz: die Griqualand West Local Division,
7. besonders für die südlichen Teile Transvaals: die Witwatersrand Local Division[25],
8. für sonstige, besonders die menschenarmen Gebiete: die „Circuit Courts" (= Rundreisegerichte)[26].

Höchste Instanz für die gesamte Union ist die „Appellate Division of the Supreme Courts". Für Berufungen gegen Entscheidungen, die bereits als Sprüche zweiter oder gar dritter Instanz ergangen sind, ist eine „special leave to appeal" (= besondere Erlaubnis der letzten Instanz, bei der Appellationsabteilung Berufung einzulegen zu dürfen) erforderlich[27].

1844 war durch den „Judicial Committee Act" der englische „Privy Council" in London als das höchste Gericht des ganzen Empire eingesetzt worden[28]. Trotz der inzwischen eingetretenen staats- und völkerrechtlichen Entwicklung Südafrikas zum unabhängigen Dominion ist der Union bisher noch immer diese allerletzte Appellationsinstanz erhalten geblieben. Allerdings bedarf jede Anrufung des Privy Council einer besonderen Zuständigkeitserteilung — einer „special leave to appeal" —, die von der Appellate Division verständlicherweise im Interesse der Unabhängigkeit der Union höchst sparsam vergeben wird. Die Union hat jedoch auch schon entsprechende gesetzliche Handhaben, um sich unter Umständen auch insofern von England frei zu machen[29].

(B) Die native courts.

Die Buren haben die Eingeborenen von vornherein immer nur als ihr Arbeitskapital betrachtet und sie dementsprechend als Menschen zweiter Klasse behandelt; die Engländer hingegen sind negro-

[24] Martens-Karstedt S. 228 ff.; Hailey S. 281.
[25] Martens-Karstedt S. 228 ff.; Krüger.
[26] S.A.A. sec. 98[2], abgedr. bei Hoops S. 170.
[27] S.A.A. sec. 105[1], abgedr. bei Hoops S. 172 f.
[28] Hoops S. 30.
[29] Hoops S. 77 ff., 66 ff. (Statute of Westminster, 1931 — Status of the Union Act, 1934 — Royal Functions and Seals Act, 1934).

phil eingestellt. Diese grundverschiedene Haltung gegenüber den Eingeborenen äußerte sich in der Union bis in die letzte Zeit hinein durch eine unsichere und zwiespältige Eingeborenen-Politik, obwohl Ansätze zur Vereinheitlichung gemacht worden sind[30]. Diese Tatsache wiederum blieb nicht ohne Rückwirkung auf die Rechtspflege. So gab es z. B. bis zum Jahre 1927 keine einheitliche Anerkennung des Eingeborenen-Rechts in der Union als Ganzes, obwohl es teilweise örtlich und mehr inoffiziell doch eine erhebliche Rolle gespielt hat. Diesen unhaltbaren Zustand änderte erst der „Native Administration Act of 1927" durch Anerkennung auch des Eingeborenen-Rechts für das gesamte Unions-Gebiet.

Die von früher her noch inoffiziell rechtsprechenden „chiefs" und „headmen" erhielten durch das genannte Gesetz wieder eine rechtliche Grundlage für die Ausübung der Zivil- und Strafrechtspflege. Diesen Häuptlingsgerichten wird jedoch nur ein geringes Vertrauen entgegengebracht[31], was sich besonders in der starken Beschränkung ihrer Zuständigkeit äußert: In Strafsachen können sie nur Geldstrafen bis zu 5 Pfund bzw. Abgabe von Vieh bis zu zwei Stück verhängen[32]. Prinzip der südafrikanischen Eingeborenenpolitik ist es, nur stammesangehörige Eingeborene der Rechtsprechung der native courts unterzuordnen[33]. In allen übrigen Fällen sollen die Eingeborenen den „Magisterial Courts" zugeführt werden. Dies Verfahren bereits insofern Schwierigkeiten, als manche Eingeborene zwar ihren Stamm bereits verlassen, aber noch nicht diejenige Kulturstufe erreicht haben, wo man unbedenklich europäisches Recht auf sie anwenden kann. Diese halbzivilisierte Zwischenschicht wird insbesondere gebildet durch die Hottentotten, die überhaupt keinen stammesmäßigen Zusammenhalt mehr zeigen, während z. B. die Kaffern und Zulus in ihren Reservaten noch eine gewisse Stammesorganisation aufrechterhalten haben[34].

Einigermaßen entwickelt scheinen die native courts in Transvaal und Natal zu sein, nicht so hingegen in der Kap-Provinz und dem Oranje-Freistaat. Dieser Schluß kann insbesondere auf Grund der Tatsache gezogen werden, daß die Native Commissioners' Courts (= die Gerichte der europäischen Verwaltung für Eingeborenen-Prozesse) nur in Transvaal und Natal Berufungsgerichte gegen Entscheidungen der native courts sind, während sie in der Kap-Provinz und im Oranje-Freistaat im allgemeinen als erste Instanz für Eingeborenen-Sachen dienen. Es geht ein Bestreben dahin, die Funktionen der Native Commissioners' Courts (nur für Eingeborene) und die der Magisterial Courts (hauptsächlich für Weiße) in einem Gericht zu vereinigen[35]. Dies kann jedoch nur dort geschehen, wo

---

[30] Pahl S. 34; Hailey S. 348.
[31] Hailey S. 281, 300.
[32] Hailey S. 284.
[33] Hailey S. 348, 509.
[34] Hailey S. 372.
[35] Hailey S. 368.

sich der Verwaltungsbeamte auch eingehend den Eingeborenenangelegenheiten widmen kann. Das ist z. B. nicht der Fall in den von Weißen dicht bevölkerten Gebieten, zumal er dort meist schon die erste Eingeborenen-Instanz sein würde; sicher aber könnte eine Zusammenlegung möglich sein z. B. in reinen Eingeborenengebieten („Reservaten"), wo größtenteils schon eine gewisse Vorarbeit durch erstinstanzlich zuständige native courts geleistet wurde.

Den Native Commissioner's Courts obliegt keine Rechtsprechung in Personenstandssachen, Testamentsfragen und bezüglich ziviler oder christlicher Eingeborenen-Ehen. Für letzteren Fall sind vielmehr erstinstanzlich zuständig besondere „Native Divorce Courts" (= Eingeborenen-Scheidungsgerichte) und zwar eines für die Kap-Provinz und den Oranje-Freistaat, ein zweites für Transvaal und Natal. Berufungen gehen an die zuständigen Local Divisions des Supreme Court[36].

Gegen Entscheidungen der Native Commissioners' Courts oder der Magisterial Courts können Eingeborene in Zivilsachen Berufung einlegen bei einem der zwei „Native Courts of Appeal"; der eine ist zuständig für die Kap-Provinz und den Oranje-Freistaat, der andere für Transvaal und Natal[37].

Für eine Berufung in Strafsachen ist entweder zuständig der Supreme Court von Südafrika oder der „Native High Court of Natal". Die Zuständigkeit des Native High Court of Natal erklärt sich wohl daraus, daß Natal die einzig bedeutende Kodifikation des Eingeborenenrechts besitzt[38]. (Proclamation No. 168 of 1932[39].)

In Zivilsachen ist gegen die Entscheidungen der native courts of appeal endlich noch eine weitere Berufung an die Appellate Division des Supreme Court zulässig, falls es der Minister für Eingeborenenangelegenheiten veranlaßt[40].

Von hier aus ist — allerdings mehr theoretisch — der Weg frei für eine endgültige Stellungnahme durch den Privy Council — wie bei der Rechtsprechung der Magisterial Courts bereits erörtert wurde.

Die Ausübung der Eingeborenen-Gerichtsbarkeit durch die Native Commissioners' Courts der weißen Verwaltungsbeamten wird heftig angegriffen[41]. In der Tat scheint ihre Rechtsprechung wenig befriedigend auszufallen, wenn man die Argumente hört:

1. Die courts sind mit Prozessen überlastet.
2. Da keine Kenntnis der Eingeborenen-Sprachen vorgeschrieben ist, wird weitgehend von oft mangelhaften weißen Dolmetschern Gebrauch gemacht, denen in den seltensten Fällen die Landessitten bekannt sind.

---

[36] Clough S. 334 ff.
[37] Hailey S. 282 f.
[38] Hailey S. 281; Clough S. 334 ff.
[39] Siehe Anhang.
[40] Official Yearbook S. 399 ff.
[41] Hailey S. 282 ff.

3. Oft sind die Richter auch einem gewissen öffentlichen Druck ausgesetzt, daß dies oder jenes schärfer oder milder zu bestrafen sei. So spielt z. B. die öffentliche Meinung im Falle von Vieh-Diebstählen durch Eingeborene oft eine große Rolle.
4. Endlich hätten die Eingeborenen wenig Verständnis für das angewandte europäische Verfahren und die mehreren übereinander getürmten Instanzen.

Obwohl auch das Native Courts'-System noch sehr große Schwächen zeigt, hat man sich im Hinblick auf die genannten Mängel bei der Rechtsprechung durch europäische Gerichte doch entschlossen, die Macht der Häuptlinge möglichst zu festigen und das Eingeborenen-Gerichtssystem weiter auszubauen[42]. Zur Verbesserung des Eingeborenen-Gerichtssystems plant man, die native courts im Laufe der Zeit mit immer mehr Vollmachten und Zuständigkeiten zu umgeben — dies allerdings nur auf dem Gebiete der Rechtspflege, nicht dem der Exekutive, da man vom Prinzip der direkten Verwaltung nicht abzugehen gedenkt.

aa) Die Entwicklung der native courts in der Cape Province[43].

In gewohnter Art und Weise gingen die Engländer nach Inbesitznahme von Ciskei in der Entrechtung der Eingeborenen stufenweise vor. Ursprünglich hatte man den Eingeborenen-Häuptlingen alle ihre Rechte gelassen — also auch das der Rechtsprechung — und behielt sich nur ein gewisses Maß von Einfluß- und Aufsichtsmöglichkeit im Rahmen der abgeschlossenen Verträge vor. Seit 1847 begannen die Engländer dann allmählich, die Macht ihrer Verwaltungsbeamten auszudehnen. Die Häuptlinge wurden unter strengere Aufsicht genommen und ab 1855 von der britischen Kolonialverwaltung besoldet. Außerdem bekamen sie bei ihren gerichtlichen Sitzungen einen englischen „Beistand". Die Folge war, daß sie zunächst nur mehr die Rolle von Beisitzern spielten und schließlich jede rechtliche Vollmacht verloren.

Auch in Transkei (nach der Annektion Fingolands und Griqualands 1879 sowie Pondolands 1894) kamen die Häuptlinge in dieselbe untergeordnete Stellung wie in Ciskei. Nur unbedeutende Fälle wurden schließlich noch von einigen wenigen Häuptlingen bearbeitet, was jedoch ohne jede gesetzliche Grundlage und ohne eine Möglichkeit geschah, die Durchsetzung der Entscheidungen zu erzwingen. Charakteristisch für das damalige System war, daß man trotz allem nicht umhin konnte, einen inoffiziellen native court in King William's Town zu dulden.

Die schwankende Haltung der Unions-Regierung gegenüber der Eingeborenen-Rechtsprechung wurde erst 1927 endgültig in der ganzen Union aufgegeben. Trotzdem hat in Ciskei noch heute

[42] Hailey S. 360, 371 f.
[43] Hailey S. 348 ff.

keiner der anerkannten Häuptlinge wieder Vollmachten auf dem Gebiete der Rechtspflege erlangt. Demgegenüber üben in Transkei 29 Häuptlinge Eingeborenen-Rechtsprechung aus, davon allerdings sechs nur in Zivilsachen.

bb) Die Entwicklung der native courts im Orange-Free-State[44].

Von Anfang an herrschte im Oranje-Freistaat das System der direkten Verwaltung. Für die Eingeborenen-Reservate Thaba 'Nchu und Witzie-shoek wurden und werden jedoch Spezialbeamte eingesetzt. Früher hatten die Häuptlinge auch in den Reservaten keine rechtlichen Vollmachten; seit 1927 aber haben hier zwei derselben Zivil- und Strafbefugnisse, einer nur Zivilbefugnisse.

cc) Die Entwicklung der native courts in Transvaal[45].

In früheren Zeiten war die Eingeborenen-Politik Transvaals vorwiegend bestimmt nach militärischen Gesichtspunkten. Die kriegerischen Stämme wurden entweder aus dem Lande vertrieben oder auf die Farmen der Weißen als Arbeitskräfte verteilt. Obwohl die Häuptlinge innerhalb der verbliebenen Stammesreste fortfuhren, eine gewisse Rechtspflege zu üben, wurde ihnen offiziell jede Rechtsprechungsbefugnis genommen. Nach der ersten Annektion durch England (1877) setzte eine den Eingeborenen freundlichere Politik ein, die dann auch in geringem Grade von der „Südafrikanischen Republik" fortgesetzt wurde. So wurde z. B. der ursprünglich vorgesehene „Native High Court" dann doch nicht geschaffen, sondern Berufungen hatten an den Präsidenten in seiner Eigenschaft als Oberhäuptling zu gehen. Im übrigen wurde die Eingeborenen-Rechtspflege gehandhabt von native commissioners. Dieser Zustand blieb auch nach der zweiten Annektion (in den Burenkriegen) bestehen, bis 1907 der Supreme Court Berufungsinstanz wurde an Stelle des Gouverneurs bzw. des Commissioner of Native Affairs. Neuerdings neigt man wieder mehr dazu, die Häuptlinge mit juristischen Vollmachten zu umkleiden, so daß es seit 1927 89 Häuptlinge mit Zivil- und Strafbefugnissen gibt und 9 Häuptlinge nur mit Zivilbefugnis.

dd) Die Entwicklung der native courts in Natal[46].

Schon bald nach der Inbesitznahme Natals bemühte sich Shepstone seit 1849, die alten Stammesorganisationen wieder ins Leben zu rufen, weil er kein Geld zur Bezahlung seiner weißen Beamten hatte. Er übertrug deshalb den wiederaufgefundenen „Sprossen alter königlicher Häupter" oder den neu ernannten Häuptlingen die Rechtspflege und Verwaltung. Jedoch wurden ihre Vollmachten nicht scharf genug umrissen, so daß sie bald unter die Kontrolle der

---

[44] Hailey S. 362 ff.
[45] Hailey S. 361 ff.
[46] Hailey S. 357 ff.

englischen Verwaltung gestellt werden mußten. 1850 wurde der Lieutenant-Governor of Natal zum Oberhäuptling gemacht und konnte damit alle Eingeborenen-Häuptlinge ernennen oder absetzen sowie als letzte richterliche Instanz fungieren. Dieses System hielt sich dann bis 1875; in dieser Zeit wurde auch Zululand unterworfen und dem Gebiete Natals einverleibt.

In der Folgezeit ging man jedoch immer mehr dazu über, die Zuständigkeit der englischen Gerichte auf Kosten der native courts zu vergrößern — dies besonders auf dem Gebiete der Strafrechtspflege. Ein Native High Court als erste und als Berufungsinstanz wurde geschaffen. Berufungen vom Native High Court gingen an den Supreme Court of Natal (nicht mehr den Lieutnant-Governor). Seit 1893 besonders ist aber der Widerstand gegen das Shepstone-System sehr gewachsen, da es der „indirect rule" sehr ähnlich ist. Natal ist daher auch gewissermaßen zwischen diesen beiden Möglichkeiten steckengeblieben.

Eine endgültige Anerkennung der rechtlichen Vollmachten der Häuptlinge erfolgte aber auch hier erst 1927. Heute haben die 122 Häuptlinge in Natal (ohne Zulu-Land) eine beschränkte Zivilgerichtsbarkeit und die 80 Häuptlinge Zululands Zivil- und Strafrechtsbefugnisse. In jüngster Zeit geht die Entwicklung auf eine noch stärkere Heranziehung der Eingeborenen-Behörden hin, besonders auch in bezug auf ihre strafrechtlichen Kompetenzen.

2. South-West-Africa.

(a) Unter deutscher Herrschaft.

Engstens verknüpft mit dem Schicksal der Union of South-Africa ist heute dasjenige von South-West-Africa, das als erstes deutsches Schutzgebiet „Deutsch-Südwestafrika" sich besonderer Anteilnahme seitens Deutschlands erfreut — zumal es noch heute eine starke deutschstämmige Bevölkerung aufweist. Des weiteren ist South-West-Africa auch ideell dadurch mit der Union verbunden, daß in beiden Ländern das Prinzip der direkten Verwaltung und der Segregation am ausgeprägtesten ist.

(A) Die Geschichte Deutsch-Südwestafrikas bis zum Weltkriege.

Der Bremer Kaufmann Eduard Lüderitz (1834—1886) erwarb von den Hottentotten die Bucht von Angra Pequena in Südwestafrika mit einem angrenzenden Gebiet von etwa 50 000 qkm Größe und wandte sich dann mit der Bitte um Reichsschutz an den Reichskanzler Bismarck. Eine Anfrage desselben an den englischen Außenminister Lord Granville zeigte, daß England zwar hier noch keine Hoheitsrechte für sich beanspruchte, wohl aber einen deutschen Erwerb als unstatthaft ansah. Bismarck kümmerte sich jedoch darum nicht und stellte „Lüderitz-Land" am 24. 4. 1884 unter den Schutz des Deutschen Reiches[47].

[47] Mayer, im Buch der deutschen Kolonien, S. 23 f.

In den mit den Eingeborenen abgeschlossenen Verträgen hatte man deren Häuptlingen ursprünglich eine große Selbständigkeit auch bezüglich der Rechtspflege belassen. Bald begannen sich jedoch die Interessen der Europäer und Eingeborenen zu überschneiden, was zu dem langwierigen Herero-Aufstand führte. Erst 1907 gelang die endgültige Niederwerfung der Aufständischen. Die selbstverständliche Folge war eine weitgehende Auflösung der Stammesorganisation und damit verbunden eine vollkommene Entrechtung der Häuptlinge[48]. Eine Ausnahme blieben nur die Residenturen des Nordens und des Caprivi-Zipfels, sowie die Gebiete der Bastarde (Rehoboth); letzte waren vor mehr als 100 Jahren aus einer Rassenmischung von Buren und Hottentotten hervorgegangen. Sie wurden von der deutschen Verwaltung von vornherein überaus sorgsam behandelt und waren auch treue, wenn auch überhebliche und wenig arbeitseifrige Untertanen. Während des Weltkrieges traten sie jedoch als einziger Stamm, von den Engländern verhetzt und gekauft, gegen Deutschland auf, wurden von unserer Schutztruppe aber sehr schnell erledigt[49]. Diese selbst konnte sich gegen den übermächtigen Unions-General Botha nur bis zum 4. 7. 1915 halten, dann mußte sie sich ergeben[50]. Damit endete die Herrschaft Deutschlands in Südwestafrika.

(B) Die Verwaltung Deutsch-Südwestafrikas.

Zentralbehörde der deutschen Kolonialverwaltung im Mutterlande ist das 1907 begründete Reichskolonialamt gewesen. Sein Leiter war ein Staatssekretär. Ein Kolonialrat, der dem belgischen „Conseil Colonial" ähnelte, bestand nur bis 1908[51].

Im Schutzgebiet Deutsch-Südwest selbst war der Grundsatz der Trennung von Justiz und Verwaltung nur für die Weißen anerkannt, jedoch nicht restlos durchgeführt — besonders nicht in personeller Hinsicht[52].

Spitze der Verwaltung in Deutsch-Südwest war der Gouverneur, früher: Landes-Hauptmann. In Anlehnung an die englischen legislative councils (= Gesetzgebungs-Körperschaften) gab es einen „Landesrat". Das Prinzip der Selbstverwaltung drang in der europäischen Gemeinschaft rasch vor und wurde von der Regierung gefördert[53]. Die Untergliederung der Verwaltung war aber wenig einheitlich in „Bezirke" (unter Bezirksamtsmännern) mit „Nebenstellen". Außerdem gab es „Militär-Stationen", sowie „Residenturen". Durch die beiden letzteren Verwaltungsbehörden wurde je nachdem zum

---

48 v. Hoffmann, Kolonialrecht, S. 105.
49 Zumpt, Rassenstandpunkt, S. 29 f.
50 Weltkrieg in den Kolonien, im Buch der deutschen Kolonien, S. 215 ff.
51 Wengler, Verwaltungs-Organisation, S. 19.
52 v. Hoffmann, Verwaltung und Gerichtsverfassung, S. 42, 45; Blumhagen, Südwestafrika, S. 58 ff.
53 Wengler, Verwaltungs-Organisation, S. 42.

Ausdruck gebracht, ob das Land noch unter Militärgewalt stand oder ob bereits Eingeborenen-Autoritäten einen Teil der Verwaltung übernommen hatten, wie z. B. im Norden Deutsch-Südwests und im Caprivi-Zipfel.

In bezug auf die Eingeborenen-Verwaltung galt das Prinzip der Trennung von Justiz und Exekutive nicht. Zunächst hat Deutschland in Südwest auch versucht, sich der vorhandenen Stammesorganisationen weitgehendst für Rechtspflege und Verwaltung zu bedienen. Als Folge des Herero-Aufstandes mußte aber von diesem Vorhaben Abstand genommen werden, und es wurde eine straffe direkte Verwaltung eingeführt. Dies geschah nur nicht im Norden und im Caprivi-Zipfel, sowie im Gebiete der Bestarde, die ihre Selbstverwaltung behielten.

(C) Die Gerichtsverfassung.

aa) Die Gerichte für Europäer in deutscher Zeit[54].

Durch das (zweite) Schutzgebietsgesetz vom 25. 7. 1900 (Sch.Geb.Ges.) fanden gemäß § 2 die §§ 5, 7—15 des Gesetzes über die Konsular-Gerichtsbarkeit vom 7. 4. 1900 (KGG) entsprechende Anwendung. Danach waren die Gerichtsbehörden in den deutschen Kolonien ebenso zusammengesetzt wie die Konsularbehörden, nur daß an die Stelle von Konsuln richterliche Beamte traten. Daraus ergab sich zwar teilweise eine Verquickung von Justiz und Verwaltung, aber auch eine wünschenswerte Vereinfachung des Verfahrens für die Weißen.

Der Bezirksrichter war zuständig in der streitigen Gerichtsbarkeit für die durch GVG, ZPO, StPO, KO den Amtsgerichten übertragenen Sachen sowie diejenigen der freiwilligen Gerichtsbarkeit, für die nach Landesrecht die Amtsgerichte zuständig waren. In Strafsachen war der Bezirksrichter kompetent für die in den §§ 74, 75 GVG genannten Angelegenheiten und die Schöffengerichtssachen.

Das Bezirksgericht war in erster Instanz zuständig für Sachen der deutschen Landgerichte und Schwurgerichte, sowie Strafkammersachen. Entschieden sollte werden vom Vorsitzenden und vier Beisitzern. In zweiter Instanz — bei Beschwerde gegen Entscheidungen des Bezirksrichters in Strafsachen — sollte der Vorsitzende zwei Beisitzer haben.

Der Oberrichter in Windhuk entschied als Einzelrichter über Beschwerden in bürgerlichen, in Konkurssachen und in Sachen der freiwilligen Gerichtsbarkeit (sofern die angefochtene Entscheidung ohne Beisitzer ergangen war).

Das Obergericht in Windhuk entschied in der Besetzung mit einem Vorsitzenden und vier Beisitzern. Es war zuständig für Beschwerden und Berufungen gegen die vom Bezirksrichter oder vom

[54] v. Hoffmann, Kolonialrecht, S. 97 ff.

Bezirksgericht entschiedenen Zivil- und Konkurssachen und die vom kollegialen Bezirksgericht entschiedenen Strafsachen. Es war Beschwerde-Instanz gegen Entscheidungen in Sachen der freiwilligen Gerichtsbarkeit. Endlich ist es Gericht erster und letzter Instanz gewesen in Sachen betreffend die Entschädigung im Wiederaufnahmeverfahren freigesprochener Personen, und in denjenigen Strafsachen, in denen das Reichsgericht erstinstanzlich zuständig gewesen wäre.

Entbehrt, aber energisch befürwortet wurde in den Jahren vor dem Weltkriege eine einheitliche oberste Berufungsinstanz in Form eines Konsular- und Kolonial-Gerichtshofes in Berlin oder Hamburg[55].

bb) Die Gerichte für Eingeborene in deutscher Zeit.

Wie bereits ausgeführt, hatten die Eingeborenen Deutsch-Südwests zunächst auf Grund der mit Deutschland abgeschlossenen Verträge weitgehende Freiheiten auch bezüglich ihrer eigenen Rechtsprechung genossen. Auch gemäß § 4 Sch.Geb.Ges. vom 25. 7. 1900 blieb für die Eingeborenen deren bisherige Rechtspflege in Kraft. Im übrigen bestand über die Eingeborenen-Behörden noch nicht die rechte Klarheit. Fest stand nur, daß sie zur Mitarbeit in irgendeiner Form heranzuziehen seien. Eine Trennung von Justiz und Verwaltung wurde bei ihnen jedoch nicht durchgeführt.

Dieser Zustand änderte sich — mit Ausnahme der Residenturen des Nordens und des Caprivi-Zipfels — mit der Niederwerfung der aufständischen Eingeborenenstämme. Durch die zielbewußte Zerstreuung der Eingeborenen über das gesamte Schutzgebiet wurde ihnen aus militärischen Gründen jeglicher Zusammenhalt genommen, so daß sie nunmehr auch der Rechtsprechung der deutschen Autorität unterstellt werden mußten. Fortan waren als Eingeborenenrichter zuständig die Bezirksamtsmänner und die selbständigen Distriktschefs[56] — allerdings unter möglichst starker Hinzuziehung angesehener und intelligenter Eingeborener.

cc) Die Gerichte für gemischte Prozesse in deutscher Zeit[57].

In Prozessen zwischen Europäern und Eingeborenen (= Mischprozessen) richtete sich die Zuständigkeit in den deutschen Kolonien nach dem Beklagten, so daß entweder der Bezirksamtsmann oder das Europäer-Gericht (Bezirksrichter, Bezirksgericht, Oberrichter, Obergericht) entschied. Diese Übung konnte in manchen Fällen bedenklich werden, weil ja der deutsche Kläger, für den die ZPO galt, vor dem Eingeborenen-Gericht mit weißem Vorsitzenden klagen mußte, wo die ZPO nur in ihren Grundgedanken Geltung hatte.

---

[55] Neumann S. 44 ff.; Perels S. 10.
[56] Blumhagen S. 58 ff.
[57] Winkelmann S. 843 f.

(b) Unter Mandatsherrschaft.

(A) Geschichte und heutiges Bild vom südafrikanischen Mandat South-West-Africa.

Durch Artikel 22 der Völkerbundssatzung wurde Deutsch-Südwestafrika der Union als C-Mandat übertragen, da es infolge seiner „schwachen Bevölkerungsdichte und geringen Ausdehnung", seiner „Entfernung von den Mittelpunkten der Zivilisation", seiner „geographischen Nachbarschaft zum Gebiete des Mandatars" und „infolge anderer Umstände nicht wohl besser verwaltet werden" konnte, „als nach den Gesetzen des Mandatars und als integrierender Bestandteil seines Gebietes" — — —.

Höchst bestritten ist in der Theorie, wer nun eigentlich der Träger der Souveränität des Mandates ist, insbesondere stehen sich da die englische Ansicht, die Union[58] sei der Souverän, und die deutsche gegenüber, Deutschland[59] oder höchstens der Völkerbund[60] sei es. Praktisch besteht jedoch kein Zweifel, daß allerhöchstens eine geringfügige Überwachung durch die Mandats-Kommission des Völkerbundes einen kleinen Unterschied bringt gegenüber den Unions-Provinzen. Eine Wendung der Geschehnisse, wie sie aber weder von dem kompromißsuchenden Wilson noch von dem Schöpfer des Mandatsgedankens, General Smuts, ursprünglich beabsichtigt war.

Der vor dem Kriege anhaltende Aufschwung Deutsch-Südwests geriet während der Kriegs- und Mandatszeit ins Stocken. Ja, die wirtschaftlichen Verhältnisse begannen derart schwierig zu werden, daß 1932 sogar von einer Kommission des Völkerbundes eine Besserstellung in wirtschaftlicher Hinsicht gefordert wurde.

Die Machtübernahme Adolf Hitlers brachte aber auch in Südwest in den letzten Jahren eine derartige Steigerung des deutschen Lebensmutes und der deutschen Aktivität, daß man als Reaktion darauf die Eingliederung in die Union als fünfte Provinz gefordert hat. In Ergänzung des geltenden Strafrechtes wurde durch die Ordinance 13 of 1933 die gesetzliche Handhabe geschaffen, die nationalsozialistische Bewegung zu unterdrücken, woraufhin die deutschen Mitglieder die „Assembly" und den „Advisory Council" verließen. Im Anschluß daran wurde eine Verfassungsänderung beraten — allerdings ohne praktisches Ergebnis. Vorgeschlagen wurde:

1. Einverleibung Südwestafrikas in die Union als fünfte Provinz;
2. Eine Verwaltung Südwestafrikas durch einen besonderen Unions-Kommissar, ähnlich derjenigen, die England in den High Commission Territories übt durch den High Commissioner for the Union;

---

[58] Hailey S. 177.
[59] Kühne S. 81 ff., 107.
[60] Hoops S. 122 f.

3. Als Kompromiß: Den Europäern sollte Selbstverwaltung gegeben werden, während die Verwaltung der Eingeborenen, des Bodens, der Minen, der Justiz und der Polizei in die Hände der jeweils zuständigen Unions-Behörden übergehen sollten.

Keiner dieser Änderungsversuche des bestehenden Zustandes fand jedoch die Billigung des Völkerbundes, weil Südwestafrika so tief verschuldet sei. Die Engländer hielten sich aber „die bewußte Hintertür“ offen, indem sie vorgeben, die Frage der Vereinigung mit der Union sei weder von dieser noch von der Permanent Mandates' Commission gründlich genug geprüft worden[61]. Dennoch hat sich die Union in neuester Zeit nicht gescheut, die Verwaltung des Caprivi-Zipfels ohne Befragung Deutschlands oder des Völkerbundes einfach in eigene Hand zu nehmen[62].

Besonders problematisch ist die Lage der volksdeutschen Kolonisten, die aus Reichsangehörigen und Doppelstaatigen bestehen. Trotzdem unsere Landsleute, die nach den verschiedensten Richtungen hin die Nachteile des Mandats auskosten müssen, schwer zu kämpfen haben, behaupten sie im Wirtschaftsleben doch die Führung und zwar in Südwest auf allen Wirtschaftsgebieten mit Ausnahme des Bankwesens[63].

(B) Die Verwaltung von South-West-Africa.

Die Exekutive Südwestafrikas besteht aus dem vom General-Governor auf Vorschlag der Unions-Regierung für unbestimmte Zeit ernannten Administrator und vier von der Volksvertretung (= der gesetzgebenden „Assembly“) gewählten, und drei von ihm selbst mit Zustimmung des General-Governor ausersehenen Mitgliedern (= Advisory Council)[64]. Ähnlich wie die entsprechenden Beamten in den südafrikanischen Provinzen besitzt der Administrator eine Doppelstellung, indem er Organ der Mandatsverwaltung (mit Verantwortung gegenüber der Assembly) und Unionsbeamter ist (mit Verantwortung gegenüber der Unions-Regierung)[65]. Zumal seit dem Union Act 42 of 1925, der der europäischen Bevölkerung ein gewisses Maß von Selbstverwaltung brachte, ähnelt die Verwaltung Südwests sehr derjenigen der Unions-Provinzen — und zwar nicht nur in ihren Spitzen, sondern gerade auch in ihren unteren Instanzen. Diesen Unterbehörden obliegen: Eingeborenen-Verwaltung, Überwachung der Eingeborenenführer, Aufrechterhaltung der Ordnung, Rechtspflege, Steuererhebung, Wohlfahrt, Wirtschaft. In unbedeutenderen Bezirken haben sie außerdem technische Verwaltungsaufgaben zu erfüllen, für die sonst Spezialbehörden verantwortlich

---

[61] Hailey S. 177 f.
[62] „The Times“ vom 1. 8. 1939.
[63] Über die deutsche Bevölkerung vergl. Anhang; v. Lindequist, im Buch der deutschen Kolonien, S. 321.
[64] Hailey S. 156.
[65] Hoops S. 133 f.

sind: z. B. öffentliche Arbeiten, Landwirtschaft, Forstwirtschaft, Landesvermessung, Gesundheitspflege, Unterricht.

Bezüglich der Eingeborenen-Verwaltung hat die Union mit dem Mandat Südwestafrika ein Land übernommen, in dem — außer im nördlichen Ovambo-Land — jede Stammesorganisation aus militärischen Gründen von den Deutschen zerschlagen war. Es lag daher ganz im Sinne des Mandatars, daß auch in Südwestafrika nur eine direkte Verwaltung Anwendung finden konnte. Auch den Bastarden, die unter der Herrschaft der Deutschen Selbstverwaltung geübt hatten, konnte eine solche bisher wegen innerer Zwistigkeiten noch nicht wieder zugebilligt werden[66]. Da die Richtung der englischen Eingeborenen-Politik — und seit 1927 auch die der Union — auf stärkere Heranziehung der Eingeborenen zur Verwaltungstätigkeit abzielt, ist man auch in Südwestafrika bestrebt, wieder Eingeborenen-Einheiten zu schaffen, mit deren Hilfe man später eine gewisse Eingeborenen-Selbstverwaltung aufbauen zu können hofft[67].

(C) Die Gerichtsverfassung von South-West-Africa.

Wie früher bereits betont, muß man die von den Engländern geschaffenen Gerichtsorganisationen mit anderen Augen betrachten als die deutschen. Die beim Engländer auf eine andere Denkungsart zurückzuführende Systematik zeigt auch in Südwestafrika insbesondere folgende Abweichungen von der deutschen:

1. Außer in den höheren Behörden sind Justiz- und Rechtsprechung nicht voneinander getrennt.
2. Das Gros der Rechtspflege wird vom High Court mit seinen Unterabteilungen erledigt.
3. Eingeborene werden sowohl von den colonial, als auch von den native courts erfaßt; Europäer dagegen unterliegen niemals der Eingeborenen-Rechtsprechung.

aa) Die magisterial courts.

Grundlagen der Gerichtsverfassung in Südwestafrika während der Mandatszeit sind:

Treaty of Peace Act of 1921
Union Proclamation of 1921
Administration of Justice Proclamation of 1919, 1921[68].

Danach gibt es an einigen Plätzen sogenannte Friedensrichter (= Justices of the Peace), die Freiheitsstrafen bis zu einem Monat und Geldstrafen bis zu 10 Pfund verhängen können (unter Bestätigung durch den High Court). Im übrigen sind unterste Instanz die sonst als Verwaltungsbehörden tätigen Magistratsgerichte, deren Vollmacht bis zu einem Monat Freiheitsstrafe und 5 Pfund Geldstrafe geht (ebenfalls unter Bestätigung des Urteils durch den High Court).

[66] Clough S. 197 ff.
[67] Hailey S. 373, 375.
[68] Gerstmeyer, im „Deutschen Recht", 37/490 ff.

Gegenüber Entscheidungen der niederen Gerichte ist Berufungsgericht der High Court of South-West-Africa in Windhuk. Entscheidungen werden in Zivilsachen von Einzelrichtern, in Strafsachen unter Hinzuziehung von zwei Beisitzern (Rechtsanwälten oder Verwaltungsbeamten) gefällt. Eine weitere Berufung ist möglich an die Apellate Division des Supreme Court of the Union in Bloemfontein. Von hier aus endlich ist — wie bei der Union bereits erörtert — noch eine letzte Berufung an den Privy Council statthaft, jedoch nur bei einem „special leave to appeal"[69].

Der Anwaltsstand gliedert sich in die vor allen niederen Gerichten zugelassenen „attorneys" und die auch vor dem High Court postulationsfähigen „barristers". Deutsche Anwälte sind nur als attorneys oder nataries, also nur vor den niederen Gerichten zugelassen nicht jedoch als Prozeßvertreter vor dem High Court (barristers)[70].

bb) Die native courts[71].

Durch Native Administration Proclamation of 1928 wurden die Grundzüge des Union Native Administration Act of 1927 in Südwestafrika eingeführt. Jedoch ist zum Unterschied von der Union die Südwestafrikanische Verwaltung nicht ermächtigt, den Häuptlingen Rechtsprechungs-Vollmachten zu übertragen. Außerdem ist eine Berufung von den Native Commissioners' Courts an den High Court gegeben — und nicht wie in der Union an die Native Courts of Appeal. Endlich behandeln die Native Commissioners auch diejenigen Sachen, die christliche oder zivile Eingeborenen-Ehen angehen.

Im großen und ganzen haben die Häuptlinge selbst in Südwestafrika dieselbe einflußlose Stellung wie die der Union (so besonders in Damaraland, Namaland). Anders nur im nördlichen Ovamboland, das schon unter deutscher Herrschaft eine gewisse Selbstverwaltung geübt hatte. Obgleich auch hier der ordentliche Gerichtshof der des Native Commissioners ist, und die Häuptlinge offiziell keinerlei festgelegte juristische Vollmachten haben, läßt man sie doch in weitem Umfange Recht sprechen. Vor die Native Commissioners' Courts kommen nur die schwereren Straftaten, wo sie entweder als Verletzungen des Eingeborenen-Gewohnheitsrechtes abgeurteilt oder wegen ihrer Schwere den Magistratsgerichten überwiesen werden.

3. Southern Rhodesia.

Die Behandlung Südrhodesiens an dieser Stelle erfolgt, weil es, wie noch zu zeigen sein wird, nicht nur in sozialer und wirtschaftlicher Beziehung mit der Union verbunden ist, sondern besonders deshalb, weil es von demselben holländisch-römischen Recht beherrscht und auch bezüglich seiner Gerichtsverfassung aufs engste mit

[69] Martens-Karstedt S. 193 ff.
[70] Blumhagen, Südwestafrika, S. 58 ff.
[71] Hailey S. 374 f.

der Union verknüpft ist — ähnlich wie Südwestafrika. Im übrigen überwiegt auch hier das System der direkten Verwaltung, das maßgebend für die Union ist.

(a) Geschichte und heutiges Bild von Südrhodesien[72].

Im Zuge der Einkreisung der Burenstaaten begründete England 1889 in Südrhodesien seine Herrschaft. Die British South-Africa Company erhielt zunächst alle Hoheitsbefugnisse in Form einer „Charter", die auf 25 Jahre befristet war.

Als dann 1910 die Union begründet wurde, waren auch Abgesandte Südrhodesiens zugegen, da ursprünglich geplant war, die bereits bestehende Zollvereinigung mit der Union bei Ablauf der Charter (1914) in einen auch politischen Anschluß an Südafrika auszubauen. Zudem war Südrhodesien im wesentlichen von Süden her besiedelt worden, hatte dessen Recht und soziale Einstellung (Segregations-Politik) übernommen, außerdem hingen beider Wirtschaft und Eisenbahnwesen eng zusammen. In sec. 150 des S. A. A.[73] war auch bereits ein politischer Anschluß vorgesehen. Entgegen all diesen Bestrebungen und beinahe zwingenden Tatsachen gelang es dann den Engländern, die Vereinigung zunächst zu verzögern, indem sie eine Verlängerung der Charter um 10 Jahre durchsetzten.

Nach dem Weltkriege ersuchte die Union den britischen König um die Abtretung Südrhodesiens. Die daraufhin befragte europäische Bevölkerung sprach sich dann am 27. 10. 1922 gegen eine Eingliederung in die Union und für die Einführung eines „responsible government" (= verantwortliche Selbstverwaltung) aus. Nun wurde Südrhodesien von der englischen Krone formell annektiert, d. h. die Verwaltung der Südafrika-Kompanie ausgeschaltet und durch die Verfassung vom 1. 9. 1923 („Letters-Patent") die gewünschte Selbstverwaltung gewährt. Demzufolge muß nun auch der sec. 150 S. A. A. als überholt angesehen werden. In der Zeit nach 1922 hat sich diese den Anschluß ablehnende Haltung Südrhodesiens noch verstärkt, da 1936 96,5 % der Europäer Angelsachsen waren, die befürchteten, infolge der Zentralisierungstendenz der Union — ähnlich wie deren vier Provinzen — ihre Selbständigkeit einzubüßen und der Majorisierung durch die Buren zu erliegen. Überdies zeigten sich Schwierigkeiten in der Zollunion.

Schon 1915 hatte auf der anderen Seite Sir Starr Jameson eine Vereinigung von Süd- und Nordrhodesien vorgeschlagen. Der Plan hatte aber anfangs wenig Anklang auf beiden Seiten gefunden: Nordrhodesien wollte nicht von dem viel stärker europäisierten Südrhodesien aus beherrscht werden, in diesem hingegen bestand wenig Neigung, sich neben den großen Anstrengungen für die Kultivierung im eigenen Lande auch die eines noch erheblich unentwickelteren Gebietes aufzubürden. Inzwischen hat Südrhodesien begonnen, sich um-

---

[72] Hailey S. 178 ff., 157; Hoops S. 137 f.

[73] Abgedr. bei Hoops S. 185.

zustellen, weil Nordrhodesien in stetigem Aufblühen begriffen ist (Kupferminen!) und weil es unter Umständen sonst einer ebenfalls geplanten Union Tanganyikas, Kenyas, Ugandas zuneigen könnte. Zwar wurden noch 1931 und 1936 Vereinigungsvorschläge für Nord- und Südrhodesien durch den Secretary of State abgelehnt. Dennoch wurde aber 1937 eine königliche Kommission eingesetzt, die die Frage des Zusammenschlusses der beiden Rhodesien, vielleicht auch mit Nyassaland prüfen sollte. Augenblicklich scheint England nahezu einverstanden und das Haupthindernis nur noch in der verschiedenartigen Eingeborenenpolitik zu liegen, da die südrhodesianische Segregationspolitik mit der negrophilen Einstellung Nordrhodesiens (insbesondere in dem Reservat Barotseland) in Übereinstimmung gebracht werden müßte. Daß die Vereinigungsfrage in neuester Zeit akut zu werden beginnt, zeigen u. a. Artikel in der „Times" sowie Verhandlungen darüber im House of Lords am 31. 7. 1939[74].

(b) Die Verwaltung.

Die Verwaltung ist ähnlich den bereits beschriebenen Systemen der Union und Südwestafrikas aufgebaut worden. Südrhodesien besitzt allerdings derart weitgehende Selbstverwaltungsrechte, daß es eigentlich als besonderes englisches Dominium angesprochen werden könnte[75]. Immerhin blieben im Unterschied zu dem Status eines Dominiums der englischen Krone gewisse gesetzgeberische und verwaltende Akte vorbehalten, z. B. bezüglich der Eingeborenen (um so ein Vordringen der südafrikanischen Segregationsgedanken in Südrhodesien zu verhindern). Die Aufsicht für die britische Regierung führt besonders in allen Eingeborenenfragen der High Commissioner für Südafrika[76].

Der Begriff „Native Administration" hat in Südrhodesien etwa die Bedeutung, daß — nicht ganz so scharf wie in der Union — damit umschrieben wird: die Anwendung der nur für die Eingeborenen gültigen Gesetze, die Regelung ihrer wirtschaftlichen Belange und ihrer Landfragen (Reservate)[77]. Ein System, das die Vollmachten der Eingeborenenbehörden derart beschränkt und wo beinahe für alles der weiße Beamte zuständig ist, ist nach den herrschenden englischen Kolonialanschauungen sehr rückständig[78].

(c) Die Gerichtsverfassung.

(A) Die magisterial courts.

Bei der Betrachtung der Gerichtsverfassung Südrhodesiens ist insbesondere wieder zu beachten, daß Justiz und Verwaltung in den unteren und mittleren Behörden verbunden sind und daß Ein-

[74] Sir Thomas Inskipp on „Future of the Rhodesias" in „The Times", 26th of July 1939, vom 1. 8. 1939.
[75] Rohrbach S. 264 ff.
[76] Hailey S. 158.
[77] Hailey S. 345.
[78] Hailey S. 532.

geborene auch der Rechtsprechung der colonial courts (= den Gerichten der Europäer, magisterial courts) unterliegen.

Südrhodesien hat neun Magistrats-Gerichte, deren Entscheidungen in gewissen Fällen der Zustimmung des High Commissioners für Südafrika bedürfen (z. B. bei Geldstrafen wegen Aufruhrs) — getreu seiner bereits erörterten Stellung als Schutzpatron für die Eingeborenen. Berufungsinstanz gegen die Entscheidungen der Magistrates' Courts bildet der High Court mit je einer Abteilung in Bulawayo und Salisbury. Auch außerhalb dieser Orte finden in bestimmten Zeitläuften Sitzungen des High Court statt[79]. Als weitere Berufungsinstanz gegen Entscheidungen der Gerichte Südrhodesiens sieht die Verfassung infolge des geltenden holländisch-römischen (Unions-) Rechtes die Appellate Division of the Supreme Court der südafrikanischen Union vor. Von hier aus endlich ist, wie bei der Union bereits behandelt, noch eine letzte Berufung an den Privy Council statthaft, — jedoch nur, wenn eine special leave to appeal erteilt wird.

Geplant ist zwar für den Fall der Vereinigung Südrhodesiens mit Nordrhodesien und Nyassaland ein gemeinsames Berufungsgericht. Berufungen in Zivilsachen würden aber dennoch wohl weiterhin zur Appellate Division in der Union gehen müssen, da geltendes Zivilrecht das holländisch-römische ist[80].

(B) Die native courts.

Bis zum Jahre 1937 waren die einzigen Gerichte, die Eingeborenen-Recht anwandten, die der Native Commissioners[81]. Die Häuptlinge hingegen hatten keinerlei Rechtsprechungsvollmacht, obwohl sie in kleinen Zivilsachen immer noch als inoffizielle Schiedsrichter tätig waren[82]. Aber die mangelnde gesetzliche Grundlage hatte zur Folge, daß selbst diese unbedeutende Stellung als Schiedsrichter erschüttert wurde, so daß 1935 Bedenken geäußert wurden, ob man den Eingeborenen im Zuge der neuen Entwicklungstendenz überhaupt wieder mehr Vollmachten anvertrauen könne. Trotzdem wurde im Act No. 33 of 1937 den native courts erlaubt, Streitigkeiten zwischen Eingeborenen nach deren Recht und Brauch zu schlichten. Entzogen sind den Eingeborenen-Gerichten ausdrücklich alle Ehescheidungs- und Strafsachen. Sie sind unter die Aufsicht der Native Commissioners gestellt, die nochmalige Verhandlung anordnen, Urteile ändern oder sogar aufheben können[83].

Erstinstanzliche Gerichte für die Eingeborenen sind also sowohl die Häuptlinge als auch die Native Commissioners' und die Magistrates' Courts. Aus dieser Vielfalt soll sich erst im Laufe der Entwicklung das geeignetste System herauskristallisieren, um dann be-

[79] Martens-Karstedt S. 314 ff.
[80] Official Yearbook S. 175 ff.
[81] Martens-Karstedt S. 314 ff.
[82] Clough S. 225 ff.
[83] Hailey S. 380.

sonders in den in der Entstehung begriffenen Minen und Stadtbezirken erfolgreich ausgebaut werden zu können[84]. Berufungsinstanz ist der Gerichtshof des (Assistant) Chief Native Commissioner. Weitere Berufung ist möglich an den High Court — und von hier aus nach dem Gesetz denkbar an die Appellate Division und von dort an den Privy Council.

4. The High Commission Territories.

Die drei südafrikanischen Protektorate: Basutoland, Bechuanaland und Swaziland, die nunmehr behandelt werden sollen, sind zwar nicht wie Südwestafrika und Südrhodesien auf dem Gebiete der Gerichtsverfassung unmittelbar mit der Union verbunden, wohl aber sind die territorialen, wirtschaftlichen und verkehrsmäßigen Verschachtelungen mit der Union derart stark, daß ihre Besprechung an dieser Stelle angebracht ist. Die Bindungen an die Union sind sogar so bedeutend, daß eine Außerachtlassung der Tatsache notwendig erscheint, daß die Art der Verwaltung in den High Commission Territories im allgemeinen einen starken Einschlag zur indirekten Verwaltung (durch Eingeborenen-Behörden) aufweist.

(a) Geschichte und heutiges Bild.

Der Hauptzweck, der die Engländer dazu veranlaßt hat, sich in den drei südafrikanischen Eingeborenen-Protektoraten festzusetzen, war darin zu sehen, um jeden Preis eine weitere Ausdehnung des burischen Elementes zu verhindern[85], sowie es allmählich „einzukreisen" und abzuwürgen. Ein Plan, der den Engländern dann auch restlos gelungen ist. Ein weiterer Zweck des Erwerbs der High Commission Territories kann nicht besser charakterisiert werden als mit den Worten des überzeugtesten aller Briten, Cecil Rhodes (1853—1902): „Nachdem ich die Geschichte anderer Länder gelesen hatte, sah ich, die Ausdehnung sei alles. Und da die Erdoberfläche beschränkt ist, muß es unsere ganze Aufgabe sein, soviel von ihr zu nehmen, als wir irgend können[86]."

(A) Basutoland[87].

1862 wurde mit dem „Moshesh" von Basutoland ein Schutzvertrag geschlossen, der die Unabhängigkeit seines Landes ausdrücklich bestätigte und den Engländern verbot, ihre Verwaltung und Rechtsprechung einzuführen. Durch Proclamation of 1868 wurde Basutoland jedoch von der englischen Krone einfach annektiert. 1870 stimmte dann eine allgemeine Landesversammlung („Pitso") der Ernennung englischer Verwaltungsbeamter, der Einführung eines Gesetzbuches und einer Haussteuer von 10 sh zu. 1871 wurde Basuto-

---

[84] Hailey S. 511 f.
[85] Hoops S. 138 f.
[86] Loeff S. 127.
[87] Hailey S. 394 ff.

land der Kap-Provinz einverleibt. 1880 bis 1882 erhoben sich die kriegerischen Basutos im sogenannten Gun-War. Die großen Belastungen durch den Krieg, besonders finanzieller Art, veranlaßten die Kap-Provinz, Basutoland wieder unter direkte englische Herrschaft zurückzugeben. Seit 1884 ist die Spitze der Gesetzgebung und Verwaltung in Basutoland der High Commissioner für Südafrika.

Noch heute gehen die Wünsche der Basutos nach einer verfassungsmäßigen Stellung ähnlich derjenigen, wie sie England den indischen Staaten zuerkannt hat. Infolge der Selbständigkeitsbestrebungen und des ausgeprägten Nationalstolzes der Basutos gestaltet sich die Zusammenarbeit der Eingeborenen- mit den Europäer-Behörden denkbar schwierig. Ein solcher Zustand ist verständlicherweise der weiteren Entwicklung des Landes keineswegs zuträglich, jedoch wollen die Engländer die Verantwortung dafür nur zu einem Teil übernehmen, während sie den Rest der Schuld den „halbsouveränen" Basutos zuschieben.

(B) Bechuanaland[88].

Im Jahre 1876 begann britischer Einfluß in Bechuanaland Raum zu gewinnen. Bald darauf erwarben die Engländer Verwaltungs- und Rechtsprechungsbefugnisse und verankerten diese in Verträgen mit den einzelnen Häuptlingen. Nachdem Basutoland bereits 1884 dem High Commissioner unterstellt worden war, geschah das durch Order in Council of 1891 auch mit Bechuanaland. Der südliche Teil des Protektorates wurde 1895 abgetrennt und mit der Kap-Provinz verbunden. Ebenso wie in Basutoland zeigte sich auch in Bechuanaland im Laufe der Entwicklung, daß eine Aufrechterhaltung der traditionellen Eingeborenen-Behörden parallel mit den fortschrittlichen der Europäer auf die Dauer nicht möglich ist. Auch sind die Eingeborenen-Häuptlinge nicht fähig, derjenigen Strömungen und Schwierigkeiten Herr zu werden, die von Stammesangehörigen hervorgerufen werden, die infolge ihrer Berührung mit der europäischen Kultur — durch Arbeit oder Handel außer Landes — allerhand Neuerungen eingeführt wissen wollen.

(C) Swaziland[89].

Zwischen England und der Südafrikanischen Republik (= dem späteren Transvaal) wurden 1881 und 1884 Verträge geschlossen, die die Abhängigkeit und Unantastbarkeit Swazilands garantierten. Trotzdem einigten sich die beiden Parteien 1890, eine gemeinsame englisch-burische Verwaltung und ein eigenes Gerichtswesen für Europäer einzuführen. 1894 gingen alle Verwaltungsbefugnisse auf die Südafrikanische Republik allein über.

Nach den Burenkriegen wurde durch Order in Council of 1903 die Verwaltung Swazilands in die Hände des Gouverneurs von Transvaal (= der früheren Südafrikanischen Republik) gelegt. Im

---

[88] Hailey S. 403 ff.
[89] Hailey S. 400 ff.

Anschluß an die Einführung des responsible government in Transvaal wurde Swaziland durch Order in Council of 1906 dem High Commissioner unterstellt — und damit noch rechtzeitig von England an einem Aufgehen in der Südafrikanischen Union gehindert.

Swaziland unterscheidet sich heute von den beiden anderen südafrikanischen Protektoraten vornehmlich dadurch, daß sich ungefähr zwei Drittel des gesamten Landes in europäischer Hand befinden.

(D) Die gemeinsame geschichtliche Entwicklung der drei Protektorate von 1910 bis heute[90].

Schon in sec. 151 der S.A.A. und in ihrem Anhang[91] ist eine spätere politische Angliederung der High Commission Territories an die Union unter gewissen Voraussetzungen und Bedingungen vorgesehen. Weiter sollten nach einer Vereinbarung von 1910 die drei Protektorate als Zollinland der Union betrachtet werden — was allerdings bis heute nicht gänzlich durchgeführt ist. Im übrigen ist aber aufs engste das Währungs-, Verkehrs- und Postwesen mit der Union verknüpft.

Seit 1925 hat die Union wiederholt das Ansinnen an England gestellt, die High Commission Territories abzutreten. Im Jahre 1936 wurde von General Hertzog ein Posten von 35 000 Pfund für die Förderung der drei Protektorate ausgeworfen, der aber vom High Commissioner „infolge der Eingeborenen-Opposition insbesondere in Basutoland" nicht angenommen wurde. Daraufhin betonte 1937 der Ministerpräsident der Union deren unabänderliches Recht auf Einverleibung der betreffenden englischen Gebiete. Im März 1938 wurde unter Macdonald eine englisch-südafrikanische Kommission gebildet, die die Möglichkeiten engerer Zusammenarbeit mit der Union prüfen sollte. Damit ist der Union die Gelegenheit gegeben, konstruktive Vorschläge zu machen, die England genehm sind.

Einer Ein- oder Angliederung steht England nämlich ablehnend gegenüber, weil es dieselbe im Hinblick auf „gewisse Verpflichtungen" nicht dulden könne. Es wird darauf hingewiesen, daß man sich nicht über die offensichtlich unionsfeindliche Stimmung der Eingeborenen hinwegsetzen darf — Skrupel, die allerdings 1919 bezüglich der deutschen Kolonien nicht aufgetaucht sind! Aus „humanen" Bedenken heraus sei es auch nicht erwünscht, wenn durch die Ausdehnung der Macht der Union das Prinzip der Segregation in die High Commission Territories Eingang fände, was besonders in Basutoland einen Bruch der guten englisch-afrikanischen Traditionen bedeuten würde. Endlich setzt zwar sec. 151 S.A.A. (mit dem Anhang) die Abtretung an die Union fest, aber deren Zeitpunkt ist noch nicht bestimmt. Nach englischer Stellungnahme ist keinesfalls eine endlose Hinausschiebung der Abtretung vorgesehen, was schon mit Rücksicht auf die wirtschaftliche Verflochtenheit unmöglich sei. Man müsse aber

[90] Hailey S. 174 ff.; Hoops S. 136 ff.
[91] Abgedr. bei Hoops S. 185 ff.

doch zunächst sein möglichstes tun, um die Eingeborenen selbst einer Angliederung geneigter zu machen, bevor man der Frage näher trete, zumal die Protektorate noch Zuschußgebiete seien, deren Abtretung die Union in Schwierigkeiten und England in schlechten Ruf bringen würde[92].

(b) Die Verwaltung.

Die Verwaltung und Gesetzgebung Basutolands, Bechuanalands und Swazilands übt im Auftrage des „Secretary of State for the Colonies" der Vertreter des Vereinigten Königreiches in der Union, der High Commissioner. Die Verwaltung ähnelt sehr derjenigen unter indirect rule, da die Häuptlinge zum Teil so weitgehende Befugnisse haben, daß sie selbst örtliche Verwaltungsanordnungen erlassen, ja diese sogar mit Strafdrohungen versehen (und Verstöße vor eigenen „tribunals" ahnden) können. Im Gegensatz zu seiner sonst beigelegten Bedeutung besagt der Begriff Native Administration auch in den High Commission Territories nur, wie weit der Umfang der über die Eingeborenen-Behörden zu übenden Aufsicht geht.

Diesen Eingeborenen-Behörden gegenüber bleiben diejenigen der Europäer größtenteils stark im Hintergrunde und gliedern sich in allen Territorien in die unteren District Commissioners und die darüber stehenden Resident Magistrates.

(c) Die Gerichtsverfassung.

(A) Basutoland.

Die Gerichtsverfassung jedes einzelnen der drei südafrikanischen Eingeborenen-Protektorate hat nebeneinander Instanzenzüge des Magisterial (oder Colonial) Courts' Systems, sowie des Native Courts' Systems. Allerdings spielen die Magistrats-Gerichte wegen der meist stärkeren Eingeborenen-Interessen gegenüber denen der Eingeborenen eine geringere Rolle. Eine gemeinsame Berufungs-Möglichkeit gegen die Entscheidungen der höchsten Gerichte Basutolands, Bechuanalands und Swazilands bietet sich in der Anrufung des Privy Council des Königs in London — allerdings nur, sofern und soweit dies ausdrücklich für die Protektorate gesetzlich festgelegt ist[93].

aa) Die magisterial courts.

Die Gerichtsbarkeit für die Weißen, die in Basutoland wenig Bedeutung hat, wird in unterster Instanz ausgeübt von den (Assistant) District Commissioners' Courts und in der höheren Instanz durch das Obergericht beim Resident Commissioner. Unter Umständen unterliegen auch die Eingeborenen der Rechtsprechung dieser colonial courts, doch können die native courts niemals zuständig sein für Europäer.

---

[92] Aus einer Verhandlung im House of Lords am 31. 7. 1939, abgedr. in „The Times" vom 1. 8. 1939.

[93] Hailey S. 271.

bb) Die native courts[94].

Die Proclamation 23 of 1884 — dieselbe, die den High Commissioner als Gesetzgebungs- und Verwaltungs-Instanz eingesetzt hatte, — ist die Quelle sämtlicher britischer Macht in Basutoland. Sie bildet auch den Ausgangspunkt für die gesamte Gerichtsverfassung. Auf Grund dieser Proklamation konnte der Resident Commissioner Häuptlinge bevollmächtigen, innerhalb der ihnen zu setzenden Grenzen Recht sprechen. Das geschah: das ganze Land wurde in Gerichtsbezirke eingeteilt, denen je ein Erbhäuptling vorsteht. Da aber nun die Söhne dieser Häuptlinge auch wieder alle Häuptlinge mit Rechtsprechungsbefugnis werden wollen, vermehrt sich die Zahl der Eingeborenengerichte ständig, so daß heute etwa 275 native courts amtieren. Das hat eine große Zersplitterung zur Folge, außerdem sind weder Protokollierungen vorgeschrieben, noch wird eine Aufsicht über die Eingeborenengerichte geführt.

Die einzige Sicherheitsmaßnahme besteht darin, daß gegen Entscheidungen der Häuptlingsgerichte eine Berufung an die Verwaltungsgerichte der (Assistant) District Commissioners' Courts möglich ist. Zwar hatte man versucht, als Berufungsinstanz ein Gericht, bestehend aus dem Häuptling, der die angefochtene Entscheidung erlassen hatte, zusammen mit dem britischen Verwaltungsbeamten zu formen; dieser Versuch ist aber nicht gelungen.

Die heutigen (assistant) district commissioners' courts sind gemäß Proclamation 20 of 1930 immer zuständig für Berufungen sowie erstinstanzlich für Mord, Gewalttätigkeiten, Verletzung von Waffen- und Alkohol-Gesetzen, sowie in allen Fällen, in die Europäer verwickelt sind (als Kläger, Beklagte oder Angeklagte). Die weitere Berufung geht an das oberste Gericht beim Resident Commissioner bzw. seinem Vertreter in Rechtsfragen, dem Judical Commissioner, die volle Zivil- und Strafgewalt haben.

(B) Bechuanaland.

aa) Die magisterial courts[95].

Die Gerichtsbarkeit Bechuanalands für Europäer wird in unterster Instanz ausgeübt von Justices of the Peace und (Assistant) District Commissioners' Courts. Zweite Instanz bildet dann der seit 1912 bestehende „Special Court of the Bechuanaland Protectorate".

Die Rechtsprechung der europäischen Gerichte erstreckt sich — außer u. a. bei Mord, Viehdiebstahl — nur dann auf Eingeborene, wenn ein öffentliches Interesse gegeben ist. Im letzteren Falle wenden sie dann auch das für die Eingeborenen geltende Recht an, allerdings innerhalb des „ordre public". Weiße hingegen unterstehen nie den Eingeborenen-Gerichten.

---

[94] Hailey S. 395 f.
[95] Official Yearbook S. 1236 f.

bb) Die native courts[96].

Früher gingen Berufungen gegen Entscheidungen der Häuptlingsgerichte Bechuanalands („Kgotlas“) an ein gemischtes Gericht, bestehend aus einem britischen Verwaltungsbeamten und dem betreffenden Häuptling, der die angefochtene Entscheidung erlassen hatte. Für die weitere Berufung war der Resident Commissioner zuständig. Eine Aufsicht über die Eingeborenen-Gerichte wurde nicht ausgeübt, es sei denn dadurch, daß in der Berufungsinstanz die Möglichkeit bestand, die Entscheidung der Kgotlas abzuändern. Dieses System zeigte viele Schwächen, so daß die Stellung der Häuptlinge eine neue Regelung erfahren mußte.

Proclamation 74 of 1934 ordnete bezüglich der Eingeborenen-Verwaltung an: Der chief kann Bestimmungen erlassen über Alkoholverkauf, Verhütung von Wasservergeudung, Wege- und Waldschutz, Bekämpfung des Glücksspiels und der Heuschrecken, Sammlung wichtiger Statistiken, Aufrechterhaltung von Ruhe und Ordnung, Wiederherbeischaffung gestohlenen Gutes, Ergreifung flüchtiger Verbrecher usw. Bei Nichtbefolgung dieser Anordnungen konnte der Häuptling Strafen androhen.

Proclamation 75 of 1934, die sich mit den native tribunals beschäftigte, schuf zwei Klassen von Eingeborenen-Gerichten:

1. die „senior courts“, bestehend aus dem chief und von ihm benannten Ratsmitgliedern,
2. die „junior courts“ unter dem Vorsitz eines vom senior tribunal ernannten „headman“ und mit von diesem benannten Beisitzern.

Zivilfälle werden nach Eingeborenenrecht und -brauch entschieden. Strafen können entsprechend der örtlichen Übung verhängt werden, sofern sie nicht den Tod oder schwere körperliche Verletzungen zur Folge haben. Prügel- und Freiheitsstrafen von mehr als zwei Monaten müssen vor der Vollstreckung der europäischen Aufsichtsbehörde mitgeteilt werden, die sie bestätigen oder annullieren kann. Es müssen Protokolle geführt werden, die mindestens alle drei Monate von europäischen Verwaltungsbeamten überprüft werden. Letztere können jeden Prozeß an ihre eigenen Gerichte ziehen, sollen ihn aber — außer bei triftigen Gründen — nach Eingeborenenrecht entscheiden. Europäer unterliegen in keinem Falle der Rechtsprechung der native courts. Berufungen gehen vom junior zum senior tribunal und von dort zum Resident Commissioner.

(C) *Swaziland.*

aa) Die magisterial courts.

Die untere Gerichtsbarkeit für Weiße und unter Umständen Eingeborene wird in Swaziland seit 1907 durch die „lower courts“

[96] Hailey S. 407 ff.

der Assistant District Commissioners ausgeübt. Berufungsinstanz ist seit 1912 der Special Court des Resident Commissioner (als „superior court").

bb) Die native courts[97].

Die Rechtsprechungsbefugnis der Eingeborenen - Häuptlinge Swazilands ist auf das bürgerliche Recht beschränkt, während Strafsachen nur von den europäischen Gerichten abgeurteilt werden. Es gibt native courts der Unterhäuptlinge, gegen deren Entscheidungen eine Berufung an die native courts der Oberhäuptlinge möglich ist (Proclamation 63 of 1934). Von den Eingeborenen-Berufungsgerichten aus gibt es eine weitere Berufung an den Special Court des Resident Commissioner. Eine besondere Überwachung der native courts findet nicht statt.

5. Kenya.

(a) Geschichte und heutiges Bild.

Am 14. 8. 1885 hatte Dr. Carl Peters einen Vertrag mit dem Sultan von Sansibar geschlossen, der dem Deutschen Reiche die Kontrolle über die Insel Sansibar und die gegenüberliegende Küste des Festlandes — dem späteren Deutsch-Ostafrika — sicherte. Weiterhin gelang es ihm aber auch in einem Vertrage vom 2. 10. 1886 mit dem Sultan von Witu, dessen gesamtes nördlich an Deutsch-Ostafrika grenzendes Land unter deutschen Schutz zu stellen. Dadurch war ein maßgeblicher Teil des heutigen Kenya in deutsche Hand gekommen.

Ebenfalls seit etwa 1885 hatten sich auch die Engländer bemüht, in Ostafrika Fuß zu fassen. Da aber die Deutschen eine gewisse Vormachtstellung zu erringen drohten, gelang es den Engländern nur mehr auf vertraglichem Wege die Deutschen wieder zurückzudrängen und kostbarster Gebiete zu berauben: der Helgoland-Sansibar-Vertrag vom 1. 7. 1890 stellt einen der typischen Rückzieher der damaligen kaiserlichen Regierung (unter Reichskanzler von Caprivi) dar[98]. Genau so, wie man alle auf Stapel gelegten Kriegsschiffe immer etwas kleiner als die zur gleichen Zeit gebauten englischen konstruierte, wie man 28-cm-Geschütze nahm, wenn England 30,5-cm-Rohre einbaute[99] — genau so trat man ein Gebiet von der Größe Deutschlands an England ab, um sich England gefällig zu zeigen. Man begründete die Abtretung damit, daß man aus strategischen Gründen Helgoland erhalten müsse. Dies konnte sich aber doch auch nur wieder gegen England richten — bloß in geringerem Maße!

Der Helgoland-Sansibar-Vertrag stieß nicht nur auf heftigste Ablehnung von Seiten des Altreichskanzlers Bismarck[100], sondern rief

[97] Hailey S. 401.
[98] Baravalle S. 23 ff.
[99] Hitler S. 299.
[100] v. Bismarck S. 689 ff.

helle Empörung in allen Teilen des Deutschen Reiches hervor. Der alleinige Nutznießer aus diesem Vertrage war England. Es hatte mit Kenya ein Gebiet erworben, das sich vorzüglich für eine Besiedlung durch Weiße eignet, wo man sich deshalb auch von vornherein nicht damit verstand, allzuviel Rücksicht auf die Eingeborenen und ihre Interessen zu nehmen.

Ganz im Gegensatz zu der Prinzipienlosigkeit Englands übt Kenya daher auch eine rassenmäßig weitgehend getrennte Gesetzgebung — ähnlich wie in der Südafrikanischen Union, wo das Prinzip der Segregation herrscht („Colour bar"). Überhaupt zeigt Kenya viele Parallelen zur Union, so strebt es z. B. auch nach eigenverantwortlicher Selbstverwaltung. Zuerst war diese gefordert worden von Lord Delamare (1913). Im Jahre 1923 verdichtete sich diese Forderung in eine allgemeine politische Erklärung in Form des „White Paper". England glaubt aber diesen Wünschen nicht stattgeben zu können, eben mit Rücksicht auf die Eingeboreneninteressen und seine Treuhänderstellung gegenüber den natives. Als Ausgleich dafür sucht England jedoch wieder entgegenzukommen, indem es sich der Diskussion der sogenannten „Closer union"-Frage nicht abgeneigt zeigt.

Nach dem Kriege waren nämlich Vorschläge gemacht worden, die einer Union Kenyas, Ugandas, Tanganyikas, sowie unter Umständen auch noch Nyassalands, Nordrhodesiens und Sansibars das Wort redeten. Eine 1924 nach Ostafrika entsandte Kommission unter Mr. Ormsby-Gore glaubte aber in den weißen und eingeborenen Bevölkerungen der einzelnen Gebiete zu große Widerstände gegen den Plan der closer-union festgestellt zu haben und befürwortete zunächst nur regelmäßige Konferenzen der Gouverneure. Solche Zusammenkünfte haben dann auch 1926 und 1930 in der Hauptstadt Kenyas, Nairobi, stattgefunden. 1927 stellte der Gouverneur Kenyas, Sir Edward Grigg, die Frage der closer-union erneut zur Debatte. Die daraufhin wiederum entsandte Kommission sprach sich für die Einsetzung eines High Commissioner aus (ähnlich dem der High Commission Territories). Insbesondere aus finanziellen Gründen und wegen des mangelnden Zusammengehörigkeitsgefühls der Bevölkerungen wurde aber auch dieser Plan 1930/31 von einem Kommittee beider Parlamentshäuser abgelehnt. Im übrigen sprach sich außerdem 1933 die Permanent Mandates' Commission des Völkerbundes im Interesse Tanganyikas gegen jede weitere Vertiefung der closer-union aus[101].

Wie überall in Ostafrika, so leben auch in Kenya außer den Weißen und Eingeborenen eine große Zahl Inder und Araber. Die Inder beginnen auf vielen Gebieten den Europäern heute bereits erhebliche Konkurrenz zu machen. Die Araber hingegen erheben sich in ihrer sozialen Stellung kaum über die eingeborenen Bantuneger und neigen überhaupt dazu, sich mit ihnen zu verschmelzen.

[101] Hailey S. 181 ff., 167 ff.

(b) Die Verwaltung[102].

Bei der Inbesitznahme Kenyas durch die Engländer hielten sie die Häuptlinge nicht für zuverlässig genug, bzw. die Stammesorganisationen nicht für fest genug gefügt, um die Eingeborenenorgane mit irgendwelchen verwaltenden oder rechtsprechenden Vollmachten zu versehen. Das war auch der Grund, weswegen man 1902 zu Verwaltungszwecken sogenannte headmen (= ernannte Häuptlinge, Vorsteher) berief; das sind angesehene, einflußreiche und intelligente Eingeborene, die Aufgaben erhielten wie etwa für Aufrechterhaltung der Ruhe und Ordnung zu sorgen, Straßenaufsicht zu üben und Übeltäter zu ergreifen. Die Native Authority Ordinance of 1912 ermächtigte sie weiter u. a. zur Regelung der Alkohol-Kontrolle, zur Verhinderung ansteckender Krankheiten und zur Bekämpfung des Wassermißbrauchs. Diese headmen finden aber in der Regel keinen Platz in der Gerichtsorganisation. Vielmehr macht sich bei ihnen — wie übrigens auch bei den Resident Magistrates — eine Tendenz nach Trennung der Gewalten bemerkbar. Eine Entwicklung, die entgegen der Ansicht der britischen Regierung vom Kolonialamt in Ostafrika gefördert wird.

Trotz der Tatsache, daß die Eingeborenenbehörden Kenyas gewissermaßen zwischen dem System der direkten Verwaltung und der indirect rule stehen, ist dieses Gebiet doch mehr als direkt verwaltet anzusehen[103]. Infolgedessen wird auch im Gegensatz zu manchen anderen Ländern in Kenya größerer Wert auf die Überwachung der Eingeborenenbehörden gelegt.

(c) Die Gerichtsverfassung.

(A) Die magisterial courts.

Wie auch in den übrigen bereits erörterten Territorien bilden die unterste Instanz in der Gerichtsorganisation für die Weißen (und u. U. Eingeborenen) im allgemeinen die „subordinate courts“. Berufungsinstanz, zuweilen auch erste Instanz, ist der High Court. Gegen die Entscheidungen des High Court of Kenya, sowie derjenigen Tanganyikas, Ugandas, Nyassalands und Sansibars können Rechtsmittel eingelegt werden beim Court of Appeal for Eastern Africa in Nairobi (Kenya). Die allerletzte Instanz für die „colony“ stellt dann wieder der Privy Council in London dar, während für das „protectorate“ der Privy Council nur bei ausdrücklicher gesetzlicher Anordnung zuständig ist[104].

(B) Die native courts.

Die Rechtsprechung über Eingeborene wird je nach der Zuständigkeit von einer der im folgenden zu schildernden Gerichtsbehörden erster Instanz geübt:

---

[102] Hailey S. 287, 301, 387 ff.
[103] Buell I. S. 362 ff.
[104] Hailey S. 271.

1. die native courts,
2. die subordinate courts,
3. die Khadis, Liwalis.

1. Die Einrichtung der native courts geschah im Jahre 1913 (auf Grund der Courts' Ordinance of 1907). Sie bearbeiten kleinere Fälle, zu deren Beurteilung das primitive Eingeborenenrecht und die Eingeborenensitten im großen und ganzen ausreichen. In Zivilsachen reicht ihre Zuständigkeit bis 1000 sh, in Strafsachen bis zu 6 Monaten Freiheitsstrafe, 50 sh Geldstrafe, sowie solchen Strafen, die der Mentalität der Eingeborenen gerecht werden, sofern sie nicht europäischen Anschauungen widersprechen („ordre public").

Die Einsetzung der einzelnen native courts, die an sich möglichst in Übereinstimmung mit den seitherigen Gewohnheiten und Bräuchen erfolgen soll, geschieht durch ein sogenanntes „warrant" des District Officer (= Errichtungsurkunde unter gleichzeitiger Umreißung der künftigen Kompetenzen). Zum Teil sind auf diese Art die Ältesten-Versammlungen zum Gerichtshof geworden — und bestehen deshalb aus bis zu 60 Mitgliedern.

Bauen sich die Gerichte jedoch nicht auf einer Stammes- oder Dorfbasis auf, d. h. sind die Gerichte erst durch die Europäer eingesetzt worden, so begegnen sie ungleich größeren Schwierigkeiten bei den Eingeborenen, da sie sich eine Autorität erst schaffen müssen, die die Dorf- und Stammesgerichte auf Grund alter Tradition längst besitzen. Der Vorteil, den solche neugeschaffenen Behörden jedoch bieten, ist, daß die Richter besonders ausgesucht werden können und weniger persönliche Bindungen mit dem Volke haben —, daß sie also der Bestechungsgefahr weit weniger unterliegen, wie die überkommenen Gerichtshöfe. Andererseits genießen sie jedoch längst nicht soviel Vertrauen wie die Dorf- und Stammesgerichte und sind auch oft unbekannt mit den Feinheiten des lokalen Rechtes und der örtlichen öffentlichen Meinung[105].

2. In Ergänzung der oft unzulänglichen Rechtsprechung der native courts behandeln die subordinate courts nicht nur Fälle von Nichteingeborenen — wie bereits geschildert —, sondern sie erfassen auch Eingeborene. Dies, wenn entweder überhaupt kein native court örtlich zuständig ist, oder dieser infolge der Schwere des Falles oder der gehobeneren Stellung des Eingeborenen unpassend erscheint. Insbesondere befassen sich die subordinate courts mit Straftaten wie z. B. Zauberei, Arbeitsvergehen (Masters and Servants Act), Viehdiebstahl, sowie Verletzung gewisser Verwaltungsvorschriften zur Verhütung von Waldbränden und Krankheiten, zur Eintreibung von Steuern und ähnlichem. In schwereren Fällen haben die subordinate courts auch die Voruntersuchung zu führen, z. B. bei Tötung, Gewalttätigkeiten, Brandstiftung[106].

3. Gewissermaßen ein Mittelding zwischen den beiden geschilderten Systemen der native und der colonial (oder magisterial)

---

[105] Buell I. S. 381; Hailey S. 390.
[106] Hailey S. 285 f.

courts bilden die sogenannten Khadis und Liwalis in Kenya und Tanganyika. Diese sind besonders eingesetzt in Stadt- und Minenbezirken mit bunt durcheinandergewürfelter Bevölkerung. Hier wären Gerichte auf einer Dorf- oder Stammesbasis ebenso wirkungslos wie solche, die sich nach europäischen Anschauungen richten. Das durch die Khadis und Liwalis anzuwendende Recht stellt somit ein Gemisch aller möglichen afrikanischen, indischen, arabischen sowie europäischen Rechtsätze dar — kurz gesagt, eine moderne Art „iuris gentium".

Erwähnt sei noch, daß man z. B. die arabische Volksgruppe nicht den native courts der Eingeborenen, sondern gerade diesen Khadis und Lawilis unterstellt hat[107].

Es geht ein Bestreben dahin, die vorhandene Zahl von zirka 520 Eingeborenen-Gerichten zu verringern. Andererseits bemüht man sich jedoch, bereits native courts of appeal (=Eingeborenen-Berufungsgerichte) zu formen. Eine Art formloser Berufung ist möglich für den Fall, daß der Verwaltungsbeamte auf seiner Rundreise die Tätigkeit des Eingeborenen-Gerichtes kontrolliert —, was innerhalb bestimmter Fristen regelmäßig geschieht. Trifft der Beamte auf Anregung hin oder aus eigener Initiative keine andere Entscheidung, so kann immer noch formell Berufung an den High Court eingelegt werden[108]. Allerdings wird von diesem Verfahren nur in den seltensten Fällen Gebrauch gemacht, da es außer der Überwindung großer räumlicher Entfernungen noch einen für die Eingeborenen meist unerschwinglichen Einsatz von Zeit und Geld erfordert[109]. Theoretisch besteht vom High Court aus noch die Berufungsmöglichkeit an den Court of Appeal for Eeastern Africa, sowie u. U. die weitere an den Privy Council.

b. Entwicklung und Wesen der „indirect rule"

Die bisher behandelten englischen Kolonialgebiete hatten als gemeinsames Merkmal, daß sie überwiegend „direkt" verwaltet wurden, d. h. die Exekutive lag mehr oder minder in der Hand nur europäischer Beamter. Diese Art von Verwaltung wird besonders in solchen Ländern bevorzugt, in denen entweder die Interessen der Weißen gegenüber denen der Eingeborenen so überwiegend groß sind, daß letztere praktisch als zweitklassige Menschen angesehen werden — oder in solchen Gebieten, wo die Eingeborenen auf einer denkbar niedrigen Kulturstufe stehen, so daß sie in jeder Hinsicht von den Europäern geführt und geleitet werden müssen. Der schwerwiegende Nachteil der direkten Verwaltung jedoch ist, daß oft eine ganz geringe Zahl landes- und sprachkundiger Weißer tausende von Eingeborenen zu betreuen haben. Ein solches System hat dann zwangsläufig zur Folge, daß nicht nur Gesundheitsdienst und Wirt-

[107] Hailey S. 317.
[108] Hailey S. 288, 305, 390.
[109] Clough S. 68.

schaft brachliegen, sondern auch, daß die Rechtspflege oberflächlich und unbefriedigend bleibt. Um diesen Übelständen zu steuern, hat sich nun in den letzten Jahrzehnten eine neue Form der Verwaltung herausgebildet, die sogenannte indirect rule.

Sir George Goldie hatte als erster 1898 den Gedanken geäußert, die englische Verwaltungsmethode in Indien — nämlich mit Hilfe der eingeborenen Herrscher zu regieren — auch auf den afrikanischen Kontinent zu übertragen. „— — — If the welfare of the native races is to be considered, if dangerous revolts are to be obviated the general policy of ruling on African principles through native rulers must be followed for the present"[110].

Der um 1900 zum High Commissioner für Nigeria ernannte Lord Lugard hatte bereits Erfahrungen auf dem Gebiete der indirekten Verwaltung in Indien und dem afrikanischen Königreich Buganda (im heutigen Uganda gelegen) gesammelt. Was lag ihm also näher, als auch in seinem neuen Wirkungskreise den Versuch zu machen, „den europäischen Ordnungsgedanken auf der Grundlage der Eingeborenen-Stammesorganisationen zu verwirklichen"?[111]. In Nordnigerien fand Lord Lugard ein besonders günstiges Feld für seine neuen Methoden: Hier hatten schon früher die Fulani-Eroberer eine den Moslem-Reichen in Nordafrika und Asien ähnliche Verwaltungs-Zentralisation vorgenommen und hatten in ihren „Emiraten" für Steuer- und Rechtswesen eine tadellos arbeitende Behördenhierarchie aufgebaut. Andererseits war aber Lord Lugard auch gezwungen, einen Ausweg aus den Schwierigkeiten zu finden, die ihm aus dem Mangel an europäischem Personal entstanden[112]. Nigeria ist nämlich eine „tropische" Kolonie, deren feucht-heißes Urwaldklima Europäern höchst unzuträglich ist. Nur wenige Weiße können es dort länger aushalten — und auch diese nur jeweils kürzere Zeitperioden.

Die indirect rule hat sich dann verhältnismäßig schnell auch auf viele andere afrikanische Kolonialgebiete Englands ausgebreitet, soweit nicht überwiegende Interessen der weißen Rasse entgegenstanden (so z. B. in der Union, in Kenya und Südrhodesien). Wie aus ihrer Entstehungsgeschichte ersichtlich, ist die indirekte Verwaltung zunächst also keineswegs aus den idealistischen Motiven hervorgegangen, die heute so gern zu ihrer Begründung angeführt werden. Maßgebend war vielmehr, daß — ob des Mangels europäischer Beamter aus gesundheitlichen und finanziellen Gründen — keine direkte Verwaltung durchgeführt werden konnte, zumal sich das neue System auch besonders zur Überwindung der sprachlichen und psychologischen Schwierigkeiten eignete[113].

Es ist leicht, einzelne Häuptlinge oder leitende Persönlichkeiten, die u. U. zusammen mit anderen Stammesorganen (z. B. Oberhäupt-

[110] Zitat bei Hailey S. 417.
[111] Pahl S. 67.
[112] Schober S. 119; Hailey S. 417.
[113] Wengler, Verwaltungs-Organisation, S. 44.

lingen, Familienräten, Medizinmännern) eine gefestigte Autorität besitzen, zu beeinflussen und für die indirect rule zu „benutzen". Einerseits wird dadurch die Schlagkraft der Verwaltung erhöht und in Wechselwirkung dazu die Stellung der betreffenden Häuptlinge wieder weiter gefestigt[114]. Auf diese Art und Weise versteht es England, indirekt die gesamte Kolonialbevölkerung zu erfassen und sich gefügig zu machen. Endlich wird Aufstandsgelüsten Eingeborener aus dem Wege gegangen, und außerdem erscheinen die unangenehmen Seiten europäischer Herrschaft — z. B. die Steuererhebung — weniger als ein Werk der weißen Machthaber, als vielmehr der Eingeborenenbehörden selbst[115].

Die Verwandtschaft der englischen Eingeborenenpolitik mit der deutschen hat dazu geführt, daß auch schon die frühere deutsche Kolonialverwaltung sich weitgehendst der vorhandenen Stammesorganisationen zu bedienen versucht hat; allerdings wurde davon nicht so viel Aufhebens gemacht, wie von der englischen indirect administration[116]. In Deutsch-Südwest waren der Norden des Landes und der sogenannte Caprivi-Zipfel Residenturen, d. h. den eingeborenen Herrschern waren nur deutsche Residenten als Aufsichtsorgane beigegeben, im übrigen behielten sie weitgehende Selbständigkeit. Ähnlich war man auch im nördlichen Teile unseres Schutzgebietes Kamerun (am Tschad-See) vorgegangen. In Ruanda-Urundi (Deutsch-Ostafrika, heute unter belgischem Mandat) und Bukoba setzte Deutschland neben die herrschenden Sultane seine Residenten. Selbst nach englischem Zeugnis begann 1913 der Staatssekretär des Reichskolonialamtes, Dr. Solf, in Deutsch-Ostafrika die indirekte Verwaltung einzuführen[117]. 1925—1931 gab sich dann Sir Donald Cameron größte Mühe, die indirect rule auch im Tanganyika-Territorium wirksam auszugestalten[118], zumal sie ausgezeichnet zur Verwirklichung des Mandatsverwaltungsprinzips geeignet war, das die Erziehung der Eingeborenen zur eigenverantwortlichen Selbstverwaltung im Auge haben sollte.

Die gesetzliche Grundlage für die Errichtung von Eingeborenenbehörden bilden die Native Authorities' Ordinances bzw. die Native Courts' Ordinances. Den Umfang der Vollmachten, die die einzelnen Eingeborenenbehörden — paramount chiefs, divisional chiefs, chiefs, headmen, local or communal native councils usw. — erhalten, bestimmt grundsätzlich der betreffende Gouverneur. Entzogen sind der Eingeborenenverwaltung in jedem Falle das Militärwesen, die Auferlegung von Steuern (nicht deren Erhebung), sowie Verfügungen über Land. Die Einsetzung der Eingeborenenbehörden erfolgt oft nach Eingeborenengewohnheitsrecht (= native customary

[114] Pahl S. 68.
[115] Wengler, Verwaltungs-Organisation, S. 44.
[116] Wengler, Verwaltungs-Organisation, S. 56.
[117] Hailey S. 435.
[118] Wengler, Verwaltungs-Organisation, S. 47 f.; Pahl S. 66.

law), muß jedoch von der europäischen Verwaltung gebilligt bzw. bestätigt werden.

Neben der manchmal auf das Zivilrecht beschränkten Justiz obliegt den native authorities dann die Aufrechterhaltung von Ruhe und Ordnung, Verbrechensverhütung, Aufenthaltsregelung, Gewerbe- und Wirtschaftspolizei. Oft dürfen sie auch örtliche Bestimmungen mit Gesetzeskraft erlassen über Materien, zu deren Regelung sie gemäß „native law and custom" ermächtigt sind, ohne gegen „morality and justice" zu verstoßen. Diese Vorschriften können sogar mit gewissen Strafdrohungen ausgestattet werden. Sie unterliegen jedoch der Prüfung, Abänderung oder Aufhebung durch den zuständigen weißen Beamten, der sie u. U. auch selbst erlassen kann[119]. Auf diese Art und Weise kann sich der aufbauende und kulturfördernde Einfluß des weißen Verwaltungsbeamten genügend auswirken, indem er die chiefs zur Erfüllung höherer Aufgaben leitet, als da sind Gesundheitsdienst, Bodenmelioration, Wegebau, Jugenderziehung u. a. m.[120].

Wie aus dieser Schilderung ersichtlich ist, kann das System der indirect rule sehr elastisch gehandhabt werden — und wird es auch[121]. Hier kommt wieder das einzige Prinzip des Engländers voll zur Geltung, nämlich: der Entwicklung freien Lauf zu lassen, um so in der jeweils gewünschten Richtung Einfluß nehmen zu können.

Nach den bisherigen Erfahrungen birgt das System der indirect administration zwei Gefahrenmomente:

1. Das Streben nach Erhaltung oder Belebung der alten Formen und Traditionen der Eingeborenen führt allzu leicht zu Auswüchsen. Es kann nicht Aufgabe der Häuptlingsschulen sein, z. B. durch Umhertragen von Totememblemen, Veranstaltung von alten Kriegstänzen u. ä. die sämtlichen alten Sitten und Gebräuche gewissermaßen zu „konservieren"[122]; vielmehr müssen die betreffenden Eingeborenen durch eine harte, zweckmäßige Schulung das Verständnis für Verwaltung und Rechtspflege erhalten. Nur so können sie langsam zu wahren Gehilfen der Weißen für die kulturelle und wirtschaftliche Erschließung Afrikas herangebildet werden, statt nach wie vor sich mehr oder minder verständnislos einer oberflächlichen Nachahmung europäischer Kultur zu widmen.

2. Die zweite Gefahr für die indirect rule ist darin zu sehen, daß die englische Erziehungsmethode eine Entnationalisierung und Entwurzelung der Eingeborenen fördert. Die halbgebildeten Neger, die einmal die Annehmlichkeiten europäischer Kultur kennengelernt haben, zeigen wenig Neigung, zu ihrem früheren „Buschdasein" bei ihrem Stamme zurückzukehren. Andererseits gelingt es ihnen aber

[119] Wengler, Verwaltungs-Organisation, S. 46.
[120] Pahl S. 73.
[121] Pahl S. 61.
[122] Thurnwald S. 406; Pahl S. 72.

zumeist auch nicht, den erstrebten sozialen Aufstieg in den Minen und Städten zu vollziehen. So verkommen und verproletarisieren viele — eine ständige Gefahr und ein ewiger Unruheherd[123].

1. The Tanganyika Territory.

Von den Ländern, die unter der indirect rule verwaltet werden, soll zunächst nicht Nigeria, das Ursprungsland der indirekten Verwaltung, behandelt werden, sondern Deutsch-Ostafrika (das heutige Tanganyika Territory). Erstens erfreut sich dieses Land bei uns Deutschen eines bedeutend größeren Interesses, und zweitens ist Tanganyika unter der derzeitigen Mandatsherrschaft bezüglich der Gerichtsorganisation in gewisser Weise dem ostafrikanischen Rechtskreise angeschlossen, zu dem — außer dem bereits geschilderten Kenya — weiterhin gehören: Uganda, Nyassaland und Sansibar.

(A) Die Geschichte Deutsch-Ostafrikas bis zum Weltkriege.

Im Gegensatz zu anderen Teilen Afrikas war Ostafrika schon in den ältesten geschichtlichen Zeiten einigermaßen bekannt ob seiner Reichtümer an Gold und Elfenbein. So bringt z. B. schon eine Weltkarte des großen 161 nach Christi gestorbenen Geographen Claudius Ptolemaeus verhältnismäßig genaue Angaben. Lange Zeit waren und blieben später die Araber die Herren der ostafrikanischen Küste und verdienten besonders am „schwarzen Elfenbein“ (= durch Sklavenhandel). Seit der Umsegelung des Kaps der Guten Hoffnung durch Vasco da Gama (1497—1499) versuchten die Portugiesen in Ostafrika Fuß zu fassen, zur Sicherung des Seeweges nach dem reichen Indien. Von 1729 bis zur Mitte des 19. Jahrhunderts hatten die Araber in Ostafrika wieder die Oberhand und trieben nach wie vor Küsten- und Sklavenhandel. Seit (1830) 1848 begannen deutsche Missionare (Krapf, Rebmann, Erhardt.) Ostafrika zu erforschen. Später folgten ihnen die Engländer John Hanning, Speke, Dr. David Livingstone, Henry Morton Stanley u. a.

1884 landete dann, von den Engländern unerkannt aus Sansibar kommend, Dr. Carl Peters als Vertreter der privaten „Gesellschaft für deutsche Kolonisation“, um Ostafrika für Deutschland zu gewinnen. Durch Verträge mit zwölf eingeborenen Häuptlingen erwarb er ein Gebiet von etwa 140 000 qkm, das am 27. 2. 1885 von Bismarck unter Reichsschutz gestellt wurde[124]. Einen Tag vorher, am 26. 2. 1885, die sogenannte Kongo-Akte in Berlin unterzeichnet worden. Sie enthielt neben Bestimmungen der allgemeinen Verständigung unter den Kolonialnationen solche über ein gemeinsames Vorgehen gegen Sklaven- und Alkoholunwesen usw. Die wichtigste Bestimmung für Deutschland war jedoch die in Kap. III Art. 10 enthaltene Übereinkunft der Neutralität des Kongobeckens und damit

[123] Rohrbach S. 214 ff.

[124] Deutschlands Kolonien bis zum Weltkriege, im Buch der deutschen Kolonien, S. 133 ff.

auch Deutsch-Ostafrikas[125]. Als in der Folgezeit der deutsche Einfluß in Ostafrika den englischen zu überflügeln drohte, kam es am 1. 7. 1890 zum Abschluß jenes umstrittenen Helgoland-Sansibar-Vertrages, in dem Deutschland zugunsten Englands auf weitere ostafrikanische Gebiete, insbesondere das heutige Kenya, verzichtete und zum Ausgleich Helgoland erhielt[126]. Um dieselbe Zeit tobten auch heftige Kämpfe in dem Schutzgebiet selbst: Unter der Führung Wissmanns wurde in langwierigen und beschwerlichen Feldzügen endlich das sich heftig wehrende Sklavenhändlerwesen niedergeschlagen und ausgerottet[127].

Nun folgte eine Zeit stetiger Aufwärtsentwicklung Deutsch-Ostafrikas, die eine baldige Blüteperiode des Landes voraussehen ließ. Dieses Geschehen wurde jäh unterbrochen durch den Weltkrieg. Im Vertrauen auf die in der Kongo-Akte zugesagte Neutralität hatte es Deutschland nicht für nötig erachtet, in Deutsch-Ostafrika große Truppenkontingente aufzustellen; trotzdem vermochte der General Lettow-Vorbeck in heldenhaftem Kampfe die Kolonie bis 1917 zu verteidigen und anschließend den Krieg nach Portugiesisch-Ostafrika hineinzutragen. Der erdrückenden feindlichen Übermacht gelang es aber nicht, die tapfere Schar Deutscher und treuer Askaris vor Abschluß des Waffenstillstandes im November 1918 zur Aufgabe des Kampfes zu zwingen. So endete mit dem ungünstigen Ausgang des Weltkrieges auch in Deutsch-Ostafrika zeitweilig die deutsche Herrschaft.

(B) Die Verwaltung Deutsch-Ostafrikas.

Exekutivorgan war im alten Deutschen Reich der Kaiser. Er bediente sich für die Verwaltung der Kolonien des Reichskanzlers. Dieser konnte Verwaltungsanordnungen erlassen und bei Nichtbefolgung Geldstrafe oder Gefängnis bis zu drei Monaten androhen. Im übrigen übte er seine Exekutive mit Hilfe des aus der Kolonialabteilung des Auswärtigen Amtes hervorgegangenen „Reichskolonialamtes". Das Etatrecht stand dem Reichstage zu, dessen Finanzpolitik auf kolonialem Gebiete jedoch weniger von sachlichen und planenden Gesichtspunkten bestimmt wurde, als vielmehr parteipolitisch gebunden war[128].

aa) Die Zentralverwaltung[129].

Zentrale Verwaltungsstelle im Schutzgebiet selbst war der kaiserliche Gouverneur (zuletzt Dr. Schnee). Er konnte Polizei- und sonstige Verwaltungsvorschriften mit Strafandrohungen (Gefängnis

---

[125] Buell II. S. 891 ff.; Hailey S. 1341.

[126] Deutschlands Kolonien bis zum Weltkriege, im Buch der deutschen Kolonien, S. 140; Baravalle S. 24 f.

[127] Mayer, im Buch der deutschen Kolonien, S. 30 f.

[128] Mayer, im Buch der deutschen Kolonien, S. 23.

[129] Zache, Kolonialverwaltung, im deutschen Kolonialbuch, S. 99 ff.

bis zu drei Monaten, Haft, Geldstrafe, Einziehung) erlassen. Der Stellvertreter des Gouverneurs war der erste Referent.

Der „Gouvernementsrat“, von dem später die Rede sein wird, hatte bei der Gesetzgebung beratende Befugnisse.

Im übrigen waren für die einzelnen Zweige der Zentralverwaltung Referenten angestellt (Regierungsräte). Hier gab es:

1. das Referat für Handel und Finanzen. Unter dem Referenten standen je ein Zoll- und ein Finanzdirektor;
2. das Personalreferat für etwa 450 Beamte und Angestellte;
3. den Justiziar, der die Interessen des Landesfiskus in Rechtsstreitigkeiten zu vertreten hatte;
4. das Baureferat, insbesondere für Regierungsgebäude, öffentliche Straßen usw.;
5. das Eisenbahnreferat, das die Aufsicht über Bau und Betrieb ausübte;
6. die Gouvernementsflottille;
7. das Referat für Bergwesen zur Aufsicht und Verleihung von Berggerechtsamen;
8. das Forstreferat für Wald- und Wildschutz und Aufsicht über private Forsten;
9. das Landeskulturreferat für Angelegenheiten der Landwirtschaft und des Wetterdienstes;
10. das Referat der inneren Verwaltung. Dieses war zuständig für alle Gebiete, die nicht durch Spezialreferate erfaßt wurden: z. B. Verpachtung von Kronland, Missions- und Schulangelegenheiten, Landesaufnahme- und -vermessung;
11. die Polizeiinspektion zur Ausbildung, Ausrüstung und Überwachung der Polizeimannschaften;
12. das Medizinalreferat für die Verwaltung der Hospitäler, für Seuchenbekämpfung, Veterinärdienst, Fleischbeschau, Förderung der Viehzucht durch Rasseverbesserung;
13. der Referent für militärische Angelegenheiten. Er war der Kommandant der Schutztruppe (zuletzt von Lettow-Vorbeck);
14. die Bearbeitung auswärtiger Angelegenheiten (z. B. der Verkehr mit den Nachbargebieten) oblag dem ersten Referenten.

bb) Die Lokalverwaltung[130].

Die Lokalverwaltung wurde geführt durch 18 Bezirksämter, 3 Residenturen und einen Militärbezirk. Der Unterschied dieser Einrichtungen bestand in folgendem: Bezirke, die für eine Zivilverwaltung noch zu ungeordnet und unentwickelt waren, standen unter militärischer Verwaltung (so z. B. der Bezirk Mahenge). Waren die Verhältnisse besser, so wurden Bezirksämter eingeführt, die im Wege direkter Verwaltung tätig wurden. Falls nun aber ein Bezirk gänzlich erschlossen war und in ihm loyale und kulturell verhältnis-

[130] Zache, Kolonialverwaltung, im deutschen Kolonialbuch, S. 104 ff.

mäßig hochstehende Eingeborenen-Häuptlinge herrschten, konnte diesen ein sogenannter Resident beigegeben werden, der nur beratend und kontrollierend auf den eingeborenen Fürsten einwirkt (so z. B. in Ruanda-Urundi, Bukoba).

Dem Bezirksamtmann, der meist Jurist war, stand als Vertreter ein Adjunkt zur Seite. Einer dieser beiden oder ein besonderer Sekretär pflegte die wichtige Aufgabe der Eingeborenen-Rechtsprechung wahrzunehmen. Ein — evtl. zweiter — Sekretär führte das Steuerwesen unter Umständen mit Hilfe europäischer Angestellter. Weiter waren dem Bezirksamtmanne je nach Bedarf beigegeben: Polizeikontingente, Sanitätspersonal, Wege- und Brückenbau-Techniker und -Handwerker, Lehrer, Zöllner, Förster usw.

Insbesondere für die Beratung des Voranschlags des Etats stand dem Bezirksamtmanne ein sogenannter Bezirksrat zur Seite, der allerdings im Laufe der Entwicklung immer mehr zu einer Selbstverwaltungskörperschaft der Europäer ausgestaltet wurde[131].

Am meisten in Anspruch genommen wurden die Beamten durch Rechtsprechung, Polizei- und Steuerwesen sowie die Verwaltung und Verpachtung von Kronland. Teilweise mußten auch noch in zeitraubender Reisetätigkeit die untergeordneten „Nebenstellen" beaufsichtigt werden, die je nach Bedarf mit unteren Organen besetzt waren. In anderen Fällen konnte die Beaufsichtigung der untersten Eingeborenen-Instanzen auch tüchtigen Eingeborenen-Häuptlingen oder besonders vorgebildeten „Akiden" (= gebildete Araber oder Suaheli) überlassen werden.

Zur Wahrung der Interessen der Eingeborenen z. B. gegen ausbeuterische Anwerbung usw. standen neben den Bezirksamtmännern sogenannte Distriktskommissare.

Ausgenommen von jeder Kolonialverwaltung war der Post- und Telegraphendienst, der direkt dem Staatssekretär des Reichspostamtes unterstand.

(C) Die Gerichtsverfassung Deutsch-Ostafrikas.

In den Verträgen, die Dr. Carl Peters mit den Häuptlingen abgeschlossen hatte, hatte er sich neben anderem auch das Recht einräumen lassen, in den erworbenen Gebieten die Rechtsprechung auszuüben[132]. Es lag ganz im Sinne der Kolonialpolitik Bismarcks, der die Schutzherrschaft des Reiches in allererster Linie im Interesse des deutschen Handels errichtet hatte, daß man die Rechtspflege zunächst ganz und gar der dortigen Vertreterin des Handels überließ, der Deutsch-Ostafrikanischen Gesellschaft. Dieser Privatgesellschaft fehlte jedoch der nötige Rückhalt, so daß sich gar bald während des Araberaufstandes die Unzulänglichkeit ihrer Justiz offenbarte und schon 1891 ein Eingreifen des Reiches selbst erforderlich wurde[133].

---

[131] Schober S. 16.

[132] cf. den Vertrag mit Muinin Sagara, abgedr. im Buch der deutschen Kolonien, S. 137 f.

[133] Arning S. 108 ff.

Die rechtliche Grundlage dazu bildete Art. 4 der Verfassung von 1871, der schon dem Deutschen Reiche die Gesetzgebung und Beaufsichtigung über Kolonien und Auswanderung übertragen hatte. Daraufhin konnten dann die Schutzgebietsgesetze ergehen (17. 4. 1886; 15. 3. 1888; 25. 7. 1900), durch die für Nichteingeborene eine der Konsulargerichtsbarkeit[134] analoge Kolonialrechtspflege eingeführt wurde. Farbige sollten dieser Gerichtsbarkeit aber nur insoweit unterliegen, als das durch kaiserliche Verordnung bestimmt wurde[135].

aa) Die Gerichte für Europäer in deutscher Zeit.

Für die Gerichte der Weißen war in unseren Schutzgebieten der heute noch gültige Grundsatz der Trennung von Verwaltung und Gerichtsbarkeit theoretisch rückhaltlos anerkannt. Nur ließ sich der besonderen Umstände halber praktisch eine Trennung in personeller Beziehung nicht immer durchführen, d. h. des öfteren bekleideten Richter zugleich Verwaltungsämter[136]. Auch das in der Heimat grundlegende Prinzip der Unabhängigkeit der Richter fand in den Schutzgebieten nur in ganz beschränktem Umfange die Billigung des Gesetzgebers. Dienstaufsichtsbehörden waren die Gerichtsvorstände, über die Richter zweiter Instanz der Gouverneur. Die oberste Dienstaufsicht führte der deutsche Reichskanzler. Die mit der Rechtsprechung betrauten Personen brauchten eine rechtswissenschaftliche Vorbildung nicht genossen zu haben[137]. Sie mußten immer einen ständigen Vertreter haben und konnten in Einzelfällen andere geeignete Personen hinzuziehen, außer z. B. hinsichtlich der Urteilssprechung[138].

Aufbau und Zuständigkeit der Europäergerichte war genau so wie bereits für Deutsch-Südwestafrika erörtert. In Deutsch-Ostafrika übten die Gerichtsbarkeit über die Weißen und die ihnen gleichgestellten Rassen (z. B. Japaner, Goanesen usw.) das Obergericht in Daressalam in zweiter und die Bezirksgerichte in Daressalam, Tanga, Muansa, Tabora und Neu-Moschi in erster Instanz.

An Rechtsanwälten waren in Daressalam 3 und in Tanga 2 ansässig. Je einer von diesen war zugleich Notar[139].

bb) Die Gerichte für Eingeborene in deutscher Zeit.

Bei der Rechtspflege über Eingeborene stößt der Grundsatz der Trennung von Verwaltung und Justiz auf keinerlei Verständnis bei der schwarzen Bevölkerung. Zudem liegt aber auch gar kein Bedürfnis zu seiner Durchführung vor[140]. Im Gegenteil erscheint es weit

---

[134] Gemäß dem Gesetz über die Konsular-Gerichtsbarkeit vom 10. 7. 1879 (Zache, Kolonialverwaltung, im deutschen Kolonialbuch, S. 99).
[135] v. Hoffmann, Kolonialrecht, S. 97.
[136] Kolonialverwaltung der europäischen Staaten, S. 152 ff.
[137] Thurnwald S. 275.
[138] v. Hoffmann, Kolonialrecht, S. 97 f.
[139] Zache, Kolonialverwaltung, im deutschen Kolonialbuch, S. 104.
[140] v. Hoffmann, Kolonialrecht, S. 102.

besser, die — die Macht des Staates besser vor Augen führende — Rechtspflege durch solche Beamte ausüben zu lassen, die auch im übrigen dauernd auf dem Gebiete der Verwaltung mit den Eingeborenen in Fühlung stehen[141]. Nach diesen Gesichtspunkten wurde in Deutsch-Ostafrika vorgegangen. Den Eingeborenen stand jeweils nur ein deutscher Beamter mit allen Hoheitsbefugnissen gegenüber.

Über Art und Grad der Heranziehung der Eingeborenen zur Rechtspflege bestand damals noch nicht die rechte Klarheit. Eines stand jedoch fest, nämlich, daß man die Eingeborenen auf jeden Fall in irgendeiner Form beteiligen müsse.

Die Strafgerichtsbarkeit über die farbige Bevölkerung wurde in den Küstenbezirken durch den Gouverneur ausgeübt. Im übrigen geschah dies durch die Bezirksamtmänner (Stationsleiter) bzw. die besonders beauftragten Beamten. Bei amtlichen Expeditionen ins Innere war Inhaber der Strafgewalt der betreffende Expeditionsführer. Hinzuzuziehen waren die Dorfältesten (= Jumben), die farbigen Verwaltungsbeamten (= Walis, meist arabischen Geblüts), bzw. Akiden. Im Inneren mußte man die Eingeborenen jedoch noch meist der Entscheidung ihrer eigenen Gerichtsbehörden überlassen. Auch in Gebieten, wo weiße Beamte die Strafrechtspflege innehatten, wurde die Gerichtsbarkeit innerhalb gewisser Grenzen farbigen Beamten übertragen[142]. Die eingeborenen Beamten werden jedoch als einseitig (sie kannten nur Moslemrecht), überheblich und bestechlich geschildert[143]), so daß Bestrebungen im Gange waren, sie, wenn irgend möglich, durch weiße Beamte zu ersetzen.

Für Strafurteile, die über mehr als 200 Rupien, mehr als sechs Monate Freiheitsstrafe lauteten oder die Todesstrafe aussprachen, war die Bestätigung des Gouverneurs erforderlich[144].

Ein abgekürztes Strafverfahren war zulässig in Fällen des Notstandes, z. B. bei Überfällen, Aufruhr oder Krieg[145].

Die Zivilgerichtsbarkeit in Streitigkeiten zwischen Farbigen lag in Händen der Bezirksamtmänner, der Stationsleiter oder beauftragter Offiziere unter Hinzuziehung angesehener Eingeborener. In besonders schwierigen Fällen (z. B. bei Nachlaßstreitigkeiten) waren die deutschen Beamten verpflichtet, Eingeborene des betreffenden Rechtskreises oder der betreffenden Kaste zur Beratung hinzuzuziehen. Weniger bedeutende Fälle wurden von Häuptlingsgerichten behandelt. In den Residenturen des Zwischenseengebietes (Ruanda-Urundi, Bukoba) lag die Rechtsprechung ganz in der Hand der Sultane und ihrer Organe.

Gar bald hatte sich aber der Brauch eingebürgert, daß die Partei, die sich durch eine Entscheidung des Eingeborenengerichts benachtei-

---

141 Zache, Kolonialverwaltung, im deutschen Kolonialbuch, S. 104.

142 v. Hoffmann, Verwaltung und Gerichtsverfassung, S. 91 ff.

143 Hailey S. 435.

144 Thurnwald S. 276.

145 v. Hoffmann, Kolonialrecht, S. 103.

ligt glaubte, sich an den zuständigen deutschen Verwaltungsbeamten wandte. Gegen die Urteile der Bezirksamtmänner konnte bei einem Streitwert von mehr als 1000 Rupien Berufung an den Oberrichter eingelegt werden[146].

cc) Die Gerichte für gemischte Prozesse.

Im Falle eines Mischprozesses (zwischen Europäern und Eingeborenen) stand die deutsche Praxis meist auf dem Standpunkt, daß, „wo Weiße und Farbige in einer Rechtssache beteiligt sind, der aus allgemeinrechtlichen Gesichtspunkten folgende Grundsatz gilt, daß der Gerichtsstand des Beklagten bzw. Angeklagten entscheidet“. In Deutsch-Ostafrika ging allerdings eine Übung dahin, daß auch hier immer die deutschen Gerichte zuständig waren[147].

(b) Unter Mandatsherrschaft.

(A) Geschichte und heutiges Bild des englischen Mandats Tanganyika-Territory[148].

Deutsch-Ostafrika wurde 1919 durch das Diktat von Versailles dem Deutschen Reiche entrissen. Sämtliche dort ansässigen Deutschen wurden ihres Privateigentums beraubt und kurzerhand des Landes verwiesen. Als unglückselige Zwischenlösung zwischen den verhältnismäßig objektiven Zielen Wilsons (USA.), den vorwiegend europäischen Interessen Clemenceaus (Frankreich) und den kolonialen Wünschen von Lloyd George (England) wurde der Mandatsgedanke des südafrikanischen Generals Smuts aufgegriffen und im Art. 22 der Völkerbundssatzung verwirklicht. Auf diese Art erreichte man, daß

1. mehrere Sieger sich in die Beute teilten, Deutschland also seine Forderung auf Wiederherstellung des status quo immer gegen mehrere Staaten vorbringen muß;
2. juristisch gesehen nicht von einer Annektion gesprochen werden kann —, was aber tatsächlich doch der Fall ist;
3. man die Mandate weder zu bezahlen, noch auf die Reparationsleistungen anzurechnen brauchte.

Deutsch-Ostafrika wurde als „Tanganyika-Territory“ ein Mandat Großbritanniens. Das kleine Zwischenseengebiet mit unverhältnismäßig hoher Einwohnerzahl wurde belgisches Mandat. Portugal endlich annektierte mit Zustimmung Englands das sogenannte Kionga-Dreieck im Süden.

Die rührende Treue, die die Eingeborenen besonders während des Weltkrieges den Deutschen gezeigt hatten, ließ die Engländer eine besonders vorsichtige Eingeborenenpolitik betreiben. Hatten doch schüchterne Versuche, unter den Eingeborenen Abstimmungen

---

[146] Arning S. 108 ff.

[147] v. Hoffmann, Einführung, S. 175.

[148] Schnoeckel, im Buch der deutschen Kolonien, S. 245 ff.; Hindorf, im Buch der deutschen Kolonien, S. 265 ff.

abzuhalten, überraschende Ergebnisse zugunsten Deutschlands gezeitigt! Erst im Juni 1925 glaubten die Engländer es verantworten zu können, die Einreise- und Niederlassungsbeschränkungen für Deutsche wieder aufzuheben. Die Folgezeit brachte dann einen regen Strom deutscher Einwanderer. Allerdings haben unsere Nachkriegssiedler wieder ganz von vorn anfangen müssen, wobei sie Schwierigkeiten über Schwierigkeiten zu überwinden hatten und haben. Gewaltig geschadet hat ihnen die Weltwirtschaftskrise von 1930/31. Sie leiden unter dem Mandatscharakter eines Landes, das überwiegend deutsch ist und in dem sie doch nicht die Herren sind.

Das Interesse des Weltkapitals an Deutsch-Ostafrika ist denkbar gering, in erster Linie wohl wegen der unsicheren staatsrechtlichen Lage. Die indische Bevölkerungsgruppe hat sich infolge Einwanderung seit der deutschen Zeit vervielfacht. Der Einfluß sogar der Japaner nimmt durch wachsenden Import ständig zu. Die Abreißung des dichtbevölkerten Hinterlandes von Ruanda-Urundi hat den Wirtschaftskörper des Landes aufs schwerste erschüttert. Durch die closer-union-Bestrebungen wurde Tanganyika 1927 in eine Zollunion mit Kenya und Uganda gepreßt, was zur Folge hat, daß es heute wirtschaftlicher Nichtachtung zugunsten Kenyas anheimfällt.

Obgleich aber unsere Landsleute unter diesen Umständen schwer zu kämpfen hatten, festigten sie die bereits errungene Führungsstellung im Wirtschaftsleben immer mehr zumal auf dem Pflanzungs- und Siedlungsgebiete. Von ihrer Erstarkung zeugte auch der am 22. 7. 1933 in Dodoma gegründete „Deutsche Bund“, der ausgesprochen politische Tendenzen vertrat[149]. Der Bevölkerungsanteil der Deutschen betrug 1935 von 8455 Europäern bereits wieder 2665 Seelen (= 31,4 vH.)[150]. Allerdings wird abzuwarten sein, welche Wunden dem ostafrikanischen Deutschtum durch den neuerdings ausgebrochenen Krieg und die Internierung geschlagen werden.

(B) Die Verwaltung des Tanganyika-Territory[151].

Das Tanganyika-Mandat besteht aus acht Provinzen, diese insgesamt aus 42 Distrikten. Das Haupt der Provinzialverwaltung ist der provincial commissioner oder resident, der als Helfer und Vertreter assistant provincial commissioners hat. Die Distrikte werden verwaltet von district officers, denen wiederum assistant district officers und cadets zur Seite stehen.

Die Lokalverwaltung selbst gliedert sich in die „allgemeine Verwaltung“ und die „technische Verwaltung“. Aufgaben der allgemeinen Verwaltung sind insbesondere:

1. die Eingeborenenverwaltung. In Landesteilen mit ausgeprägter indirect rule liegt die Überwachung der Einge-

[149] v. Lindequist, im Buch der deutschen Kolonien, S. 320 f.
[150] Troll S. 49 ff.
[151] Wengler, Verwaltungs-Organisation, S. 29 ff.

borenenverwaltung bei den provincial commissioners, während der district officer nur mehr Beobachter ist;
2. die Rechtspflege, die ebenfalls je nach der Art der Verwaltung von den Beamten selbst geübt oder nur überwacht wird;
3. die Steuererhebung, die ebenfalls weniger durch die europäischen Behörden selbst vollzogen wird;
4. Wohlfahrts- und Wirtschaftspolizei.

Die technische Verwaltung umfaßt z. B.: Land- und Forstwirtschaft, Eisenbahnwesen, Vermessung, Gesundheitspflege, Unterricht usw.

Nachdem bereits 1913 der damalige Staatssekretär des Reichskolonialamtes, Dr. Solf, mit der Ausgestaltung der indirekten Eingeborenenverwaltung begonnen hatte, wurde dieselbe dann in der Mandatszeit besonders von Sir Donald Cameron (1925—1931) sehr gepflegt. Immerhin ist in Tanganyika die indirect rule noch nicht zu einer derartigen Blüte gelangt, wie in ihrem Ursprungslande Nigeria[152]. Im Gegensatz zu der Verwaltung über Europäer — wo das Kolonialamt die Tendenz fördert, Nur-Justizbeamte einzusetzen —, findet keinerlei Trennung zwischen Eingeborenen-Justiz- und -Verwaltungsbehörden statt. Für eine Ausübung der Eingeborenen-Rechtspflege und -Exekutive durch ein und dieselbe Behörde spricht die größere Landeskunde der Verwaltungsbeamten. Auch ist es wirkungsvoller, wenn der Verwaltungsbeamte zugleich achtunggebietende Schlichtungs- und Strafbefugnisse hat. Endlich geht dem Eingeborenen ja auch jedes Verständnis ab für eine Doktrin, wie die der Trennung von Justiz und Verwaltung[153].

Im einzelnen ist die Eingeborenenverwaltung derart aufgebaut, daß man geeignete Oberhäuptlinge (= superior chiefs) und Häuptlinge (= chiefs) mit den entsprechenden Vollmachten ausgestattet, bzw. angesehene Eingeborene besonders beauftragt hat (= headmen). Ein Weiteres hat man z. B. dadurch getan, daß man Führerschulen errichtete, in denen befähigte Eingeborene und Söhne von Häuptlingen eigens für künftige Verwaltungsposten herangebildet werden.

Ein ungefähres Bild von der Schwierigkeit, eine einheitliche und schlagkräftige Verwaltungsorganisation zu schaffen, kann man sich vielleicht dann machen, wenn man sich vergegenwärtigt, daß das Tanganyika-Territory 137 Eingeborenenstämme und -unterabteilungen umfaßt[154]. In den Küstengebieten gar ist eine Durchführung der indirect rule nahezu unmöglich. Hier sind außer Europäern und ihnen Gleichgestellten (z. B. Japaner) vertreten: Inder, Araber, Perser, Parsen, Goanesen, christliche und heidnische Syrer, Ceylonesen usw. Die in diesen Gebieten mit gemischter Bevölkerung auftretenden Probleme können nur im Wege direkter Verwaltung

[152] Pahl S. 66; Hailey S. 434 ff.
[153] Winkelmann S. 843.
[154] Clough S. 256 ff.

durch eingeborene Beamte einigermaßen gemeistert werden (Akiden, Liwalis).

Aber auch im Inneren des Landes treten immer wieder mit gewissen Völkerschaften Spannungen auf, so insbesondere mit den freiheitsliebenden Massai, die einen starken hamitischen Bluteinschlag haben. Hier ist der Anlaß oft die Stammes-, Haus- oder Kopfsteuer, die für die Eingeborenen im Jahre etwa einen Monatslohn ausmacht (1937 auf dem Lande 4 bis 15 sh, in den Städten 7 bis 20 sh). Ziemlich undurchführbar hat sich bisher eine Steuer gezeigt, die Männern auferlegt wird, die mehr als eine Frau haben („Vielweiberei-Steuer")[155]. Die Erhebung aller dieser Steuern erfolgt durch die streng beaufsichtigte Eingeborenenverwaltung, die selbst 20 bis 25% davon erhält.

(C) Die Gerichtsverfassung im Tanganyika-Territory[156].

Die gesamte Rechtspflege findet während der Mandatszeit ihre gesetzliche Verankerung in der Tanganyika Order in Council of 1920. Auch im Tanganyika Territory ruht die Rechtspflege auf den zwei großen Säulen, deren eine der Instanzenzug für die Europäer (und u. U. Eingeborenen), deren andere der Instanzenzug ausschließlich für die Eingeborenen ist.

aa) Die magisterial courts[157].

Der Aufbau der Gerichtsorganisation der colonial courts besteht in unterster Instanz aus den „subordinate courts" bzw. dem High Court. Berufungsinstanz ist in gewissen Fällen der High Court oder auch „His Majesty's Court of Appeal for Eastern Africa" und der Privy Council.

Die subordinate courts zerfallen wieder in solche erster, zweiter und dritter Klasse. Die Gliederung in Klassen drückt hierbei mehr den Amtsrang der Richter aus, als eine Stufenfolge der Gerichte. Eine Berufung von dem Untergericht dritter Klasse an ein solches zweiter Klasse bzw. von einem solchen zweiter Klasse an eins der ersten Klasse ist daher nicht möglich. Der Unterschied besteht vielmehr nur in ihrer Zuständigkeit.

1. Die subordinate courts dritter Klasse werden gebildet bei assistant district officers oder cadets (= untergeordnete Distriktsbeamte). Sie sind gemäß Anlage 1 zum Criminal Procedure Code of 1930/34/36 zuständig für Straftaten, für die nicht mehr als ein Jahr Gefängnis angedroht ist. Verhängen dürfen die Untergerichte dritter Klasse jedoch nur Strafen bis zu drei Monaten Gefängnis, 50 sh Geldstrafe oder acht Hieben. Für den Fall, daß ein Untergericht eine höhere Strafe verhängen will, muß es die Aburteilung einem Gericht anderer Klasse überlassen, obwohl es nach Criminal

[155] Hailey S. 568 ff.

[156] Gunzert S. 32; siehe Anhang.

[157] Gunzert S. 33 ff.; Mair S. 157; Zache, Deutsch-Ostafrika, S. 70 ff.; Zumpt, Eingeborenen-Rechtspflege, S. 537.

Procedure Code an sich noch zuständig wäre. In Zivilsachen sind sie gemäß Anlage zur Courts' Ordinance of 1930 zuständig bis zu einem Streitwert von 1000 sh.

2. Die subordinate courts zweiter Klasse werden ebenfalls bei untergeordneten Distriktsbeamten gebildet. Sie sind jedoch gemäß Criminal Procedure Code bereits zuständig für Straftaten, die mit mehr als einem Jahre Gefängnis bedroht sind. Verhängen können sie Gefängnis bis zu einem Jahre, Geldstrafe bis 150 sh oder 12 Hieben. In Zivilsachen kann der Streitwert bis 2000 sh betragen.

3. Die subordinate courts erster Klasse werden gebildet bei resident magistrates und provincial commissioners (für ihre Provinzen), sowie bei district officers. Dieser Court ist zuständig bei einer Androhung von mindestens drei Jahren Gefängnis. Das Urteil darf höchstens lauten auf zwei Jahre Freiheitsstrafe, 300 sh Geldstrafe oder 24 Hiebe. In Zivilsachen geht die Zuständigkeit bis 4000 sh, bei den resident magistrates' courts of Muansa und Bukoba bis 15 000 sh.

Für die subordinate courts sämtlicher drei Klassen ist der High Court of Tanganyika Territory Berufungsinstanz. Ausgeschlossen ist die Berufung nur in Bagatellstrafsachen, d. h. bei Nichtüberschreitung von einem Monat Gefängnis, 100 sh Geldstrafe oder bei körperlicher Züchtigung Jugendlicher. Für Zivilsachen ist das Berufungsrecht nochmals ausdrücklich festgestellt in der Subordinate Courts' (Civil Appeals) Ordinance of 1935.

Bei Strafandrohung von sieben Jahren Gefängnis und mehr ist der High Court erstinstanzlich zuständig. Todesurteile bedürfen der Bestätigung des Gouverneurs. Ebenso ist der High Court erste Instanz in Zivilsachen mit einem Streitwert von mehr als 4000 (bzw. 15 000) sh. Im übrigen ist der High Court ausschließlich zuständig für Konkurs, Korporationen, Urheberschutz, sowie für kaufmännische und gewerbliche Angelegenheiten. Außerdem ist er höchstes Verwaltungs-, Steuer- und Admiralitätsgericht von Tanganyika.

Der High Court beeinflußt die Rechtsprechung der Untergerichte aber noch maßgeblich im Wege des Bestätigungsverfahrens; wenn nämlich die subordinate courts Strafen verhängen, die über die Hälfte ihrer eigenen Strafbefugnis hinausgehen, bzw. bei Anordnung von körperlicher Züchtigung bedarf das Urteil der Bestätigung durch den High Court. Außerdem gibt der High Court den unteren Gerichten bindende Gutachten ab (to state a case). Typisch für die „Universal-Zuständigkeit" ist aber, daß der High Court jeden Prozeß an sich ziehen kann. Ferner kann er Strafurteile der Untergerichte beliebig ändern oder aufheben (abgesehen von Freisprechungsurteilen); ebenso kann er Zivilurteile revidieren, die eine eingeborene Partei schwer ins Unrecht setzen.

Als Berufungsinstanz gegenüber den Entscheidungen des High Court dient „His Majesty's Court of Appeal for Eastern Africa" (gemäß königlicher Order in Council of 1921 für Tanganyika, Kenya,

Uganda, Nyassaland, Sansibar, Somaliland)[158]. Gegen Erstentscheidungen und gewisse Beschlüsse des High Court ist eine Berufung immer möglich, im übrigen nur mit besonderer Erlaubnis. Außerdem ist das Appellationsgericht zuständig für eine Berufung gegen Entscheidungen der subordinate courts erster oder zweiter Klasse, sofern diese — auf Grund einer General- oder Spezialdelegation durch den High Court — für diesen entschieden haben (Extended Jurisdiction Order 1928—1930). In diesem Falle ist eine Berufung gegen Erstentscheidungen (original decrees) in Zivilsachen aber nur zulässig, sofern es sich nicht um ein Anerkenntnisurteil handelte, oder die Parteien nicht bereits auf die Berufung verzichtet haben. Die Berufungsfristen betragen 30 Tage, gegen Todesurteile 7 Tage. In Strafsachen sind Berufungen an den Appellationshof nur aus Rechtsgründen oder mit einer „special leave to appeal" (= besonderer Erlaubnis) des High Court zulässig.

Schließlich ist gegen die Urteile und Beschlüsse des Appellationsgerichtshofes noch eine Berufung an den Privy Council des Königs zulässig. Der Streitwert muß 650 Pfund betragen, oder es muß ein öffentliches Interesse und die Zustimmung des Appellationsgerichts vorliegen. Der Privy Council kann außerdem jede Petition in Rechtssachen aufnehmen (Eastern African Appeal to the Privy Council Order in Council of 1921).

bb) Die native courts[159].

Die indirect rule Lord Lugards und Sir Donald Camerons will den europäischen Ordnungsgedanken auf der Grundlage der Stammesorganisation der Eingeborenen verwirklichen. Ein ganz wesentliches Merkmal der indirekten Verwaltung sind die native courts, deren Entwicklungsstand Auskunft gibt über die Tatsache, inwieweit die indirect administration sich herausgebildet hat. Von diesem Standpunkt aus gesehen wird man aber sagen müssen, daß Tanganyika eine verhältnismäßig hochentwickelte Eingeborenenverwaltung besitzt.

Nach der Native Courts' Ordinance of 1929 gibt es zunächst einen „lower native court" (= niederes Eingeborenengericht, Häuptlingsgericht). Dieser Court ist in Zivilsachen zuständig für Streitigkeiten bis zu einem Werte von 200 sh, in Strafsachen für die Verhängung bis zu einem Monat Gefängnis (mit und ohne „hard labour"), bis zu 50 sh Geldstrafe und 6 Hieben. Der lower court ist meist ein Dorfgericht oder das einer Stammesabteilung.

Berufungsinstanz ist dann der „higher native court". In erster Instanz ist dieser zuständig für Zivilsachen mit einem Streitwert bis zu 600 sh, und er kann bis zu 6 Monaten Freiheitsstrafe (mit und ohne schwerer Arbeit), 200 sh Geldstrafe bzw. 8 Schlägen verhängen.

---

[158] Wengler, Verwaltungs-Organisation, S. 21; Gunzert S. 70.
[159] Gunzert S. 38 f.; Böhmer S. 537; Hailey S. 442.

Der higher court umfaßt meist einen größeren Sprengel, z. B. einen ganzen Stamm, mehrere Dörfer usw.

Die Zuständigkeit der native courts bestimmt des näheren der provincial commissioner. Sie darf nicht umfassen: Tötungsdelikte und mit Todes- oder lebenslänglicher Freiheitsstrafe bedrohte Verbrechen. Sämtliche von den native courts erlassenen Urteile bedürfen der Bestätigung durch den zuständigen Verwaltungsbeamten. Sowohl die sämtlichen colonial courts, als auch die Verwaltungsbeamten haben das Recht, Prozesse an andere Gerichte abzugeben bzw. sie an sich zu ziehen.

Bis 1929 war der High Court weitere Berufungsinstanz gegenüber Entscheidungen der native courts. Heute sind es die „supervisory courts" der Verwaltungsbeamten. Der frühere Zustand hatte nämlich zu Unzuträglichkeiten geführt, weil die native courts zwar von der Verwaltung beaufsichtigt, aber ihre Entscheidung auf die Berufung hin vom High Court überprüft worden war. Jetzt sind die native courts gänzlich vom High Court gelöst und unterstehen nur noch der Verwaltung. Die Spitze in diesem mehr verwaltungsrechtlichen Berufungsverfahren bildet der Gouverneur.

Die jetzige Organisation der Eingeborenengerichte hat nicht zu unterschätzende Vorteile, so besonders das Nebeneinander von europäischem Verwaltungsverfahren und eingeborenem Berufungsverfahren. Wird vor dem lower court etwa die Verletzung einer (von den Europäern inspirierten) Verwaltungsvorschrift abgeurteilt, so ist vorzuziehen, daß europäische Instanzen für die Fortsetzung des Verfahrens zuständig sind. Wird aber z. B. eine familienrechtliche Angelegenheit behandelt, so ist es besser, die europäischen Beamten möglichst spät mit dem Fall zu befassen und vielmehr noch den higher native court dazwischentreten zu lassen. Ein weiterer Vorteil dieses Systems ist es, daß es infolge seiner inneren Geschlossenheit einer weniger gründlichen Aufsicht bedarf. Als Nachteil wird dagegen in erster Linie geltend gemacht, daß die vielen übereinander getürmten Instanzen dem Eingeborenen unverständlich und wesensfremd seien[160].

In Gebieten, wo sich die alten Stammesorganisationen erhalten haben, macht die Auswahl der eingeborenen Richter im allgemeinen keine Schwierigkeiten. Ein wachsendes Problem stellen aber die sich dauernd vermehrenden Bevölkerungen der Stadt- und Minenbezirke dar. So wenig wie man diese Eingeborenen wegen ihrer Halbkultur der Rechtsprechung europäischer Gerichte unterstellen kann, genau so wenig würden die native courts ihrer Herr werden können[161].

Auf zwei Wegen sucht England auch diese Bevölkerungsschicht unter geeignete Gerichte zu bringen:

1. In den Lupa-Goldfeldern hat man mehrere reisende Eingeborenengerichte geschaffen, die das Rechtsleben in den Minen in geordnete Bahnen zu lenken suchen.

---

[160] Winkelmann S. 842; Hailey S. 287 f., 306 f.

[161] Hailey S. 304.

2. Man hat die arabischen Ortsvorsteher (Walis und Khadis), sowie andere intelligente Farbige zu Gerichtsherren gemacht. Diese wenden je nach Fall und Ort europäische oder afrikanische Rechtsgedanken an[162]. Da infolgedessen die Khadis und die Walis eine Art Mittelstellung zwischen den colonial und den native courts innehaben, hat man sie auch unter die Aufsicht des High Court gestellt.

2. Uganda.

(a) Geschichte und heutiges Bild Ugandas[163].

Als die Engländer um das Jahr 1892 begannen, sich unter dem Schutz der British East Africa Company in Uganda festzusetzen, fanden sie den Umständen entsprechend hochentwickelte Eingeborenen-Staatswesen vor. Eines hat sich bis heute eine größere Bedeutung zu erhalten gewußt, „Buganda". Daneben genossen noch eine gewisse Bedeutung die Gebiete der Ankole, Toro und Bungoro. Infolge des starken Einflusses der Eingeborenen und der Abgelegenheit von den Handelszentren Afrikas ist Uganda noch verhältnismäßig wenig von Europäern besiedelt. Seine großen Nachbarn, insbesondere Kenya und Tanganyika, an der Küste sind im Begriff, Uganda zu überflügeln. Eine gewisse Rolle spielt Uganda allerdings bei der Diskussion des bereits behandelten closer-union-Problems. Vorläufig ist diese Frage jedoch noch nicht weiter gediehen, als daß seit 1924 ständige Gouverneurs-Konferenzen in Nairobi (Kenya) stattfinden. Im übrigen ist bereits mit den beiden Küstenländern das Zoll- und Postwesen zusammengeschlossen worden, und auch Uganda untersteht dem für Kenya, Tanganyika usw. gemeinsamen ostafrikanischen Appellationsgerichtshof.

Wie die anderen ostafrikanischen Gebiete, so zeigt auch Uganda heute einen wachsenden asiatischen Einfluß. Inder und Araber beginnen sich immer mehr in lebenswichtige Zweige, wie Landwirtschaft, Gewerbe und Handel einzuschieben.

(b) Die Verwaltung Ugandas[164].

Oberstes Zentralverwaltungsorgan von Uganda ist der Gouverneur. Er bekleidet gewissermaßen eine Doppelstellung. Gegenüber dem Mutterlande ist er verpflichtet, den Weisungen des Kolonialministers Folge zu leisten, sowie laufende und unter Umständen auch einzelne Berichte einzusenden. Dies geschieht in der Form der „Blue Books" und „Annual Reports". Gegenüber seinen Untergebenen in der Kolonie dagegen ist der governor autokratischer Herrscher. Er ernennt insbesondere auch sämtliche Beamte der Kolonie. Nur bei Beamten, die 200 bis 400 Pfund verdienen, bedarf es eines Berichtes an das Kolonialministerium, und bei persönlichen Beziehungen des Gouverneurs zu den Beamtenanwärtern ist die Zustimmung des Ministeriums erforderlich.

---

162 Hailey S. 518.
163 Hailey S. 444.
164 Wengler, Verwaltungs-Organisation, S. 20 ff.

Zusammen mit dem governor übt der „Legislative Council" die Gesetzgebung des Landes.

Zu den höchsten Behörden zählt auch der High Court, dessen Richter vom König bzw. Kolonialminister ernannt werden.

Für die Beratung in Verwaltungsfragen steht dem Gouverneur der „Executive Council" zur Seite. Dieser besteht in der Hauptsache aus den Leitern der wichtigsten Abteilungen der Zentralverwaltung. Dementsprechend ist auch der Wert desselben einzuschätzen: Seine Mitglieder werden sich im allgemeinen der Ansicht des ihnen vorgesetzten Gouverneurs beugen — sie werden aber auch einem fähigen governor kein beschwerliches Hindernis bedeuten.

(c) Die Gerichtsverfassung.

Nächst dem Gouverneur und dem „Chief Justice" (dem ersten Richter des High Court, Oberrichter) ist der höchste Beamte der „Colonial Secretary". Er ist ständiger Vertreter des Gouverneurs und eigenartigerweise zwischen diesem und die einzelnen Abteilungen der Zentralverwaltung als selbständiges Organ eingeschaltet. Auf diese Weise wird einerseits eine Lösung des governor von den kleinen Dingen der Verwaltung erreicht — und damit eine Stärkung seiner autokratischen Stellung. Andererseits aber wird der Colonial Secretary mit diesen kleinen Dingen überlastet, außerdem wird infolge der Einarbeitung zweier Personen in dieselbe Frage viel Doppelarbeit geleistet. Dem Colonial Secretary unterstehen:

1. Das Sekretariat, welches den gesamten Schriftverkehr insbesondere mit dem Kolonialministerium sowie den Beamten der allgemeinen Verwaltung bearbeitet.
2. Die „technical departements", z. B. für Landwirtschaft, Rechnungsprüfung, Zölle, Erziehung, Forstwirtschaft, Kronland, Gesundheit, Post, öffentliche Arbeiten, Eisenbahnen, Kassenwesen und das Rechtsamt.

Das hier besonders interessierende Rechtsamt steht seinerseits wieder unter dem „Attorney General". Aufgaben des Attorney General sind: Leitung der Staatsanwaltschaft, Vertretung der Kolonie in Zivilprozessen, Rechtsberatung des Gouverneurs (durch Vorbereitung, Abfassung und Begründung der Gesetze) u. ä.

Die Lokalverwaltung gliedert sich dann in Provinzial- und Distriktsverwaltung. Die Aufgaben der Lokalverwaltung sind in kleinerem Rahmen diejenigen der Zentralverwaltung, wesentlich beeinflußt allerdings von den jeweiligen örtlichen Verhältnissen. Die eingeborenen Führer haben an der niederen Verwaltung Ugandas einen sehr hohen Anteil[165].

(A) Die magisterial courts[166].

Uganda hat Untergerichte (magisterial courts), gegen deren Entscheidungen eine Berufung an das Obergericht (High Court) möglich

[165] Martens-Karstedt S. 457 ff.
[166] Hailey S. 286 ff., 271.

ist. Eine weitere Berufung geht dann an den ostafrikanischen Appellationshof in Nairobi (Kenya). Als letzte Instanz ist dann endlich wieder der Privy Council des Königs in London zuständig, soweit es ausdrücklich für das Protektorat Uganda festgelegt ist. Die Bedeutung des colonial courts' Systems ist mit Rücksicht auf die hochentwickelten native courts ziemlich gering.

(B) Die native courts[167].

Bei Inbesitznahme Ugandas fanden die Engländer u. a. das Königreich Buganda vor. Das unter dem König (= Kabaka) stehende Parlament (= Lukiko) war Gesetzgebungsorgan und letzte juristische Instanz. Oberhäuptlinge (= Saza Chiefs) sprachen in den „Counties" Recht im Namen des Königs. Diesen unterstellt waren Unterhäuptlinge (= Gombolola Chiefs) in „districts".

Durch das Agreement of 1900 wurden diese Einrichtungen unter englischer Herrschaft im wesentlichen beibehalten. Allerdings ergaben sich im Anfang Schwierigkeiten wegen der geteilten Souveränität.

Die Saza- und Gombolola chiefs werden vom Kabaka ernannt, ebenso der Oberrichter (= Mulamuzi), letzterer jedoch nur mit Zustimmung des Gouverneurs. Der Lukiko hält jährliche Sitzungen ab zum Zwecke der Gesetzgebung und ständige für Verwaltung und Justiz. Sein Gerichtshof besteht aus dem König als Präsidenten, dem Oberrichter als Vizepräsidenten, dem Premierminister (= Kalikiro), dem Schatzmeister (= Muwaniki), sowie drei weiteren vom Könige ernannten und vom Gouverneur bestätigten Mitgliedern. Der Lukiko ist unbeschränkt in der Entscheidung von Strafsachen. Jedoch bedürfen Freiheitsstrafen von mehr als fünf Jahren, Todesurteile sowie die Urteile über mehr als 100 Pfund der Begutachtung des Eingeborenen-Königs und der Gegenzeichnung des Vertreters des englischen Königs. Der Lukiko ist erstinstanzlich zuständig insbesondere für jede Art von Stammesangelegenheiten (bezüglich Führung, Mitgliedschaft und ähnlichem), im übrigen ist er Berufungsinstanz gegen die Entscheidungen der Oberhäuptlingsgerichte. Die Oberhäuptlinge können Strafen bis zu einem Jahr Gefängnis oder 24 Hieben verhängen, die Unterhäuptlinge bis zu drei Monaten Freiheitsstrafe und 10 Hieben. Berufungen gehen von den Unterhäuptlingen zu den Gerichten der Oberhäuptlinge und von hier unter Umständen an den Lukiko.

Berufung an den High Court of Uganda kann in allen Strafsachen nur von Nichteingeborenen dann eingelegt werden, wenn verhängt sind: Todesstrafe, mehr als fünf Jahre Freiheitsstrafe oder mehr als 24 Hiebe. In Zivilsachen ist Berufung an den High Court möglich bei einem Streitwert von über 100 Pfund.

High Court und Verwaltungsbeamte haben über alle Häuptlingsgerichte — außer dem Lukiko — Aufsichtsbefugnisse. Sie können

[167] Hailey S. 444 ff., 24.

die Protokolle anfordern, soweit solche geführt werden, die Einstellung des Verfahrens verfügen, nochmalige Verhandlung anordnen oder den Fall dem übergeordneten Gericht zwecks Revision übertragen.

Nach den Agreements mit den Stämmen der Ankole, Torro und Bungoro haben deren chiefs' courts nicht soviel Befugnisse wie diejenigen Ugandas. In Bungoro allerdings hat man den Unterhäuptlingen noch weitgehendere Vollmachten eingeräumt als in Uganda. Berufungen von den Gerichten der Unterhäuptlinge der genannten Gebiete gehen an die district commissioners' courts, die außerdem Revisions- und Aufhebungsbefugnisse haben. Endlich geschieht die Einsetzung der eingeborenen Gerichte mit genau festgelegten Kompetenzen hier durch den Gouverneur.

In den restlichen Landesteilen Ugandas bestehen die native courts aus Häuptlings„bänken". Berufungsgerichte sind district native courts oder district commisioners' courts[168].

England scheint aber mit der Arbeit der native courts in Uganda nicht recht zufrieden zu sein. Gerügt wird z. B. die große Zahl der Eingeborenengerichte (allein in Uganda zirka 3000), wodurch die Aufsicht ungeheuer erschwert wird. Weiter geht das Verfahren schleppend vorwärts. Die Gerichte lieben es auch, sich in einer Nachahmung europäischer Gerichte zu ergehen. Andererseits suchen sie sich aber möglichst einer gründlichen Bearbeitung der Rechtsfälle zu entziehen[169]. Meist haben sie kein Verständnis dafür, wann eine Freiheitsstrafe, wann eine Geldstrafe besser geeignet ist. Protokolle werden im allgemeinen nicht viel und nicht gründlich geführt, so daß eine Aufsicht praktisch oft unmöglich gemacht ist. Außerdem stehen die Richter nicht in einem festen Gehalt, sondern leben von den in beliebiger Höhe zu verhängenden Geldstrafen und sonstigen gerichtlichen Einkünften[170].

3. Nyassaland.

(a) Geschichte und heutiges Bild Nyassalands[171].

Nyassaland stellt ein für afrikanische Verhältnisse kleines Gebiet dar, das sich an der Westküste der Nyassa-Sees entlangzieht und mit einem Zipfel tief nach Portugiesisch-Ostafrika hineingreift. Im großen und ganzen ist das Schicksal Nyassalands mit demjenigen seines großen Nachbarlandes Nordrhodesien verknüpft. Die Interessen der Europäer sind in Nyasaland im Verhältnis zu dessen Größe bedeutend. Deshalb zeigen sich auch ähnlich wie in Nordrhodesien und Kenya Schwierigkeiten bezüglich der Landesverteilung zwischen Europäern und Eingeborenen[172]. Nyassaland spielt auch für die

---

[168] Hailey S. 499.
[169] Hailey S. 310.
[170] Buell I. S. 175 ff.
[171] Hailey S. 179 ff.
[172] Wengler, Verwaltungs-Organisation, S. 60.

Lösung des bereits berührten closer-union-Problems eine gewisse Rolle, da man es neben Kenya, Uganda, Tanganyika, Nordrhodesien und Sansibar einzubeziehen gedenkt. Es steht aber zu erwarten, daß England so weitgehenden Vereinigungsplänen nicht entgegenkommen wird. Allerdings kann England heute nicht mehr ganz umhin, sich wenigstens auf entsprechende Verhandlungen einzulassen[173], die auf eine Vereinigung der beiden Rhodesien mit Nyassaland hinauslaufen. Man wendet hier ein, ein Hindernis liege in den großen Eingeborenengebieten Nordrhodesiens (Barotseland), Nordrhodesien sei noch nicht entwickelt genug, in Südrhodesien gelte holländisch-römisches Recht (was eine einheitliche Rechtspflege nahezu unmöglich machen würde). Alle diese Bedenken verhindern jedoch nicht, daß die drei Länder kräftig zusammenstreben, so daß die Angelegenheit erst in letzter Zeit wieder Diskussionsgegenstand des House of Lords gewesen ist[174].

(b) Die Verwaltung Nyassalands[175].

Ähnlich wie in Kenya mußte die Verwaltung Nyassalands nach Inbesitznahme durch die Engländer in Ermangelung traditionsgebundener Eingeborenenbehörden sogenannten headmen übertragen werden. Diese headmen sind oft für Verwaltungszwecke besonders geschulte Eingeborene, die bei den Negern aus irgendeinem Grunde in Ansehen stehen. Allerdings dürfen die Schwierigkeiten nicht verkannt werden, denen sich solch ein eingesetzter Beamter gegenübersieht, im Gegensatz zu den anderswo tätigen althergebrachten und überkommenen Behörden. Der Wirkungskreis eines headmen deckt sich im allgemeinen nicht mit den Grenzen der Eingeborenenstämme. Erst 1933 begann man in Nyassaland vorsichtige Versuche zu machen zur Einführung der indirect rule[176]. Mit welchem Erfolge dies geschehen ist, bleibt vorläufig abzuwarten.

(c) Die Gerichtsverfassung Nyassalands[177].

Die Gerichtsverfassung der magisterial courts ist ähnlich denen der bereits behandelten Gebiete ausgebaut. Untere Instanz sind die Distriktsgerichte, Berufungsinstanz ist der High Court. Da Nyassaland dem Rechtskreise von Kenya, Tanganyika usw. angeschlossen ist, bildet die weitere Berufungsmöglichkeit diejenige an den ostafrikanischen Appellationsgerichtshof. Als letzte Instanz dient u. U. der Privy Council in London.

Obwohl das Bestehen von native courts bereits früher anerkannt worden war, wurde immer wieder gezögert, ihnen die notwendige gesetzliche Anerkennung zu verleihen. Man sträubte sich aber auch

[173] Rohrbach S. 287 ff.
[174] „The Times" vom 1. 8. 1939 und vom 26. 7. 1939.
[175] Hailey S. 463 f.
[176] Clough I. S. 27.
[177] Hailey S. 463 f., 288.

dagegen, den in der Verwaltung tätigen headmen Vollmachten bezüglich der Rechtspflege zu geben. Es herrschte so für die Eingeborenen lange Zeit eine große Rechtsunsicherheit. Erst die Court's Ordinance of 1929 brachte die gesetzliche Grundlage für die Eingeborenengerichte („section-courts"), die unter dem Vorsitz von „principal headmen' tagen.

Zusammen mit dem Versuch der Einführung der indirect rule wurde durch die Native Courts' Ordinance of 1933 eine grundlegende Überprüfung des geschaffenen Systems herbeigeführt.

Das Berufungsverfahren ist ebenso ausgestaltet wie in Kenya. Der Prozeß geht von den superior native courts an die Verwaltungsbeamten und von dort an den High Court. Anders ist die Regelung z. B. in Tanganyika, wo für Berufungen nur die Verwaltungsbeamten bis hinauf zum Gouverneur zuständig sind.

4. Zanzibar (und Pemba).

(a) Geschichte und heutiges Bild Zanzibars.

Zanzibar und Pemba sind Inseln, die der deutschen Kolonie Ostafrika (heute Tanganyika-Territory) vorgelagert sind. Von hier aus hatte die Unternehmung Dr. Carl Peters' ihren Anfang genommen. Hier haben auch nach unserer Erwerbung deutsche Kriegsschiffe dem Sultan von Zanzibar eindringlich klargemacht, daß er seine schwache Herrschaft über das gegenüberliegende afrikanische Festland endgültig verloren habe.

Bald nach der Erwerbung Deutsch-Ostafrikas war der deutsche Einfluß auf Zanzibar derart gewachsen, daß es bereits als deutsche Einflußsphäre galt. Da wurde es Deutschland wieder entrissen und England überantwortet. Reichskanzler v. Caprivi hatte den Helgoland-Zanzibar-Tauschvertrag abgeschlossen — hauptsächlich zum Zwecke der Verbesserung der Beziehungen Deutschlands zu England. Bismarck jedoch hatte das nicht für zweckmäßig erachtet, zumal der reiche Handelsstützpunkt keinerlei Äquivalent für das strategisch zweifelhaft zu bewertende Helgoland darstellte. Noch heute stehen Zanzibar und Pemba unter einem nominell selbständigen Sultan[178], praktisch bilden sie ein Protektorat Englands.

(b) Die Gerichtsverfassung Zanzibars.

Zanzibar und Pemba haben als untere Gerichte die magistrates' courts und als Berufungsinstanz das Obergericht. Die weitere Berufung geht an das Appellationsgericht für Ostafrika. Von hier besteht u. U. die weitere Berufungsmöglichkeit an den Privy Council in London[179].

Die Eingeborenengerichte, in denen nach den indischen Gesetzbüchern und dem arabischen Koran Recht gesprochen wird, sind in

[178] Rohrbach S. 254.
[179] Martens-Karstedt S. 411 ff.

unterster Instanz die sogenannten Mudir's Courts. Sie können Freiheitsstrafen bis zu 30 Tagen und Geldstrafen bis zu 50 Rupien aussprechen. Für Berufungen sind die englischen Verwaltungsbeamten zuständig (district officers, provincial commissioners)[180].

5. Somaliland.

Zur Sicherung seines Seeweges nach Indien besetzte England 1884 das Somaliland. An sich bot das Gebiet für England keinen besonderen Reiz, aber Frankreich begann sich in Dschibuti festzusetzen, Italien trachtete nach Eritrea, dem späteren italienischen Somaliland, ja sogar nach Abessinien — dadurch geriet aber die Meerenge von Aden in Gefahr —, eine Stelle, an der der Seeweg nach Indien allzu leicht abgeschnürt werden konnte. Auch heute noch hat Somaliland für England keinen wirtschaftlichen, aber um so höheren strategischen Wert.

Verwaltung und Rechtspflege sind ähnlich organisiert, wie in den übrigen afrikanischen Kolonien. Berufungen von den magisterial courts können u. U. an den Appellationshof in Kenya[181] und dann an den Privy Council gehen.

Nur an der Küste herrscht ein dem indischen entlehntes Recht und es gibt stehende native courts (unter Khadis). Im Hinterlande herrscht bei den nomadisierenden Stämmen Somali-Brauch (Sheriah Law), und hier sprechen die Stammesältesten, die Akiden, Recht[182].

6. Northern Rhodesia.

(a) Geschichte und heutiges Bild von Northern Rhodesia.

Seit der Festsetzung Englands in Nordrhodesien (1889) bis 1924 lag die Verwaltung des Landes in den Händen der British South Africa Company. Mit dem Lewaniko, dem Staatsoberhaupt Barotselands, des größten Eingeborenenreiches in Nordrhodesien, wurden 1890, 1900, 1905 Verträge geschlossen, die ihm nacheinander immer mehr Rechte nahmen. Erst 1913 im Zuge der Entwicklung der Gedanken der indirect rule, begann man die Behörden der Barotse langsam wieder in das Gefüge der englischen Kolonialverwaltung einzubauen[183]. Mit der Beendigung der Kompanieherrschaft im Jahre 1924 und der Schaffung eines britischen Protektorates setzte ein verstärktes Streben ein, die Eingeborenen in größerem Maße an Verwaltung und Rechtsprechung zu beteiligen. Die Erfahrungen Sir James Maxwells an der Westküste Afrikas ermöglichten dann die Einführung der indirect administration. 1929/30 wurde die Theorie in die Tat umgesetzt und die Eingeborenenbehörden zur Selbstverwaltung herangezogen. 1936 konnte dann ein weiterer Ausbau erfolgen[184].

---

[180] Clough S. 357.
[181] Gunzert S. 70.
[182] Clough S. 178 f.
[183] Thurnwald S. 206.
[184] Hailey S. 288, 453 ff.

Eine wichtige Rolle in der Politik Nordrhodesiens spielen die Kräfte, die es einerseits an den Süden, andererseits an den Osten politisch zu binden trachten. Die Südafrikanische Union, der gemäß sec. 150 S.A.A. Südrhodesien ursprünglich abgetreten werden sollte, hatte damals auch bereits auf Nordrhodesien geblickt[185]. Da aber die weiße Bevölkerung Südrhodesiens der Gefahr der Majorisierung durch die Buren entgehen wollte, kam es England zupaß, daß es Südrhodesien durch Gewährung des responsible government von der Union fernhalten konnte. Mit der raschen Emporentwicklung Nordrhodesiens infolge des Kupferbergbaues begann sich nun aber das Interesse Südrhodesiens an Nordrhodesien und u. U. Nyassaland zu steigern, so daß heute eine starke, von England aus bestimmten Gründen nicht gerade bekämpfte, Strömung die Vereinigung dieser drei Länder fordert[186].

Der andere Zusammenfassungsplan, der vom Osten ausgeht und Kenya, Uganda, Tanganyika, eventuell Nordrhodesien, Nyassaland und Zanzibar zu einem einheitlichen Gebiete verschmelzen will, stellt die closer-union-Frage dar. Wie bereits geschildert, ist am Widerstande Englands auch dieser Gedanke nahezu gescheitert. Entstanden ist aus dem ganzen Plan bisher einzig und allein die Einrichtung einer ständigen Gourverneurskonferenz, die 1924 und 1930 getagt hat[187].

Nachdem eine so weitgehende Lösung des closer-union-Problems durch Großbritannien nunmehr anscheinend ablehnend beschieden ist, es aber auch andererseits dem südrhodesischen Volke nicht mehr einreden kann, es belaste sich nur mit dem unentwickelten Nordrhodesien, bleibt der Schaukelpolitik Englands vorläufig nichts weiter übrig, als die Vereinigungspläne mit Südrhodesien durch Verhandlungen hinauszuschieben. Stoff bieten die Eingeborenenfragen Nordrhodesiens (Barotseland) und die englische Treuhänderstellung gegenüber den Eingeborenen, die angeblich jede Entwicklung in die Richtung der südrhodesischen Segregationspolitik verhindern will. Durch langwierige Verhandlungen wird eine endgültige Stellungnahme seitens Englands solange hinausgezögert bis vielleicht auch in Nordrhodesien eine Bewegung Raum gewonnen hat, die für ihr Land etwa das reponsible government fordert. Nach dessen Gewährung wird „selbstverständlich" auch Nordrhodesien keine Neigung mehr zeigen, sich etwa mit Südrhodesien zu vereinigen. Theoretisch hätte dann die englische Politik wieder einmal eine allseits zufriedenstellende Lösung gefunden —, praktisch wäre aber alles beim alten geblieben!

Dem durch das White Paper of 1923 auch für Nordrhodesien bereits aufgeworfenen Problem der eigenverantwortlichen Selbstverwaltung tritt England vorerst jedoch noch entgegen. Eine der Gegenbegründungen lautet: Bei einer korrekt durchgeführten Selbstverwaltung würden die Weißen von den Farbigen infolge des Mehrheits-

[185] Rohrbach S. 264 ff.
[186] Hoops S. 137 f.; Hailey S. 179 ff.
[187] Wengler, Verwaltungs-Organisation, S. 21.

prinzips stets überstimmt werden. Wollte sie dies aber nicht, so könnte die europäische Minorität nur kraft des Gewichts ihrer Meinung sich durchsetzen, oder aber es müßten so viele Einschränkungen und Ausnahmen an der Autorität der Mehrheit vorgenommen werden, daß diese eine verantwortliche Selbstverwaltung nicht mehr üben könne[188].

(b) Die Verwaltung Nordrhodesiens.

Die Verwaltung, die die British South Africa Company ausübte, geschah „direkt", d. h. ohne Mitbenutzung eingeborener Behörden. Nur in Barotseland beließ man die bestehende straffe Eingeborenen-Verwaltungsorganisation[189]. Erst nachdem das britische Reich sein Interesse an Nordrhodesien bekundet und dieses endgültig als Protektorat eingegliedert hatte —, erst dann begann man unter Sir James Maxwell für die ziemlich plötzlich steigenden Verwaltungsbedürfnisse die Eingeborenenbehörden zu Hilfe zu nehmen. Schwierigkeiten offenbarten sich jedoch in Barotseland, als man die Verwaltung verbessern wollte — unter voller Aufrechterhaltung der traditionsgebundenen ziemlich freien Stellung der Häuptlinge, ohne sie auf der anderen Seite einer absoluten britischen Kontrolle zu unterwerfen. In Verfolgung dieses Zieles haben die europäischen Behörden einen Weg eingeschlagen, der anderswo die indirect rule charakterisiert. Insbesondere die Native Authorities' Ordinance of 1933 gab den Häuptlingen Exekutivbefugnisse, die sie unter europäischer Aufsicht frei ausüben können.

Obwohl die britische Regierung keine Trennung von Justiz und Verwaltung beabsichtigt, fördert das Kolonialamt eine Tendenz, die dahin geht, Nur-Justizbeamte einzusetzen. So versucht man, in Nordrhodesien sogar schon die Beratungsorgane der Häuptlinge zu trennen in diejenigen, die auf dem Zweige der Rechtsprechung, und diejenigen, die in der Verwaltung tätig sind[190].

(A) Die magisterial courts[191].

Untere Instanzen der Gerichtsbarkeit sind die Magistratsgerichte, deren Zuständigkeit sehr weit gefaßt ist; so können sie z. B. sogar Tötungsdelikte aburteilen —, was sonst immer nur erst der High Court darf. Berufungsinstanz ist dann der High Court. Auffallend ist, daß Nordrhodesien bisher noch keinem afrikanischen Rechtskreise angehört, daß also für die weitere Berufung etwa die Union zuständig wäre (wie im Falle Südrhodesien) oder der ostafrikanische Appellationshof, dem sechs Kolonialgebiete unterstehen. Ähnlich wie in den High Commission Territories ist somit auch in Nordrhodesien eine weitere Berufung nur an den Privy Council des

---

[188] Hailey S. 1640; Thurnwald (über Hailey) S. 416 ff.
[189] Hailey S. 453 ff.
[190] Hailey S. 301, 287.
[191] Hailey S. 285.

Königs in London statthaft. Geplant ist zwar eine Zwischeninstanz, und zwar sollen derselben dann auch Südrhodesien und Nyassaland unterstellt werden. Der Plan wird aber wohl deswegen nicht so leicht in die Praxis umgesetzt werden können, weil erstens das politische Schicksal Nordrhodesiens noch längst nicht gewiß ist und man kaum dieser Entwicklung wird vorgreifen wollen; zweitens Südrhodesien vom holländisch-römischen Recht beherrscht wird, während in Nordrhodesien und Nyassaland englisches Recht gilt.

(B) Die native courts[192].

In Barotseland blieb auch nach der Besitzergreifung durch die British South Africa Company 1890 die Rechtspflege in der Hand der bisherigen Eingeborenengerichte. Durch den Vertrag mit dem Lewaniko von 1900 erhielt die Kompanie das Recht, in allen Fällen Recht zu sprechen, in die Europäer verwickelt waren, während Angelegenheiten der Eingeborenen deren Gerichten überlassen blieben. 1905 erklärte sich der Oberhäuptling damit einverstanden, daß die britischen Gerichte die gesamte Zivil- und Strafgerichtsbarkeit sollten ausüben dürfen —, außer in gewissen vorbehaltenen Gebieten, wo sie nur über Tötungsdelikte und andere gegen englische Gesetze verstoßende Handlungen urteilen durften (insbesondere z. B. Zauberei). In der Folgezeit erhielten die Gericht abhaltenden Häuptlinge und ihre „Khotlas“ (= Räte) kraft einer Proclamation of 1913 im größten Teile des Barotselandes volle Zuständigkeit in Zivilprozessen zwischen Eingeborenen und in Strafprozessen gegen Eingeborene —, außer, wenn das Landesgesetz Todesstrafe oder Gefängnis von mehr als 6 Monaten oder mehr als 12 Hiebe androhte. Aufsichts- oder Berufungsmöglichkeiten an europäische Gerichte waren nicht vorgesehen.

Durch diese Regelung waren denkbar wenig Reibungsflächen und Einmischungsmöglichkeiten geschaffen worden, trotzdem arbeitete das System nicht zufriedenstellend. Störend wirkte insbesondere, daß die native courts nicht Macht genug besaßen, um auch die Vollstreckung der gefällten Entscheidungen zu erzwingen. Weiter war es unklar, ob und wann eine Berufungsmöglichkeit an den Zentral-Khotla bestand. Endlich ergaben sich noch finanzielle Mißstände.

Diese Organisation war sehr reformbedürftig, und auf Grund der Barotse-Native Courts' Ordinance of 1936 wurde eine Neuformung vorgenommen. Nach dieser Umgestaltung üben die Rechtsprechung gesetzlich anerkannte native courts, die je nach örtlichem (Gewohnheits-)Recht organisiert sind. Ihre Gewalt in Strafsachen umfaßt nicht die Verhängung von Todesstrafe und die Aburteilung wegen Zauberei —, außer mit ausdrücklicher Zustimmung des Verwaltungsbeamten (district commissioner). Auch das Vollstreckungsverfahren ist vervollkommnet worden. Die Berichte über die durchgeführten Prozesse sind den europäischen Aufsichtsbehörden vorzulegen, deren

[192] Martens-Karstedt S. 331 ff.; Thurnwald S. 206 ff.; Hailey S. 456 ff.

Beamte die Entscheidungen revidieren können. In der Entstehung begriffen sind native courts of appeal (wie z. B. der Zentral-Khotla). Berufungsinstanz aller native courts in Strafsachen ist das Gericht des provincial commissioner. In Zivilsachen ist Berufungsinstanz der High Court von Nordrhodesien.

In den übrigen Gebieten Nordrhodesiens außer Barotseland hatte die British South Africa Company den eingeborenen Häuptlingen die Rechtspflege genommen und englischen Beamten übertragen[193]. In einigen Bezirken ist es deshalb bis heute nicht gelungen, eine wirksame Eingeborenen-Rechtspflege in Gang zu bringen. Im übrigen ist die Einrichtung der native courts weniger auf Hindernisse gestoßen, weil in vielen Territorien (z. B. der Wemba und Ngoni) inoffiziell Eingeborenengerichte bestehen geblieben waren und nun nur der gesetzlichen Anerkennung bedurften. Allerdings hatte sich deren Rechtspflege hauptsächlich auf Zivilsachen beschränkt. Aber schon damals waren Prozesse nur dann vor die europäischen Gerichte der native commissioners' courts gekommen, wenn die Regelung durch den Häuptling nicht zufriedengestellt hatte, oder wenn er seinen Sprüchen nicht den nötigen Nachdruck zu verleihen wußte. Nach der neuen Native Courts' Ordinance of 1936 sind die Eingeborenengerichte im Gegensatz zu der früheren Regelung nunmehr gesetzlich voll anerkannt, und es ist eine Berufungsmöglichkeit an höhere Eingeborenengerichte geschaffen worden sowie eine weitere an die Verwaltungsgerichte oder den High Court[194].

Meist sind es dieselben Eingeborenenbehörden, die kraft Native Authorities' Ordinance of 1936 auf dem Verordnungswege gesetzgebend tätig werden und Verstöße gegen ihre Anordnungen gerichtlich ahnden. Obwohl sich dieses System z. B. in Tanganyika durchaus bewährt hat, scheint es in Nordrhodesien zu Unzuträglichkeiten zu führen. Deshalb wird den Häuptlingen bereits empfohlen, ihre Berater für Rechtsprechung und Gesetzgebung voneinander zu trennen. Man denkt aber unter Umständen sogar an eine noch weitergehende Differentiierung der beiden Gewalten[195].

In den „compounds" (= Eingeborenen-Wohnviertel in Städten und Minen), in denen an sich nur die magistrates' courts Recht sprechen, haben sich teilweise einige Älteste ungesetzlicherweise quasirichterliche Funktionen zugelegt. Neuerdings schreitet man dagegen ein, dennoch aber wird durch diese „wilden" courts die Unzulänglichkeit der Europäergerichte offenbart. Vorgeschlagen wurde deshalb die Bildung von native courts, um wenigstens den häufigsten Vergehen sachgemäß steuern zu können (Diebstähle, Veruntreuungen, Schlagen von Frauen[196]). Weiter würden die hilfsweise eingeschobenen Polizeigerichte (police-courts) wieder in ihren Aufgabenbereich zurückgedrängt werden. Die praktischen Hindernisse erscheinen vor-

---

193 Buell I. S. 237 ff.
194 Martens-Karstedt S. 331 ff.; Hailey S. 288, 453 ff.
195 Hailey S. 287.
196 Pahl S. 57.

läufig jedoch noch unüberwindlich, weil so viele Menschen aller Völkerschaften in den compounds ein buntes Bevölkerungsgemisch bilden und sowohl die Auswahl geeigneter richterlicher Persönlichkeiten, als auch das anzuwendende Recht Schwierigkeiten bereitet[197].

7. Nigeria.

(a) Geschichte und heutiges Bild Nigerias[198].

Im Jahre 1861 begannen sich die Engländer in und um Lagos an der Sklavenküste im Westen Afrikas festzusetzen. Durch langsam fortschreitende „Durchdringung" des Hinterlandes entstand das heutige Nigeria, dessen Hauptstadt Lagos geblieben ist. 1886 wurde die Royal Niger Company in Nigeria gegründet. Diese zeigte sich jedoch — ganz parallel den deutschen Erfahrungen[199] — außerstande, staatliche und private Interessen gleich erfolgreich zu vertreten („Souverän und Händler zugleich zu sein"). Nigeria wurde daher schon 1899 in staatliche Verwaltung übernommen. Zum High Commissioner wurde Lord Lugard berufen. Dieser sah sich vor die Aufgabe gestellt, mit wenigen weißen Mitarbeitern ein Gebiet zu betreuen von der doppelten Größe des Deutschen Reiches (vor 1938). Er hatte nun allerdings bereits Erfahrungen auf dem Gebiete der indirekten Verwaltung in Indien und Buganda gesammelt und gedachte sie auch in Nigeria einzuführen.

Ein günstiges Feld für die neue Verwaltungsmethode bot weniger die Küsten-„Kolonie" mit ihrer zusammengewürfelten Bevölkerung, sondern vielmehr die „Protektorate" des Hinterlandes. Hier hatten die Fulani-Eroberer sogenannte Emirate geschaffen, die den Moslem-Reichen Nordafrikas und Asiens im Aufbau ähneln. Die überaus negrophile Einstellung Lord Lugards führte zu einer vollkommenen Gleichstellung der gebildeten Neger (educated natives) mit den Weißen, — ohne allerdings einer Rassenmischung das Wort zu reden. Letzterer Punkt unterscheidet damit die englische und die französische Kolonialpolitik. Im Sinne dieser Entwicklung lag es, daß man sogar versucht hat, ausgesprochene Eingeborenenvertretungen zu schaffen, so z. B. vor 1923 den Nigerian Council mit beratenden Befugnissen[200]. Ja man ging sogar so weit, daß ein schwarzer gentleman für eine große wohltätige Stiftung als „Sir" geadelt wurde. Andererseits hat man aber das auch für Neger geltende allgemeine Wahlrecht wohlweislich an ein Mindesteinkommen von 100 Pfund pro Jahr geknüpft[201].

Mehr als in anderen englischen Gebieten Afrikas spielt in Nigeria die sanitäre Versorgung der weißen und eingeborenen Bevölkerung eine Rolle. Krankheiten wie: Malaria, Dysenterie (Tropen-Ruhr), gelbes Fieber, Schlafkrankheit und Hakenwurm-Krankheit

---

[197] Hailey S. 513.
[198] Rohrbach S. 254 ff.
[199] v. Hoffmann, Kolonialrecht, S. 15 ff.
[200] Wengler, Verwaltungs-Organisation, S. 26.
[201] Hailey S. 172.

sind nur einige wichtige von den vielen, die die tropischen Völker zermürben[202]. Trotz der eindrucksvollen Aufmachung der englischen Gesundheitsberichte liest man aber immer wieder, wie unverantwortlich mangelhaft und oberflächlich die Engländer ihre dahingehenden Pflichten wahrnehmen[203].

(b) Die Verwaltung Nigerias[204].

Schon 1898 hatte Sir John Goldie die Übertragung des in Indien z. B. üblichen Systems der indirekten Verwaltung auf Afrika empfohlen. Sofort nach seiner Ernennung zum High Commissioner für Nigeria griff dann Lord Lugard diesen Gedanken auf und setzte ihn bald in die Tat um. Allerdings bot die Bevölkerung in Nigeria kein genügend einheitliches Bild, so daß nur teilweise das neue System schnell und erfolgreich durchgeführt werden konnte, während in manchen Gebietsteilen noch heute nicht sämtliche durch die indirect rule ausgelösten Fragen geklärt sind.

Wie bereits erwähnt, bot der Norden Nigerias ein überaus günstiges Feld für diese neue Einrichtung. Hier bestanden die sogenannten Emirate, die im Laufe der Mohammedanisierung von den Fulanis gegründet und aufs beste ausgebaut worden waren. Es gab bereits wohlgeordnete Steuer- und Justizsysteme, die man leicht in den Dienst der europäischen Verwaltung zu stellen imstande war.

Unverhältnismäßig schwieriger gestaltete sich der Ausbau der indirekten Verwaltung bereits in den Gebieten der ebenfalls im Norden lebenden Heiden (=Nicht-Mohammedaner). Bei ihnen fand sich keine rechte Grundlage für den Aufbau einer geeigneten Verwaltung. Es besteht zwar die Möglichkeit, aus den benachbarten Emiraten geeignete Persönlichkeiten heranzuziehen und sie in den heidnischen Bezirken einzusetzen, — aber dieses Verfahren erfreut sich keiner Beliebtheit, da sich Unzuträglichkeiten gezeigt haben, die anscheinend auf die Verschiedenheit der religiösen Bekenntnisse und auf mohammedanische Unduldsamkeit zurückzuführen sind.

Während im Süden das bereits am längsten beherrschte Gebiet um Lagos keine Probleme aufgibt, ist die Lage im Südosten um so verwickelter. Hier herrscht in der Verwaltung ein mosaikartiges Durcheinander von regierenden Stammesältesten, Häuptlingen, Körperschaften, politischen und religiösen Vereinigungen und Innungen. In diesem Gebiete sozialer Anarchie sollen nun Eingeborenenbehörden ausfindig gemacht werden, die die Kraft und Entschlossenheit aufbringen, sich unter einheitlichen Gesichtspunkten durchzusetzen. Welche dieser neuen Behörden sollte außerdem ein bis dahin hier unbekanntes Steuersystem zur Geltung bringen? England glaubte sich nur so helfen zu können, daß es Männer mit besonderer Eignung oder mit lokalem Einfluß als headmen einsetzte, die nun versuchten, einige Ordnung zu schaffen.

---

[202] Thurnwald S. 467 f.

[203] Rohrbach S. 254 ff.; Umschau 1939/S. 945.

[204] Wengler, Verwaltungs-Organisation, S. 45 f.; Hailey S. 417 ff.

Diese headmen sind eine der am häufigsten diskutierten Einrichtungen der native administration und haben sich meist als wenig erfolgreich erwiesen. Neuerdings versucht man nun, durch Zusammenfassungen bestimmter Bevölkerungskreise zu einer Art „clans" oder „groups" die Grundlage für eine stammesähnliche Verwaltung zu schaffen. Daß letztere Behörden die in sie gesetzten Erwartungen zu erfüllen imstande sind, scheint aus der Tatsache hervorzugehen, daß 1929 in einigen ihrer Bezirke Unruhen ausbrachen. die auf Unzufriedenheit der Bevölkerung über die Art der Steuererhebung zurückzuführen waren.

Außer der Pflicht der native authorities, für Ruhe und Ordnung zu sorgen, Verbrechen zu verhüten (zu welchem Zwecke sie Personen festnehmen können), sind die Eingeborenen-Verwaltungsbehörden bevollmächtigt, Anordnungen zu erlassen betreffs: Herstellung und Verbrauch von Alkohol, Waffentragen, Schutz von Wasserstellen und gegen ansteckende Krankheiten, Kontrolle des Zu- und Wegzuges Eingeborener, Maßnahmen gegen die Tsetse-Fliege und zum Anbau des benötigten Getreides, sowie jede weitere Angelegenheit, zu deren Regelung sie nach Eingeborenenrecht und -sitte befugt sind. Die Nichtbefolgung solcher Anordnungen kann mit Geld- oder Freiheitsstrafe bis zu sechs Monaten geahndet werden. Neben den genannten Maßnahmen werden solche noch häufig erlassen auf Gebieten wie: Gesundheits- und Marktwesen, Stadtpolizei; im Norden: Viehkontrolle; in Ibadan: bezüglich der Landübereignungen. In Benim verwalten die Eingeborenenbehörden außerdem das Forstwesen. Mit der Zustimmung des Gouverneurs können sie unter Umständen auch Anordnungen treffen über das Wohlergehen von Personen ihres Bezirks (Fürsorge), öffentliche Arbeiten und Auferlegung von Gemeindesteuern. Alle diese Maßnahmen schaffen in Verbindung mit der diesbezüglichen Rechtsprechung im Laufe der Zeit ein gewisses Gewohnheitsrecht.

Bereits erlassene Anordnungen können von der europäischen Aufsichtsbehörde, dem resident, jederzeit außer Kraft gesetzt werden. Im übrigen kann er erforderlichenfalls die native authorities veranlassen, gewisse Anordnungen zu treffen, bzw. er kann es auch selbst tun. Während allein dem an der Spitze einer Provinz stehenden resident die Leitung und Beeinflussung der Eingeborenenbehörden obliegt, hat der district commissioner in Nigeria nur die Pflicht der Beobachtung der Eingeborenenverwaltung und des Berichtes hierüber an den resident[205].

(c) Die Gerichtsverfassung Nigerias.

Das Problem der Trennung von Justiz und Verwaltung wurde früher bereits erwähnt, und es war festgestellt worden, daß die Engländer in ihren afrikanischen Kolonien grundsätzlich eine solche Trennung ablehnen. Immerhin galt das in der Regel nur für mittlere

[205] Wengler, Ztschr. f. öff. R. u. Völker-R. 1938 S. 362.

und untere Behörden. In den Spitzenbehörden dagegen führten auch die Engländer die Trennung durch. In Nigeria aber ist man auf Grund der Ordinances No. 44 (native courts) und No. 45 of 1933 (native authorities) einen Schritt weitergegangen als in den anderen englischen Kolonialgebieten, indem man Anzahl und Kompetenz der nicht an die Verwaltung gebundenen Gerichte vergrößert hat[206].

Diese moderne Anschauung, der Sir Donald Cameron 1933/34 zum Siege verholfen hat, hat allerdings für sich, daß man bei Verwaltungsbeamten in ihrer Eigenschaft als Richter weniger Objektivität voraussetzen kann. Sie lassen sich leichter durch politische Erwägungen in ihren Entscheidungen beeinflussen und geben dadurch zu der Befürchtung Anlaß, daß man die Eingeborenen ihres Schutzes beraube. Andererseits muß dem hervorragendsten Verfechter von Einheit der Verwaltung und Rechtsprechung, Lord Lugard, zugegeben werden, daß dem Eingeborenen der Sinn einer Trennung der Gewalten unverständlich bleiben wird, da auch seine überkommene Stammesbehörde eine solche nie gekannt und geübt habe. Außerdem steht der Verwaltungsbeamte in seiner Eigenschaft als Aufsichtsbehörde in ständiger Verbindung mit den Eingeborenen und deren Gerichten und ist darum noch der geeignetste Europäer, um Motive und Grad der Eingeborenen-Kriminalität einigermaßen abschätzen zu können[207].

Noch aber glauben die Engländer nicht genügend Erfahrungen über diese Frage gesammelt zu haben, um endgültig beurteilen zu können, welches Prinzip das bessere sei. Selbst nach der Trennung bringt aber die Verwaltung noch viel juristische Arbeit mit sich, da ihre Beamten nach wie vor die native courts zu beaufsichtigen haben. Auf der anderen Seite findet auch Sir Donald Cameron einen gewissen Mittelweg, indem er vorläufig nur erst bewährte frühere Verwaltungsbeamte in den Richterstand erhebt[208].

Der Unterschied zwischen dem magisterial und native courts' System wird für Nigeria am besten dadurch veranschaulicht, wenn man sich vor Augen führt, daß Vergehen gegen Einzelpersonen in der Regel von native courts — und solche gegen die Allgemeinheit von den englischen Gerichten abgeurteilt werden[209]. Schon daraus ist ersichtlich, daß den magistrates' courts keine allzu große Bedeutung beizumessen ist, besonders nicht im Norden des Landes[210]. Andererseits fehlte es aber trotz der geübten indirect rule nicht an wiederholten direkten Eingriffen in die Justiz, die insbesondere 1914 und 1933/34 ein beträchtliches Ausmaß angenommen haben[211].

---

[206] Hailey S. 301.
[207] Lugard S. 539.
[208] Perham S. 337 ff.
[209] Lugard S. 564.
[210] Hailey S. 286.
[211] Hailey S. 418.

(A) Die magisterial courts[212].

Seit 1900 wurde im nördlichen Protektorat Nigeria von Lord Lugard ein Supreme Court geschaffen, als erste und als Berufungsinstanz, — und zwar hauptsächlich für Nichteingeborene und für die städtischen Bezirke. In den Provinzen wurden provincial courts errichtet unter Vorsitz des resident. Seiner Rechtsprechung unterlagen auch eingeborene Regierungsbeamte und solche natives, die der Rechtsprechung der Eingeborenengerichte entzogen waren. Der monatliche Bericht eines resident-court an die Aufsichtsbehörde wirkte wie eine „automatische" Berufung, indem nämlich alle Fälle nochmals aufgegriffen wurden, die nicht zufriedenstellend entschieden worden waren.

Diese Organisation gab aber zu Beschwerden Anlaß. Infolge des geringen Personals und der unzulänglichen Verkehrsverbindungen traten Prozeßverschleppungen und andere Mängel ein. Man ging deshalb daran, die district commissioners zu Vertretern des Supreme Court zu machen und ihnen den Vorsitz der native courts anzuvertrauen, deren Kompetenz man erweiterte.

1914 wurde dann dieses System weiter verbessert und auch auf die südliche Kolonie Nigeria übernommen. Nach der Angleichung („amalgamation") wurde die Zuständigkeit des Supreme Court auf einige wenige Bevölkerungs-Mittelpunkte mit gemischter Bevölkerung beschränkt (z. B. Lagos). Aber nach wie vor waren ihm Europäer sowie Eingeborene untergeordnet. Für alle anderen Fälle wurden die provincial courts für zuständig erklärt. Sie bearbeiteten hauptsächlich gemischte Prozesse oder schwierige Fälle. Todesurteile und Strafen über sechs Monate Gefängnis, 12 Schläge, 50 Pfund bedurften der Bestätigung durch den Gouverneur (oder in dessen Namen durch den Lieutenant-Governor oder Chief-Justice). Beamte mit Bestätigungsrecht konnten den Spruch ändern, außer Kraft setzen, oder erneute Verhandlung vor provincial courts oder Supreme Court verfügen. In Zivilsachen mit einem Streitwert über 50 Pfund war der Supreme Court Berufungsinstanz.

1933/34 führte Sir Donald Cameron seine Reformen ein, die bezüglich der magisterial Rechtsprechung zur Folge hatten, daß die provincial courts im nördlichen Protektorat abgeschafft und durch einen High Court mit untergeordneten Magistraten ersetzt wurden. Bis auf wenige Fälle, z. B. der Admiralität und der Ehescheidung, übt somit der Supreme Court Rechtsprechung nur in der südlichen Kolonie. Es besteht aber eine Personalunion zwischen den Oberrichtern des Supreme und des High Court — und zwar in der Person des Chief-Justice. Der High Court befleißigt sich eines einfacheren Verfahrens, unterscheidet sich jedoch von den früheren provincial courts darin, daß er nur mit richterlichem Personal besetzt ist, und daß — außer in Eingeborenensachen — Rechtskundige auftreten können.

---

[212] Lugard S. 538 ff.; Perham S. 54 ff., 337 ff.; Hailey S. 420 f.; Crocker S. 228 ff.; Nigerian Handbook S. 188 ff.

Eine weitere Berufung vom Nigerian High bzw. Supreme Court geht an den West-African Court of Appeal für Nigeria, Togoland, Gold-Coast, Sierra Leone, Gambia (gemäß den Orders in Council von 1928, 1930, 1934/35). Unter Umständen ist auch hier wieder als allerletzte Instanz der Privy Council zuständig.

(B) Die native courts[213].

Vor der Inbesitznahme des Nordens des heutigen Nigeria übte die oberste richterliche Gewalt der Emir und sein Rat. Es wurden im allgemeinen nur wichtige Fälle entschieden. Die untergeordneten Gerichte standen unter Alkalis, erfahrenen Richtern, die den Maliki Code of Moslem Law zur Anwendung brachten. Auf Berufungen gegen deren Entscheidungen hin fällte dann des Emir's Court das endgültige Urteil.

Mit der Übernahme des Protektorates wurden dann englische Gerichte eingesetzt nur für Nichteingeborene und für Übertretungen britischer ordinances (Verordnungen), während den emirate courts volle zivil- und strafrechtliche Zuständigkeit auch in schweren Fällen überlassen blieb. Immerhin wurde ihre Rechtsprechungsbefugnis genau umrissen und ihr Verfahren unter Aufsicht gestellt. Eingeborenenrecht und -brauch fanden innerhalb der Grenzen des ordre public Anwendung. Der resident hatte Zutritt zu den Verhandlungen und konnte die Entscheidungen revidieren, aufheben oder den Prozeß an seinen court ziehen. Es wurden Protokolle verfaßt, Rechtskundige waren nicht zugelassen. Die Mitglieder der Gerichte wurden vom Emir (oder head-chief) im Einvernehmen mit dem resident ernannt. In der Proclamation of 1906 wurden 109 native courts amtlich veröffentlicht, 9 erhielten Gewalt über Leben und Tod, — unter jeweiliger Bestätigung durch den governor.

In den Moslem-Provinzen übernahmen so die emirate courts die Hauptarbeit, in den heidnischen (= nicht-mohammedanischen) Landesteilen blieb sie allerdings bei den Staatsbeamten. Die Rechtspflege der Eingeborenen entwickelte sich bald zu einem derart hohen Stande, daß man zur Entlastung des unbefriedigend arbeitenden Supreme Court auch den kleinsten native courts große Machtvollkommenheiten anvertraute, sofern der district commissioner den Vorsitz führte. In diesem Falle konnten sie Freiheitsstrafe bis zu 2 Jahren, 15 Hiebe, Geldstrafe bis zu 100 Pfund verhängen, und in bürgerlichen Angelegenheiten bis zu einem Streitwert von 200 Pfund gehen. Der Supreme Court, vor dem nur Rechtskundige auftreten durften, war zuständig für Berufungen und übte im übrigen die Kontrolle über die native courts.

In den Südprovinzen Nigerias war die Rechtspflege infolge der mit den Häuptlingen geschlossenen Einzelverträge zunächst sehr uneinheitlich. Der Supreme Court hatte hier ebenfalls ausgedehnte Vollmachten, so daß zu seiner Entlastung häufig der Vorsitz der

---

[213] Perham S. 54 ff., 139 f., 381 f.; Hailey S. 417 ff.; Crocker S. 228 ff.; Clough S. 106 ff.

native courts von Verwaltungsbeamten geführt wurde. Dadurch verloren jedoch die native courts viel von ihrem ursprünglichen Charakter, insbesondere begannen europäisches materielles und formelles Recht immer größeren Einfluß zu gewinnen.

1914 wurden dann die Justizsysteme von Nord- und Südnigerien auch bezüglich der native courts aneinander angeglichen.

Das in Nordnigerien begründete und 1914 auf den Süden ausgedehnte Justizsystem hat zwei Hauptelemente:

1. Weitestgehende Verwendung eingeborener Richter, sowie Beurteilung nach Eingeborenenrecht und -brauch;
2. Grundsätzliche Ausschaltung englischer Gerichtspersonen als Richter oder Anwälte und Verhinderung des Eindringens von englischem Recht.

Die Folge der Angleichung war somit in erster Linie eine starke Förderung der Begründung und Entwicklung der native courts.

In Nordnigerien entstanden mit der Zeit über 550 native courts verschiedener Grade. Je nachdem, ob es Mohamedan Courts oder heidnische Gerichte sind, kommt der Koran oder heidnisches Recht zur Anwendung, manchmal auch beides zugleich. Die Rechtsprechung der zahlenmäßig etwa ein Drittel ausmachenden heidnischen courts entwickelte sich jedoch nicht zufriedenstellend. Man kann auch die Häuptlinge schlecht durch mohammedanische Fulaniheadmen ersetzen, weil diese wegen ihrer religiös beinflußten Rechtsprechung in den nicht-mohammedanischen Gebieten gar nicht gern gesehen sind.

Durch Ordinances of 1914/18 waren auch im Süden Nigerias reine Eingeborenengerichte an die Stelle der gemischten courts getreten (deren Vorsitz von Verwaltungsbeamten geführt worden war unter Beisitz von Eingeborenen). In der Folgezeit entwickelten sich die native courts in den fortgeschritteneren Gebieten (um Lagos) gut, nur im Südosten zeigen sich noch Mängel. Dies ist das obengeschilderte Gebiet der sozialen Anarchie. Um in das mosaikartige Durcheinander von allen möglichen Gruppen und Grüppchen, Religionen, Kasten und Gesellschaftsschichten einigermaßen Ordnung hineinzubringen, wurden Männer zu Richtern gemacht, die vermöge besonderer Eignung oder lokalen Einflusses für diesen Posten geeignet erschienen. Oft fielen aber auch diese dann der bisher üblich gewesenen Korruption anheim und enttäuschten. Teilweise haben sich die „warrant-chiefs" aber auch als Präsidenten der native courts durchzusetzen gewußt, in anderen Bezirken hat man sich gezwungen gesehen — parallel der Verwaltung — „clan" oder „group" courts zu bilden. Die Organisation dieser Gerichte ist noch wenig einheitlich, immerhin sind sie aber doch so brauchbar, daß man einige bereits zu Berufungsgerichten ausgestalten konnte. Trotz dieser Erfolge sind jedoch in Südnigerien noch längst nicht alle Hindernisse überwunden, was aus der lebhaften Kritik hervorgeht, die die 803 native courts hier erfahren.

1933/34 wurde das Rechtssystem von Sir Donald Cameron wiederum verbessert. Die Protectorate Courts' Ordinance und Native Courts' Ordinance haben vier Grade von native courts eingeführt „A"-, „B"-, „C"- und „D"-courts:

1. Die A-courts haben volle Zivil- und Strafgewalt.
2. Die Zuständigkeit der B-courts geht in bürgerlichen Sachen bis zu einem Streitwerte von 100 Pfund. Ihre Strafgewalt geht bis zu einem Jahre Gefängnis, 12 Schlägen oder Geldstrafe bis zu 50 Pfund.
3. Bis zu einem Streitwert von 50 Pfund in Zivilsachen und in Strafsachen bis 6 Monate Freiheitsstrafe (bei Farmdiebstahl 12 Monate), 12 Schläge oder 10 Pfund Geldstrafe sind die C-courts zuständig.
4. Die Macht der D-courts reicht bis zu einem Streitwerte von 25 Pfund, bzw. haben sie Strafgewalt bis 3 Monate Gefängnis (bei Farmdiebstahl 6 Monate), 12 Schlägen oder 5 Pfund Geldstrafe.

Keine Rechtsprechung steht den native courts zu bei Hoch- und Landesverrat, Aufständen, Bestechung, in Sachen christlicher Ehen, bei Vergehen gegen öffentliche Einkommen oder Prozessen mit Gottesurteil. Die courts eines jeden Grades können auch in irgendeiner Hinsicht noch sonstwie „beschränkte" sein, so sind z. B. beschränkte A-courts nicht mehr zuständig für Tötungsdelikte.

Das Recht, nach denen die courts urteilen, ist das der Eingeborenen, sowie Anordnungen der Eingeborenenbehörden und Verordnungen der europäischen Verwaltung, — sofern die Eingeborenengerichte in ihnen ausdrücklich für zuständig erklärt sind (so z. B. in der Native Revenue Ordinance, d. h. in Eingeborenen-Steuersachen).

Todesurteile müssen vom governor, vom A-court verhängte Schläge vom Emir, sonst vom district officer bestätigt werden. Weiter soll der Distriktsbeamte unter Umständen als Berater, in Landangelegenheiten als Vorsitzender des Gerichts tätig werden. Die Verwaltungsbeamten haben immer Zugang zu den Sitzungen, können Entscheidungen nachprüfen oder aufheben oder den Fall jedem beliebigen anderen Gericht übertragen. Regierungsangestellte und landfremde Eingeborene können nur mit ihrem Einverständnis vor die native courts kommen. Eine Rechtsprechungsbefugnis über Nichteingeborene steht ihnen nicht zu[214].

Berufungen gehen in den Emiraten von den Moslem-District Courts an den Chief Alkali's Court. Von hier weiter an den Emir's Court. Ist die erste Instanz ein A- oder Emir's-Court, so ist Berufungsinstanz der High Court. Gibt es keinen native court of appeal, so sind Berufungsinstanzen die Gerichte der Verwaltungsbeamten bis zum resident oder governor. Im Falle von Ehe- und Familienstandssachen, Erbschaft und Vormundschaft gibt es eine

[214] Report Ormsby-Gore S. 112 f.

Berufung über das native courts'-System hinaus an europäische Instanzen nur kraft besonderer Vorschriften[215].

Die Eingeborenenstädte stehen unter der Rechtsprechung ihrer eingeborenen Behörden. Ein Problem ist aber insbesondere die Stadt Kano mit ihren 97 000 Einwohnern, von denen viele Europäer, andere zivilisierte Eingeborene sind. Augenblicklich wird die Verwaltung Kanos ausgeübt von einer englischen Behörde. Die hauptsächlich von fremden Eingeborenen bewohnten Stadtteile sind einem vom Emir gebilligten afrikanischen Oberhaupte unterstellt worden. Dieses übt auch die Rechtsprechung mit Unterstützung von Vertretern der wichtigsten Eingeborenengruppen. Berufungen gehen an den Alkali's Court von Kano[216].

Die Tatsache, daß bei all den Reformen von 1900, 1914, 1933/34 die Zulassung oder Nichtzulassung von Rechtskundigen auch eine gewisse Rolle gespielt hat, erklärt sich damit, daß sich der Anwaltsberuf ähnlich wie bei den Indern bei den Afrikanern einer großen Beliebtheit erfreut. Aber den eingeborenen Anwälten kommt es im allgemeinen mehr darauf an, einen regen „Kundenfang" zu betreiben, als etwas zu leisten. Dazu kommt, daß auch sie meist ortsfremd sind und deshalb oft fast ebensowenig Ahnung von Sprache und Bräuchen der betreffenden Gegend haben, wie die weißen Gerichtsherren. Alle diese Mißstände lassen wenig Freude an den Anwälten aufkommen, außerdem sind sie im allgemeinen auch entbehrlich. Immerhin ist ihre Daseinsberechtigung bestritten[217].

8. British Cameroons.

(a) Unter deutscher Herrschaft.

(A) Die Geschichte Kameruns bis zum Weltkriege.

Durch das wagemutige Vorgehen des Bremer Kaufmannes Lüderitz in Deutsch-Südwestafrika wurden auch die großen Hamburger Firmen Woermann, Jantzen und Thormälen zu kolonialen Erwerbungen für das Deutsche Reich ermuntert. Sie gründeten an der Küste Togos und Kameruns deutsche Niederlassungen, denen Bismarck bald den Reichsschutz verlieh (1884). Wenige Tage nachdem der deutsche Generalkonsul Gustav Nachtigal (1834—1885) in Kamerun die Reichsflagge gehißt hatte, erschien auch schon ein englisches Kanonenboot[218] mit gleicher Okkupationsabsicht für Großbritannien.

Ein sofort in den ersten Jahren angesetzter Vorstoß nach Norden führte am Benuefluß zu einer Interessenkollision mit England, bei dem die Deutschen den kürzeren zogen und sich wieder zurückwenden mußten. Bereits erfolgreiche Unternehmungen nach Nordwesten hin mußten wegen der Kurzsichtigkeit des Reichstags in kolonialen Finanzfragen abgebrochen werden.

[215] Perham S. 337 ff.; Hailey S. 288, 431 f.
[216] Perham S. 91 ff.; Hailey S. 521 f.
[217] Lugard S. 544 f.
[218] Mayer, im Buch der deutschen Kolonien, S. 26.

Die weiteren Erwerbungen und die Erschließung Kameruns wurden meist mit privaten Mitteln und von Privatleuten betrieben. 1893—94 wurden die Grenzen des Schutzgebietes durch Verträge mit Frankreich und England festgesetzt. Der Vertrag mit Frankreich bedeutete eine gradlinige Fortsetzung der kolonialen Verzichtspolitik, wie sie bereits in dem früher behandelten Helgoland-Sansibar-Vertrag zum Ausdruck gekommen war. Das Reich verzichtete zugunsten Frankreichs auf große und kulturell hochstehende Gebiete im Nordosten Kameruns. Die dafür eingetauschten Länder waren im Verhältnis zu den verlorenen Territorien unbedeutend sowohl bezüglich der Bodenbeschaffung als auch der Wichtigkeit für den Handel. In der Zeit nach der Jahrhundertwende brachen als Folgeerscheinung des Mahdi-Aufstandes im Sudan zahlreiche Eingeborenenunruhen aus, die bis 1904 von unserer Schutztruppe niedergeschlagen werden mußten[219].

1911 wurde dann zwischen dem Reiche und Frankreich der Marokko-Vertrag geschlossen. Wenn dieser auch dem Schutzgebiet eine bedeutende Gebietserweiterung einbrachte, so handelte es sich hierbei um viel wertloses, weil nicht kulturfähiges Land. Das Reich opferte auf der anderen Seite ein wertvolles Stück im Nordosten der Kolonie, opferte weiter seine bedeutenden Interessen in Marokko[220].

Dann brach der Weltkrieg aus, der Kamerun mit in den Wirbel der kriegerischen Ereignisse hineinriß, obwohl das Schutzgebiet nach der Kongo-Akte zum Teil neutralisiert worden war. Das deutsche Prinzip der Autorität des Weißen, gepaart mit Wohlwollen und Fürsorge für die Eingeborenen hat uns in jener schweren Zeit ebenso wie in Deutsch-Ostafrika unaussprechliche und rührende Dankesbeweise durch die Eingeborenen erbracht[221].

Ganz abgesehen von den schwachen Verteidigungskräften erschwerte die Isolierung Kameruns vom Mutterlande den Widerstand in hohem Grade. Ja, es wurde sogar ein ähnliches Kriegswirtschafts- und Rationierungssystem erforderlich wie in der Heimat. Und doch hielt sich eine winzige Schar gegen Mengen bestausgerüsteter Engländer, Franzosen und Belgier, bis sie zum Übertritt auf das neutrale spanische Rio-Muni-Gebiet im Januar 1916 gezwungen wurde. Erst im Februar desselben Jahres mußte sich auch der den Moraberg verteidigende Hauptmann von Raben ergeben, nachdem seine Mitkämpfer sich bis zur Verfeuerung der letzten Patrone gewehrt hatten[222].

(B) Die Verwaltung Kameruns.

Die Verwaltung Kameruns war der der Verwaltung der anderen deutsch-afrikanischen Kolonien sehr ähnlich aufgebaut. Sie wurde daher im wesentlichen bereits bei der Besprechung Deutsch-Südwest- und

---

[219] Deutschlands Kolonien bis zum Weltkriege, im Buch der deutschen Kolonien S. 113 ff.

[220] Baravalle S. 25 ff.

[221] Rohrbach S. 214 ff.

[222] Kameruns Heldenkampf, i. d. Ztschr. „Soldatenbund" 1937 S. 279 ff.

Ostafrikas erläutert. Der Grundsatz der Trennung von Verwaltung und Justiz fand im deutschen Kamerun nur bezüglich der europäischen Gemeinschaft Anerkennung, gegenüber den Eingeborenen wurde seine Durchführung nicht für zweckmäßig erachtet. Im übrigen hat sich aber die deutsche Kolonialverwaltung bemüht, die bestehenden Stammesorganisationen der Eingeborenen zu Verwaltungszwecken auszunutzen. Ähnlich dem Caprivi-Zipfel Deutsch-Südwests, dem Zwischenseen-Gebiet Deutsch-Ostafrikas gab man den eingeborenen Häuptlingen Nordkameruns ebenfalls nur Residenten bei, da diese genau wie in dem benachbarten Nigeria zum Teil hochentwickelte Staaten gebildet hatten. Aber ebenso wie in Nigeria vermochten auch in Kamerun die Dorfhäuptlinge der Urwald- und Küstengebiete den an sie gestellten Ansprüchen bezüglich der Verwaltung kaum zu genügen, so daß sie meist nur als unselbständig handelnde Organe der deutschen Verwaltung tätig werden konnten[223].

(C) *Die Gerichtsverfassung.*

aa) Die Gerichte für Europäer in deutscher Zeit.

Die deutschen Schutzgebiete hatten eine den englischen protectorates ähnliche Stellung. Wie die englischen Protektorate gemäß der Foreign Jurisdiction Act of 1890 der Konsulargerichtsbarkeit unterstehen, so auch die deutschen Schutzgebiete gemäß (zweitem) Schutzgebietsgesetz vom 25. 7. 1900[224]. Die deutschen Gerichte gliederten sich ebenso wie in Südwest und Deutsch-Ost in Bezirksrichter, Bezirksgericht, Oberrichter und Obergericht (in Buea). Ihre Zuständigkeit wurde bereits früher geschildert. Ebenso wurde auf den Mangel eines dringend geforderten obersten Konsular- und Kolonialgerichtshofes in Berlin oder Hamburg hingewiesen[225].

bb) Die Gerichte für Eingeborene in deutscher Zeit[226].

Die Eingeborenen-Rechtsprechung Kameruns wurde in den Küstengebieten durch Häuptlingsgerichte ausgeübt. Die Zuständigkeit dieser Gerichtshöfe unterer Instanz erstreckte sich in bürgerlichen Sachen bis zu einem Streitwerte von RM 100.—. In Strafsachen durften nur bis zu RM 300.— Geldstrafe oder 6 Monate Gefängnis verhängt werden. Berufungsinstanz gegen Entscheidungen der Häuptlingsgerichte waren die sogenannten Eingeborenen-Schiedsgerichte, deren Mitglieder vom Gouverneur auf Widerruf ernannt wurden. Des weiteren waren die Eingeborenen-Schiedsgerichte in erster Instanz zuständig für alle Angelegenheiten, die nicht mehr unter die Zuständigkeit der Häuptlingsgerichte fielen. Nicht kompetent waren sie für Tötungsdelikte. Ihre Strafgewalt umfaßte nur bis zu 2 Jahren Gefängnis, nicht aber z. B. die Todesstrafe. Höchste

---

[223] Schober S. 16 f.
[224] v. Hoffmann, Einführung, S. 169 f.
[225] Kerstling S. 80 ff.
[226] Kolonialverwaltung der europäischen Staaten S. 152 ff.; v. Hoffmann, Kolonialrecht, S. 104.

Instanz der Eingeborenen-Gerichtsbarkeit war in jedem Falle der Gouverneur Kameruns. Die Gerichtsbarkeit der mohammedanischen Staaten des Hinterlandes, der Residenturen, wurde ganz und gar deren einheimischen Behörden überlassen.

Zwar war gemäß § 4 Sch.Geb.Ges. für die Eingeborenen Kameruns diese ihre bisherige Rechtspflege in Kraft geblieben — dennoch aber entschieden die deutschen Bezirksämter und Militärstationen in Eingeborenenangelegenheiten, sofern sie von der einheimischen Bevölkerung angerufen wurden.

cc) Die Gerichte für gemischte Prozesse in deutscher Zeit[227].

Die Engländer haben sich die Lösung von Zuständigkeitsfragen in Mischprozessen verhältnismäßig leicht gemacht, indem sie im allgemeinen auf dem Standpunkt stehen, daß nur die Europäergerichte in Frage kämen, weil ein Weißer niemals der Rechtsprechung von native courts unterworfen sein könne und dürfe.

Frankreich hat die Frage so entschieden, daß nur bei beiderseitigem Einverständnis die für Eingeborene zuständigen Gerichte (jurisdictions indigènes) angerufen werden dürften. Für den Fall, daß mehrere Eingeborenenrechte in Betracht kommen (conflit de coutumes), ist jedoch immer dasjenige des Beklagten anzuwenden.

Für die deutschen Kolonien war keine ausdrückliche Regelung getroffen worden. In der Praxis waren je nach örtlichem Brauch entweder immer die europäischen Gerichte zuständig (so in Deutsch-Ostafrika) oder es wurde auf den Beklagten bzw. Angeklagten abgestellt oder das Einverständnis beider Parteien für maßgeblich erachtet.

Die deutsche Rechtspflege strebte zwar keine Vermischung des anzuwendenden Rechts in Prozessen zwischen Weißen und Eingeborenen an, dennoch wurde aber in solch einem Falle ausgiebig vom Eingeborenenrecht Gebrauch gemacht, soweit es nicht gegen den ordre public verstieß.

(b) Unter Mandatsherrschaft.

(A) Geschichte und heutiges Bild vom Mandat British Cameroons.

Durch das Versailler Diktat und den Art. 22 der Völkerbundssatzung wurde das deutsche Schutzgebiet Kamerun in zwei verschieden große Teile zerschnitten, nachdem Frankreich zunächst das 1911 abgetretene Gebiet bedingungslos wieder annektiert hatte. Etwa vier Fünftel des Restgebietes wurden als Mandat dem französischen Kolonialreich eingegliedert, während England das lezte Fünftel als Mandatsgebiet erhielt. Dieses Territorium wurde dem benachbarten Nigeria zugeschlagen, und zwar erhielt die Kolonie den südlichen Küstenstreifen und das Protektorat Nigeria den nördlichen Teil Kameruns. Ohne Rücksicht auf die Interessen der

[227] Lugard S. 550; v. Hoffmann, Einführung, S. 175; Winkelmann S. 835 ff.

Eingeborenen, unter Hintansetzung ethnischer und verkehrstechnischer Belange hat man in Versailles den Lebensraum Kameruns durch unnatürliche Grenzen zerschnitten[228], ähnlich, wie man in anmaßender Willkür sich auch über die europäischen Gegebenheiten hinwegsetzen zu können glaubte und ganze Länder zerstückelte. Trotzdem haben uns auch die Kamerun-Eingeborenen ihre Treue bewahrt und versichern immer wieder an den 1884 mit Deutschland geschlossenen Verträgen festhalten zu wollen[229], genau so wie sie auch von Deutschland als noch verbindlich angesehen werden[230]. 1924 haben die zuerst vertriebenen deutschen Plantagenbesitzer ihr Eigentum in Versteigerungen zum großen Teil wieder zurückerwerben können, so daß heute im englischen Mandatsgebiet in deutscher Hand sind: 293 678 acres, in englischer 19 053 acres, in schweizerischer 260 acres. Das Mandatsgebiet British Cameroons selbst ist heutzutage sehr hoch an Nigeria verschuldet.

(B) Die Verwaltung von British Cameroons.

Für die englische Verwaltung stellt Kamerun ein nicht zu unterschätzendes Problem dar. Die Eingeborenen sind zunächst von ganz verschiedener Rasse: Neger, Hamiten, Pygmäen. Weiter überlagern sich gegenseitig mehrere Eingeborenensprachen: Bali, Duala, Bulu, Yaunde. Zudem ist die soziale Welt der Eingeborenen noch nicht einmal annähernd erforscht, so daß man im einzelnen nicht mit Sicherheit weiß, wo Mutter- oder Vaterrecht herrscht, und wie sie sich bis ins kleinste auswirken. Endlich besteht noch ein erheblicher kultureller Unterschied zwischen den mohammedanischen Völkern Nordkameruns und den übrigen Eingeborenen, die meist nur in Dorfgemeinschaften zusammengefaßt sind.

Die grundsätzliche Verschiedenheit des Nordens vom übrigen Kamerun zwingt im allgemeinen zur Anerkennung des „Dorfstaates" als Verwaltungseinheit. Außerordentlich schwer gestaltet sich aber eine Zusammenfassung dieser Dorfstaaten zu größeren Verwaltungsverbänden; denn der aus den Kreisen der Häuptlinge berufene Oberhäuptling wird meist für seine eigene Dorfgemeinschaft parteiisch sein — zumal die Dörfer oft untereinander verfeindet sind[231].

Im Küstenstrich von Victoria z. B. ist Distriktsvorsteher ein gebildeter Eingeborener und Führer eines clan. Seine Autorität erstreckt sich über eine ganz verschiedenartige Bevölkerung und ist nicht in überkommenen Traditionen begründet. Innerhalb dieses Distrikts arbeiten die Bakweri- und Batong-Eingeborenenbehörden, die sich wieder auf heimische Einrichtungen stützen. In anderen Gebieten sind Träger der staatlichen Autorität und Verwaltung die native courts, die oft aus Abgesandten mehrerer Dörfer bestehen.

---

[228] Schober S. 104.
[229] Schnoeckel, im Buch der deutschen Kolonien, S. 251.
[230] v. Türcke S. 1843 ff.
[231] Schober S. 94 ff.

Heidnische, d. h. nicht-mohammedanische Stämme sind meist nicht fähig, geeignete Verwaltungsbeamte zu stellen, so daß bei ihnen „warrant chiefs“ oder „headmen“ eingesetzt werden. Innerhalb der Kentu-Bezirke fungieren bereits Häuptlinge und Stammesälteste als Eingeborenen-Verwaltungs- und Gerichtsbehörden. In Dikwa führt der Shehu, der eine den nigerianischen Emirs ähnliche Stellung inne hat, die Verwaltung und Rechtspflege durch von ihm ernannte Beamte. Er hat sogar eine eigene Polizei und ein eigenes Gefängnis in seinem Lande[232].

(C) Die Gerichtsverfassung von British Cameroons[233].

Die gesetzliche Grundlage der Rechtspflege im englischen Teil des Mandatsgebietes Kamerun bildet die British Cameroons Order in Council of 1923. Danach gibt es ähnlich wie in Nigeria keine grundsätzliche Trennung der Justiz für Europäer und für Eingeborene. Es bestehen nebeneinander das magisterial (oder colonial) courts' System — letzteres ausschließlich für Eingeborene.

aa) Die magisterial courts.

Das magisterial courts' System wird gebildet von den britischen Verwaltungsbehörden in ihrer Eigenschaft als Gerichtshöfe. Die Beamten selbst brauchen die Richterqualifikation nicht erworben zu haben.

Die Zuständigkeit der Verwaltungsbeamten unterer Instanz geht in Zivilangelegenheiten bis zu einem Streitwert von 25 Pfund. In Strafsachen können sie zu Geldstrafen bis zu 25 Pfund, zu Freiheitsstrafen bis zu 3 Monaten verurteilen. Falls die Verhängung von Prügelstrafe örtlich üblich ist, können sie hier auch bis zu 12 Schlägen gehen. Die district officers und assistant district officers stehen sogenannten divisional courts vor, deren Vollmachten in bürgerlichen Streitigkeiten durch den Wert von 50 Pfund begrenzt sind, während sie bis zu 50 Pfund Geldstrafe oder bis zu 2 Jahren Freiheitsstrafe verurteilen können. Die Verhängung von Prügelstrafe ist nur möglich, wenn sie örtlich üblich ist.

Alle Urteile, die mehr als 6 Monate Freiheitsstrafe, 50 Pfund Geldstrafe oder 12 Hiebe aussprechen, bedürfen der Bestätigung durch den governor von Nigeria. Dieses Recht ist, außer bei Todesurteilen, in Kamerun an den Chief Justice delegiert.

Bis zu den Reformen 1933/34 waren übergeordnete Instanz die provincial courts der resident commissioners. Sie waren in Zivilsachen bis zu einem Streitwert von 100 Pfund zuständig, in Strafsachen bis zu 100 Pfund Geldstrafe oder 5 Jahren Freiheitsstrafe. Verurteilung zu einer Prügelstrafe war nur zulässig, wenn eine solche örtlich nicht für anstößig befunden wurde. Zu den residents' courts konnten auch eingeborene Beisitzer hinzugezogen werden.

---

[232] Hailey S. 433 ff.
[233] Gerstmeyer S. 490 ff.

Seit 1933/34 ist an die Stelle der provincial courts der High Court getreten, vor dem jetzt auch Rechtskundige postulationsfähig sind. Berufungen gehen an den Westafrikanischen Appellationshof für Kamerun, Nigeria, Goldküste, Togoland, Sierra Leone und Gambia. Weitere Berufung ist u. U. möglich durch Anrufung des Privy Council[234].

bb) Die native courts[235].

Das native courts' System des englischen Mandats Kamerun bietet ähnlich wie das des benachbarten Nigeria ein wenig einheitliches Bild. In den Küstenstrichen besonders um Victoria sind meist angesehene und intelligente Eingeborene als Vorsitzende der native courts eingesetzt worden. Des weiteren sprechen hier aber noch Recht die Dorfhäuptlinge zusammen mit ihren Ältestenräten. Oft werden von mehreren Dörfern eines clan Vertreter zu einem gemeinsamen clan-council (= Gericht einer Stammesabteilung) vereinigt. In den heidnischen Gebieten bedient man sich wiederum besonders beauftragter Personen als Eingeborenenrichter, während in den nördlichen Staaten (z. B. Dikwa) die Rechtspflege weitgehend von den dort regierenden Fürsten und den von ihnen eingesetzten Gerichten überlassen wird.

Sämtliche Eingeborenengerichte werden von den englischen Verwaltungsbeamten beaufsichtigt, die die Befugnis haben, die Entscheidungen der native courts zu überprüfen, abzuändern oder aufzuheben. Außerdem können sie den Prozeß jederzeit jedem anderen Gericht übertragen bzw. ihn selbst in die Hand nehmen[236].

9. The Gold Coast.

(a) Geschichte und heutiges Bild von Gold Coast.

Bereits im Jahre 1667 gründeten die Engländer befestigte Plätze an der Goldküste im Westen Afrikas, um den dort aufblühenden Handel schützen zu können. Noch lange Zeit ist der englische Einfluß jedoch nicht über die Wälle der Forts hinausgedrungen. Überaus kriegerische Eingeborene, aber auf der anderen Seite auch ein mangelndes englisches Interesse an dem unerschlossenen Hinterlande der Goldküste verhinderten dies. Erst 1831 gelang es, zu Vereinbarungen mit den Eingeborenen zu kommen und einen zunächst außergesetzlichen Gerichtshof unter dem Vorsitz des governor und mit Häuptlingen als Beisitzern zu schaffen, der für Stammesstreitigkeiten und ähnliches zuständig war. Im Laufe der nächsten Jahrzehnte konnte die Macht Englands immer mehr gefestigt werden, europäische Verwaltung und Rechtsprechung zogen an der Goldküste ein[237].

1850 und 1871 kaufte England die benachbarten dänischen und holländischen Niederlassungen an der Goldküste billig an und ver-

[234] Annual Reports of 1933, S. 31 ff.; Annual Reports of 1934, S. 33 ff.
[235] Hailey S. 433 f.
[236] Thurnwald S. 255 f.
[237] Hailey S. 466.

einigte sie mit seinem eigenen dortigen Besitz. Den Weg ins Hinterland hielt aber immer noch das Volk der Ashanti besetzt. Nach langwierigen Kriegen wurden diese endlich 1896 unterworfen und ihre Stammesorganisationen zerschlagen. In der Folgezeit eignete sich England noch das weitere Hinterland von Ashanti an[238].

Auf Grund dieser historischen Entwicklung zerfällt das Gebiet Gold Coast heute in die am weitesten südlich an der Küste liegende „colony", das nördlich davon gelegene „Protektorat Ashanti" und die am nördlichsten liegenden „Northern Provinces", die eine protektoratsähnliche Stellung haben. Die Eingeborenen des ganzen britischen Herrschaftsbereiches an der Goldküste sind stolz und selbstherrlich. Sie zeigen wenig Neigung, sich in ihre eigenen Organisationen hineinreden zu lassen und setzen ihre Häuptlinge ein oder ab — ganz wie es ihnen beliebt. Ähnlich wie in Nigeria zeigen sich die Eingeborenen im übrigen aber als tüchtig und intelligent, so daß es hier wie dort keine Seltenheit mehr ist, daß ein schwarzer Herr weiße Diener hat[239].

(b) Die Verwaltung von Gold Coast[240].

Seit 1831 war es England immer mehr gelungen, die Goldküstenkolonie zu „durchdringen". Der besondere Charakter der Eingeborenen hat England jedoch davon abgehalten, allzusehr in deren eigene Einrichtungen und Verwaltung einzugreifen. Von Anfang an versuchte man also ein Prinzip zu verwirklichen, das man heute mit dem Begriff „indirect rule" umschreibt. Bereits 1883 erhielten die Eingeborenenbehörden die Vollmacht, lokale Rechtssätze über gewisse Materien zu erlassen. Diese Befugnisse der Häuptlinge, die sich in anderen Ländern als wertvolle Vorbereitung der indirekten Verwaltung gezeigt haben, brachten in Gold Coast kein positives Ergebnis. Die Kontinuität der Verwaltung wurde durch die willkürliche Wahl und Absetzung der Häuptlinge nicht mehr gewährleistet. Außerdem waren die Eingeborenenbehörden nicht einmal fähig, eine ordnungsmäßige Finanzpolitik zu betreiben. Diese und andere Umstände machten ein wiederholtes und schließlich dauerndes Eingreifen der englischen Verwaltung unerläßlich, so daß von einer „indirekten" Verwaltung kaum mehr die Rede sein konnte. Gebessert hat sich diese Entwicklung erst wieder seit der Native Administration Ordinance of 1927, so daß die neueste Tendenz wieder darauf abgestellt ist, einen der indirect rule vergleichbaren Zustand herbeizuführen.

Im Protektorat Ashanti war zwar zunächst jede Stammesorganisation aus militärischen Gründen beseitigt worden, trotzdem gelang es hier aber schnell, 1935 in Verfolgung des Zieles der indirekten Verwaltung die alten Eingeborenenbehörden wieder aufzurichten.

238 Rohrbach S. 256 f.
239 Pahl S. 41.
240 Hailey S. 465 ff.

Auch in den Nordprovinzen, in denen man von Anfang an die Eingeborenenbehörden bestehen gelassen hatte, bereitete die Durchführung der indirect administration gemäß Native Tribunals' Ordinance of 1932 keine Hindernisse mehr.

(A) Die magisterial courts.

Wie in so manch anderer Beziehung, ähnelt Gold coast auch insofern Nigeria, als hier ebenfalls eine starke Strömung besteht, eine Trennung der Justiz- von den Exekutivorganen zu erreichen. In Nigeria war der Grund dafür gewesen, daß infolge der räumlichen Ausdehnung des Gebietes die höheren Verwaltungsbeamten noch eine umfangreiche Rechtsprechung pflegen mußten. Für Gold Coast ist der Grund darin zu erblicken, daß sein höchster Richter, der Chief-Justice (= Oberrichter), seinen Sitz bereits in Lagos (Nigeria) hat, dem höheren Verwaltungsbeamten also ebenfalls wieder eine verantwortungsvollere juristische Tätigkeit obliegt[241].

Im einzelnen wird die Rechtspflege der colonial courts derart gehandhabt, daß untere Instanz die district commissioners' courts sind; zweite Instanz sind dann die divisional courts. Es folgt der 1853 errichtete Supreme Court. Die Befugnisse des Oberrichters werden in Strafsachen wahrgenommen durch den „Circuit-Judge" (= Reiserichter), in bürgerlichen Angelegenheiten vom Chief Commissioner. In Ashanti und den Nordterritorien ist eine Bestätigung des governor erforderlich für Todesurteile und Freiheitsstrafen über 5 Jahre. Weitere Berufung ist möglich an den Westafrikanischen Appellationsgerichtshof und von dort u. U. an den Privy Council[242].

(B) Die native courts.

Durch den Foreign Jurisdiction Act of 1843, die Order in Council of 1844 in Verbindung mit einem Übereinkommen von 1844 mit den Eingeborenenhäuptlingen („the Bond") wurde die Rechtsprechungsbefugnis der Verwaltungsbeamten auch außerhalb der damaligen militärischen Stützpunkte begründet.

1865 empfahl jedoch das Select Comittee of Parliament u. a., die Rechtsprechung auch weiterhin durch die Häuptlinge ausüben zu lassen und nur wenn nötig eine Berufungsmöglichkeit an die englischen Behörden einzuräumen. Dem entgegen konnte man aber die Eingeborenen doch nicht in allen Fällen sich selbst überlassen, wie sich besonders im Ashanti-Kriege 1873/74 gezeigt hat. Durch die Native Jurisdiction Ordinance of 1878, die dann 1883, 1910, 1924 verändert wurde, sollten deshalb Reformen durchgeführt werden:

1. Die Häuptlinge erhielten die Befugnis, lokale Rechtssätze über bestimmte Materien zu erlassen.

2. Die Rechtsprechung der native courts wurde gesetzlich anerkannt, soweit sie dem Eingeborenenrecht und -brauch entsprach. Die

[241] Hailey S. 301.
[242] Full S. 100 ff.; Gold Coast Handbook S. 119 ff.

Eingeborenengerichte konnten kleinere Zivil- und Strafsachen bearbeiten und waren insbesondere zuständig für vorsätzlichen Ungehorsam gegen die von den Häuptlingen erlassenen Rechtssätze.

Die Rechtsprechung der native courts konkurrierte nach dieser Regelung jedoch mit derjenigen der englischen Gerichte. Außerdem waren keine Möglichkeiten vorgesehen, die gefällten Entscheidungen auch zur Vollstreckung bringen zu können. Nicht geregelt wurde weiter das Verfahren bei Wahl und Absetzung von Häuptlingen, sowie die Eingriffsmöglichkeiten hierbei für englische Behörden. (Woraus dann immer wieder Konflikte entstanden sind.) Ferner mangelte es an einer Bestimmung über Aufsicht und Revision durch die englischen Verwaltungsbehörden, obwohl dieselben für Berufungen zuständig waren[243].

Die Unklarheit und Halbheit dieses Systems brachte es mit sich, daß in der Folgezeit, parallel zu dem bereits geschilderten Niedergang der Verwaltung, auch ein solcher der Eingeborenenrechtspflege einsetzte. Von 1894—1922 wurden nicht weniger als fünf Gesetze erlassen, die eine Reform der Eingeborenenjustiz im Auge hatten; allein erfolglos — sie alle scheiterten an der Unzulänglichkeit der Häuptlinge.

Seit der Native Administration Ordinance of 1927 wurde die Verbesserung des native court's Systems wieder energisch in Angriff genommen. Zwischen die Eingeborenengerichte und die Verwaltungsgerichtsbarkeit wurden native courts' of appeal bei Oberhäuptlingen eingeschaltet, die Zuständigkeit in Zivilsachen wurde erweitert. Zunächst wurden aber immer noch keine Bestimmungen getroffen über das Verhältnis der Eingeborenenbehörden zu denjenigen der Europäer, insbesondere nicht über Einmischungsrechte der englischen Verwaltung. Auch wurde keine — für die Länder der indirect rule sonst übliche — eigene Finanzverwaltung eingeführt[244]. Erst in der Ordinance 18 of 1935 entschloß man sich, dem immer noch anhaltenden Niedergang der Eingeborenen-Rechtsprechung durch Einführung schärfster Kontrollmaßnahmen seitens der englischen Behörden zu steuern.

Die Eingeborenen-Rechtspflege wird heute ausgeübt von headmen, chiefs, oder divisional-chiefs in erster Instanz, mit Berufungsmöglichkeit an die paramount-chiefs[245]. Erstinstanzlich zuständig sind die Gerichte der Oberhäuptlinge außerdem in gewissen Strafsachen, sowie ausschließlich in Landangelegenheiten und Fragen, die die Ein- oder Absetzung von Häuptlingen betreffen. Während die (weitere) Berufung normalerweise an die britischen Behörden (u. U. bis zum Privy Council) geht, ist in Ein- und Absetzungssachen von Häuptlingen dann nur der Gouverneur zuständig[246].

[243] Buell I. S. 799 ff.
[244] Hailey S. 465 ff.
[245] Wengler, Ztschr. f. öff. R. u. Völker-R., S. 364.
[246] Clough S. 48.

In dem Protektorat Ashanti war aus militärischen Gründen zunächst die Eingeborenen-Stammesverwaltung beseitigt worden (1896). Jedoch wurde 1935 im Streben nach der indirect rule dieselbe wieder erneuert. Schon 1924 war eine Native Jurisdiction Ordinance erlassen worden, die ähnliche Grundsätze enthielt wie die 1927 und 1931 in der Kolonie ergangenen. Für die Asantehene (= die Bewohner Ashantis) gibt es heute ein Eingeborenengericht erster Instanz für das Kumasigebiet, und zweitens ein Berufungsgericht gegen die Entscheidungen der Häuptlinge (besonders in den heutigen Landprozessen). In diesem native court of appeal sitzen die Oberhäuptlinge Ashantis zu Gericht. In anderen Fällen außer in Landfragen ist die Berufung zu richten an die magisterial courts. Die Häuptlingsgerichte werden von den district officers überwacht, die die Prozesse an ihre eigenen Gerichte ziehen können. („Native Authorities" and „Native Courts' Ordinance" No. 1 and 2 of 1935.)

Dieses Verfahren läßt einiges zu wünschen übrig, weil die native courts infolge der Berufungsmöglichkeit an die europäischen Gerichte gezwungen sind, teilweise europäisches Recht anzuwenden[247].

In den Nordprovinzen von Gold Coast bestand und besteht eine Stammesorganisation. Zunächst waren die Häuptlinge aber nur ermächtigt, „to exercise the jurisdiction heretofore exercised by them in the same measure as such jurisdiction has heretofore been exercised". (sec. 15 of the Administration Ordinance of 1902.) Dies galt bis 1928, wo ebenfalls ein allmählicher Niedergang der Eingeborenen-Rechtsprechung offenbar zu werden begann. Darum ging man 1929 daran, die Stammesverhältnisse wieder straff zu ordnen und die Stellung der Häuptlinge zu festigen. 1932 konnte dann eine an Nigeria und Tanganyika anklingende Rechtsprechung und Verwaltung eingeführt werden[248].

Die Native Court's Ordinance of 1935 setzt drei Grade von native courts fest:

1. Der „A"-Court, der im allgemeinen auch das Eingeborenen-Berufungsgericht ist, ist zuständig für Landfragen, für Zivilprozesse bis zu einem Streitwerte von 50 Pfund und für Bestrafungen bis zu 50 Pfund oder 6 Monaten Freiheitsstrafe.

2. Der „B"-court ist in bürgerlichen Sachen zuständig bis zum Streitwerte von 25 Pfund, in Strafsachen bis 25 Pfund Geldstrafe bzw. 3 Monate Gefängnis.

3. Der „C"-Court endlich entscheidet Zivilsachen bis zu 10 Pfund, in Strafprozessen kann er zu Verurteilungen bis 5 Pfund oder 1 Monat Gefängnis schreiten [249].

In gewissen Fällen gehen Berufungen auch an die magisterial courts und von dort an den High Court, weiter den Westafrikanischen Appellationshof und den Privy Council[250].

---

[247] Hailey S. 473 ff.
[248] Hailey S. 536.
[249] Hailey S. 476 f.
[250] Hailey S. 288.

10. Togoland.

(a) Unter deutscher Herrschaft.

(A) Die Geschichte Togos bis zum Weltkriege[251].

Deutsche Kaufleute hatten in Anecho (Togo) eine Handelsstation gegründet. Bald entstanden aber Unruhen, in deren Verlauf der deutsche Besitz gefährdet wurde. Da hinter diesen Geschehnissen englische Elemente steckten, beeilte sich das Deutsche Reich, nun Kanonenboote zu Hilfe zu senden und am 2. Juli 1884 in Lome und Bagida die deutsche Flagge zu hissen.

Nach der Besitzergreifung von Deutsch-Südwestafrika, Deutsch-Ostafrika, Kamerun und Togo, sowie von den Südseeinseln und Tsingtau konnte Deutschland ein Kolonialreich sein eigen nennen, das sich an Größe zwar nicht mit dem englischen, wohl aber mit dem französischen vergleichen ließ. Der Besitzstand Hollands, Italiens, Portugals und Spaniens wurde jedenfalls durch den deutschen in den Schatten gestellt.

Trotz der offiziellen Besitzergreifung von Togo begannen sich die Franzosen bald in deutschem Interessengebiet festzusetzen. Da machte dann aber die Berliner Konferenz von 1885 diesen unklaren und gefährlichen Verhältnissen ein Ende. Zu einer gewissen Klärung und sogar Erweiterung der Grenzen Togos führte der bereits erwähnte Sansibarvertrag von 1890. Eine endgültige Festlegung der Grenze erfolgte dann 1897 bzw. 1899 durch Verträge mit Frankreich und England.

Gar bald begann das Schutzgebiet sich gewaltig zu entwickeln und bereits kurz nach der Jahrhundertwende konnte es sich als einzige unserer überseeischen Besitzungen vollkommen aus eigenen Mitteln und ohne Reichszuschuß erhalten. Telegraphen-, Post- und Funkwesen (die Funkstation Kamina brachte direkte Verbindung mit Nauen) nahm einen erfreulichen Aufschwung, deutsche Medizin vermochte die die Eingeborenen dezimierenden Seuchen erfolgreich zu bekämpfen, Handel und Wandel blühte. Allzufrüh bereitete der hereinbrechende Weltkrieg dieser friedlichen und aussichtsreichen Entwicklung ein Ende. Engländer und Franzosen schritten sofort nach Kriegsbeginn an die Eroberung des Schutzgebietes — besonders, um die Funkverbindung mit dem Reiche lahmzulegen. Da Togo nicht einmal eine Schutztruppe besaß, gelang es der kleinen Polizeitruppe nicht, einen ernsthaften Widerstand zu leisten[252].

(B) Die Verwaltung Togos in deutscher Zeit.

Von 1884—1893 bildete die Spitze der deutschen Verwaltung in Togo ein „Reichskommissar". Bis 1898 war es ein „Landeshauptmann", dessen Titel dann in den eines „Gouverneurs" geändert wurde.

---

[251] Mayer, im Buch der deutschen Kolonien, S. 33; Deutschlands Kolonien bis zum Weltkriege, im Buch der deutschen Kolonien, S. 125 ff.

[252] Baravalle S. 36 f.

Im Jahre 1903 wurde ein „Gouvernementsrat" als beratende Körperschaft ins Leben gerufen. Er bestand aus beamteten und nichtbeamteten Mitgliedern, allerdings mußten die letzteren immer in der Überzahl bleiben. Entgegen englischem Brauch in Nigeria erhielten die Eingeborenen keine Vertretungen. Bei Kriegsausbruch wurde die örtliche Verwaltung geführt von fünf Bezirksamtsmännern und drei Stationsleitern[253].

Soweit es irgend anging, war die deutsche Kolonialverwaltung bestrebt, möglichst wenig in die Stammesüberlieferungen und -organisationen einzugreifen. Im Gegenteil hat sich Deutschland von vornherein bemüht, die Einrichtungen der Eingeborenen unbeschadet in seine eigene Kolonialverwaltung einzubauen und die guten Ansätze fortzuentwickeln. Man hatte sogar schon Häuptlingsschulen eingerichtet, in denen bei den betreffenden Eingeborenen das Verständnis für eine geordnete Verwaltung erweckt und vertieft wurde[254].

Diese weitgreifenden Pläne bestanden jedoch in erster Linie mit Rücksicht auf den Norden unseres Schutzgebietes, wo es festgefügte Stämme unter ihren Sultanen gab. Anders stand es im Süden, in den Küstengebieten. Hier war, ähnlich wie in Kamerun und Deutsch-Ostafrika, die Lage vielmehr so, daß zusammengewürfelte Gruppen und übereinandergelagerte Bevölkerungsschichten ein buntes, verwirrendes Bild boten. Hier einen rechten Zusammenhalt zu schaffen und eine brauchbare Eingeborenenverwaltung ins Leben zu rufen, ist den deutschen Behörden in der kurzen Zeit ihrer Kolonialtätigkeit damals nicht restlos gelungen[255].

(C) Die Gerichtsverfassung Togos in deutscher Zeit.

Über die gesetzlichen Grundlagen, die Organisation und die Zuständigkeit der deutschen Kolonial-Gerichtsbarkeit ist bereits des öfteren ausführlich gesprochen worden. Deshalb erübrigt sich eine Wiederholung an dieser Stelle — zumal die gesamte Kolonialgerichtsbarkeit für die Weißen nach einheitlichen Gesichtspunkten aufgebaut war und in den einzelnen deutschen Kolonialgebieten nur um ein geringes voneinander abwich. In Togo war in deutscher Zeit die erste Instanz für die Europäer der Bezirksrichter in Lome, Berufungsinstanz war das Obergericht in Buea, also schon in Kamerun[256].

In Eingeborenensachen konnten entweder zuständig sein die deutschen Gerichte oder die Häuptlingsgerichte[257].

Dem Gouverneur von Togo war die Ausübung der Strafgerichtsbarkeit über Eingeborene übertragen, dem die Bezirksamtmänner, Stationsleiter, Führer amtlicher Expeditionen usw. unterstanden. Die Verhängung der Todesstrafe, Freiheitsstrafe über 6 Monate oder

[253] Thurnwald S. 236.
[254] v. Hoffmann, Verwaltung und Gerichtsverfassung, S. 65 ff.
[255] Hailey S. 478 f.
[256] Full S. 100 ff.
[257] Thurnwald S. 241 f.; v. Hoffmann, Kolonialrecht, S. 103 ff.; Full S. 100 ff.

Geldstrafe über 300 Mark bedurften der Bestätigung durch den Gouverneur. Die Hinzuziehung geeigneter Eingeborener zu den Verhandlungen war erwünscht. Über die gefällten Urteile mußten sogenannte Spruchbücher geführt werden, die dem Gouverneur alle drei Monate zur Kontrolle vorzulegen waren.

Die Eingeborenengerichte konnten in bürgerlichen Streitigkeiten und in kleineren Strafsachen Recht sprechen. Die Häuptlingsgerichte waren zuständig für Geldstrafen bis zu 50 Mark, die Oberhäuptlingsgerichte bis zu 100 Mark. Zum Zwecke der Berufung konnte der deutsche Bezirksleiter angerufen werden.

Im allgemeinen gilt auch das von Mischprozessen für Kamerun Gesagte in dem Schutzgebiet Togo. Jedoch war es hier möglich, daß bei mangelndem öffentlichen Interesse oder bei entsprechender Parteivereinbarung auch in Mischprozessen von vornherein ein Häuptlingsgericht zuständig sein konnte[258].

(b) Unter Mandatsherrschaft.

(A) Geschichte und heutiges Bild vom britischen Mandat Togoland.

Nach der gewaltsamen Okkupation durch die Ententemächte 1914 erfolgte die rechtliche Begründung der Wegnahme durch Art. 119 ff. des Versailler Diktats und Art. 22 der Völkerbundssatzung. Nach diesem Raub teilten England und Frankreich das deutsche Togoland unter sich auf. Der englische Teil wurde aus verwaltungstechnischen Gründen dem Gold Coast Dependency angegliedert. Dies geschah in der Weise, daß man die südlichen Gebiete zu der „colony" von Gold Coast schlug und die nördlichen deren „Nordprovinzen" angliederte[259].

Ähnlich wie besonders in Deutsch-Ostafrika haben auch die Eingeborenen Togos sich aber immer noch nicht mit ihren neuen Herren abgefunden, und hartnäckig hält sich unter ihnen das Gerücht, daß die Mandatszeit bald ein Ende finden werde und ihre deutschen Herren wiederkehrten. Der „Bund deutscher Togoneger" bekämpft mit allen ihm zu Gebote stehenden Mitteln die Kolonialschuldlüge und versichert, an den 1884 mit Deutschland geschlossenen Verträgen unbeirrbar festhalten zu wollen[260].

Als Beispiel der aufopfernden Treue und der „Kultur"politik der Mandatare soll nur ein Telegramm zitiert werden, das die deutsche Kolonialgesellschaft am 4. Februar 1933 aus Lome erhielt:

> „Heute früh feuerten Senegalesen auf die Stadt. 17 Personen erschossen. Männer, Frauen und Kinder. Bevölkerung schreit nach Deutschen."

---

[258] Kolonialverwaltung der europäischen Staaten S. 153.
[259] Hailey S. 172.
[260] Schnoeckel, im Buch der deutschen Kolonien, S. 251; Herzog zu Mecklenburg, im Buch der deutschen Kolonien, S. 325.

Als Grund dieser Strafaktion wird angegeben, daß die Togoneger in ihrer Presse die Steuererhöhungen und sonstigen Mängel des französischen Mandatssystems angegriffen und die Rückkehr der Deutschen gefordert hätten[261].

(B) Die Gerichtsverfassung.

aa) Die magisterial courts[262].

Die gesetzliche Grundlage für Rechtspflege und Verwaltung während der Mandatszeit sind:

1. The Sphere of Togoland Order in Council of 1923,
2. The Administration Ordinance of 1924.

Die magisterial courts sind im Mandat von Togo nach denselben Grundsätzen organisiert, wie sie bereits bekannt sind. Untere Instanz sind die district commissioners' courts, dann folgen die divisional courts, sowie der Supreme Court of the Gold Coast. Übergeordnete Berufungsinstanzen sind wieder der Westafrikanische Appellationshof in Nigeria und der Privy Council.

bb) Die native courts.

Die Organisation der Eingeborenengerichte ist genau so, wie sie von Deutschland geschaffen worden war, von der Mandatsmacht übernommen worden und zusammen mit dem deutschen Recht im großen und ganzen bis 1932 erhalten geblieben[263].

Im Norden Togos wurden die Native Authorities' — Native Courts' — und Native Treasuries' Ordinances der Nordprovinzen von Gold Coast eingeführt. Die Häuptlinge, die verwaltend und rechtsprechend tätig werden sollen, werden zwar von den Eingeborenen vorgeschlagen, bedürfen aber zwecks Erlangung eines amtlichen Charakters der Bestätigung durch den Gouverneur.

Im Süden wurde 1931 an einer Zusammenlegung der teilweise sehr kleinen Verwaltungs- und Gerichtssprengel gearbeitet. In denjenigen Gebieten, die von dieser Vereinfachung noch nicht erfaßt sind, sind die district officers' courts die für die Eingeborenen zuständigen Gerichte — sofern nicht bereits die inoffizielle Eingeborenen-Schiedsgerichtsbarkeit erfolgreich tätig gewesen ist. In den zusammengelegten Gebieten konnten bereits native courts mit beschränkten Vollmachten eingesetzt werden. 1932 wurde in Angleichung an die Gold Coast Colony eine Native Administration Ordinance erlassen, die jedoch ausdrücklich die Abhängigkeit der Togohäuptlinge von der britischen Krone betonte (was in Gold Coast selbst versäumt worden war). Die Verhältnisse sind hier aber auch günstiger als in der Gold Coast-Kolonie, da die Häuptlinge sehr bedacht sind auf Hebung ihres Ansehens und sich deshalb oft geradezu bemühen, Rechtsprechungsvollmachten zu erlangen.

[261] Kühne S. 45; Thurnwald S. 238.
[262] Annual Report of 1933, S. 28; Gold Coast Handbook, S. 119 ff.
[263] Schober S. 100 ff.; Thurnwald S. 246.

Das Mandat hat etwa 50 native courts und 4 native courts of appeal. Die weitere Berufung geht an den district officers' court — außer in Landangelegenheiten, die an den „provincial council" gehen (ein Sondergericht, besetzt mit Oberhäuptlingen aus Gold Coast, das im übrigen z. B. Streitigkeiten zwischen den einzelnen Stämmen beilegt)[264].

11. Sierra Leone.

(a) Geschichte und heutiges Bild von Sierra Leone[265].

Durch ein Urteil des Lord-Oberrichters Mansfield wurde 1772 das Bestehen der Sklaverei im englischen Herrschaftsbereich in Abrede gestellt. Auf diese Weise für frei erklärte Neger aus Kanada und Westindien siedelten sich daraufhin seit 1787 in Sierra Leone an. Von allerlei idealistischen Motiven angeregt, wurde versucht, einen freien, europäisierten Negerstaat zu schaffen. Ein ähnliches Experiment, wie es später mit Liberia wiederholt wurde. Bald entstanden mit der englischen Sierra Leone Company Reibereien, die 1808 zur Annektion Sierra Leones durch die englische Krone führten. Der Handel mit Rohstoffen und anfangs auch noch mit Sklaven hatte das Gebiet zu hoher Blüte gebracht. Von 1808—1872 gelang es den Engländern, das Hinterland durch Käufe und Einzelverträge mit den Häuptlingen zu erwerben, das 1896 zum britischen Protektorat erklärt wurde. Der Mangel jeglichen Verantwortungsgefühls bezüglich der Finanzverwaltung und die Abhängigkeit der Häuptlinge von den Aufsichtsbehörden der Europäer hat eine gewisse Gleichgültigkeit und Entschlußunfreudigkeit bei den Eingeborenenrichtern erzeugt. Die Engländer hoffen aber, die Initiative der chiefs durch baldige Gewährung größerer Freiheiten und Machtvollkommenheiten wieder heben zu können.

Die geschichtliche Entwicklung des Landes macht es verständlich, daß die Eingeborenen Sierra Leones verhältnismäßig sehr weit europäisiert sind, das sogar gegenüber den natives von Nigeria und Gold Coast. Schwarze Handelsherren beginnen bereits immer größeren Einfluß zu gewinnen und den Europäern Konkurrenz zu machen.

(b) Die Gerichtsverfassung von Sierra Leone[266].

Die Protectorate Ordinance of 1901, die Protectorate Native Law Ordinance of 1905 und die Protectorate Ordinance of 1933 anerkannten die Autorität der Häuptlinge im Protektorat des Hinterlandes von Sierra Leone und legten die Rechtsprechungsbefugnisse der native tribunals innerhalb der Häuptlingsbezirke (= chiefdoms) fest. Die Tribunale haben Vollmacht, alle Fälle

---

[264] Annual Reports of 1933, S. 28; Thurnwald S. 247; Hailey S. 448 f.
[265] Rohrbach S. 257 f.; Thurnwald S. 180, 324 ff.; Hailey S. 480 ff.
[266] Gold Coast Handbook S. 119 ff.; Martens-Karstedt S. 55 ff.; Hailey S. 481 ff.

nach Eingeborenenrecht zu behandeln, die ihnen nicht ausdrücklich entzogen sind. In bürgerlichen Streitigkeiten sind sie unbeschränkt zuständig, ebenso in der Verurteilung zu Geldstrafen. Gefängnis können sie jedoch nur bis zu 6 Monaten verhängen, und Urteile, die mehr als 14 Tage Freiheitsstrafe aussprechen, müssen den Verwaltungsbeamten vorgelegt werden. Körperliche Züchtigung kann ebenfalls unbeschränkt vorgenommen werden, ist aber verhältnismäßig selten.

Berufung schon gegen 2-Pfund- oder 3-Pfund-Urteile ist häufig. Die außerdem von der Verwaltung ausgeübte scharfe Aufsicht macht die native courts entscheidungsunfreudig. Eine gründliche Kontrolle der native courts ist aber andererseits erforderlich, weil diese mit Hilfe der ihnen gewährten Vollmachten immer wieder versuchen, Eingeborenensitten von zweifelhaftem Wert zur Geltung zu bringen (z. B. solche religiöser Natur). Bemerkenswert ist auch, daß die eingeborenen Richter leicht geneigt sind, Strafen zu mildern, wenn die Missetäter Reue zeigen und um Gnade bitten.

Die Organisation der Eingeborenen-Rechtspflege in der Kolonie Sierra Leone (entlang der Küste) ist bisher wenig einheitlich, in ihrer Bedeutung aber auch sehr gering.

Berufungen von allen Eingeborenengerichten sind an die magisterial courts zu richten. Für die weitere Berufung ist das Obergericht, dann der Westafrikanische Appellationsgerichtshof in Nigeria und u. U. der Privy Council zuständig.

12. Gambia[267].

Ende des 16. Jahrhunderts bereits erfolgte die Inbesitznahme Gambias durch Großbritannien. Aber schon vor der britischen Zeit gab es infolge der Verwüstungen durch Kriege und Sklavenfang sowie dauernde Völkerwanderungen kaum mehr stammesartige Organisationen.

Ordinance No. 11 of 1894 sah eine Rechtsprechung durch Eingeborenenbehörden und Verwaltungsbeamte vor und anerkannte Eingeborenenrecht und -sitte. Danach wurde der headmen (Alkali) von der Stadt- und Dorfbevölkerung gewählt und vom commissioner bestätigt. Verantwortlich war der headmen seinem chief (= Seyfu). Letzterer wurde auf Empfehlung des commissioner vom Gouverneur ernannt und war dem commissioner verantwortlich. Der governor war Dienstvorgesetzter des commissioner. Der Seyfu war Präsident des district native tribunal, das zivile und strafrechtliche Kompetenzen hatte. Vollmachten und Pflichten der Eingeborenenbehörden waren jedoch keiner klaren Regelung unterzogen worden, so daß die Häuptlinge zu Werkzeugen herabsanken, mit deren Hilfe die Europäer z. B. für Aufrechterhaltung der Ordnung, Durchführung der Gesetze und Ergreifung von Missetätern sorgten.

[267] West African Directory S. 47 f.; Hailey S. 482 f.

Durch mehrere ordinances (1913, 1933, 1935) erhielten die Häuptlinge das Recht, lokale Rechtssätze zu schaffen. Die native courts wurden in „A"- und „B"-courts eingeteilt. Die A-courts können bis zu 9 Monaten Gefängnis verhängen und Streitigkeiten bis zu einem Wert von 50 Pfund entscheiden; die B-courts können bis zu 6 Monaten Gefängnis bzw. einem Streitwert von 25 Pfund gehen.

Für Bathurst ist ein spezieller mohammedanischer Gerichtshof geschaffen worden. Zur Anwendung kommt sowohl Eingeborenen- als auch Moslemrecht.

Berufungen gehen an den commissioner, weiter an den seit 1851 bestehenden Supreme Court, den Westafrikanischen Appellationshof und den Privy Council.

13. The Anglo-Egyptien Sudan.

(a) Geschichte und heutiges Bild des Anglo-Egyptien Sudan[268].

In der Zeit der ägyptisch-türkischen Kolonisation (1820—1882) verelendete der Sudan durch rücksichtslose Steuereintreibungen. Die Rechtspflege verkam infolge Nichtbezahlung des richterlichen Personals, infolge Bestechung und Korruption sowie endloser Verschleppung der Prozesse und zwar sowohl bei den staatlichen als auch bei den religiösen (mohammedanischen) Gerichten. Die letzten Jahre dieser Zeitperiode waren angefüllt mit mannigfachen Reformversuchen — unter dem Druck europäischer Staaten und unter Führung von Europäern (z. B. Sir Samuel White Baker, Colonel Charles Gordon, dem Deutschen Emin Pascha). Durch die energische Bekämpfung der Sklaverei, durch richterliche Entscheidungen ohne Rücksicht auf überlieferte Rechtsvorstellungen und durch das restlose Versagen der mittleren und unteren ägyptischen Beamtenschaft war jedoch alle Mühe umsonst.

Unter Ausnutzung der traditionellen Glaubens der Sunniten (= einer großen mohammedanischen Sekte): eines Tages werde ein „Mahdi" kommen, der die ganze Welt zum Islam bekehre, ließ sich 1881 Mohammed Achmed zum Mahdi ausrufen. Er gewann infolge seiner Landeskunde, der Ausnutzung des bestehenden Fremdenhasses und des religiösen Fanatismusses rasch viele Anhänger. Sein Ansehen stieg infolge der Siege seiner „Derwische" über die ausgesandten mangelhaften ägyptisch-türkischen und europäischen Expeditionen ins Ungemessene. Der Zusammenbruch des sowieso überlasteten ägyptischen Staates wurde dadurch unvermeidlich. Zu allem wuchs der Einfluß der europäischen Westmächte (seit der Abtretung des ägyptischen Anteils an den Suezkanal-Aktien besonders der Großbritanniens) und trug wesentlich zur Unterhöhlung der ägyptisch-türkischen Herrschaft bei. Englands Gegenmaßnahmen gegen die Mahdi-Bewegung waren sehr lau (Kabinett

268 Krämer S. 65 ff.

Gladstone), so daß sein Feldherr Gordon in Khartum eingeschlossen und vernichtet wurde (1885). Nun zogen sich sämtliche Gegner des Mahdi aus dem Sudan zurück und überließen diesem das Land. Im selben Jahre aber verstarb der Mahdi unerwartet und die Idee des „Heiligen Krieges" verlor unter ihrem neuen Verfechter gar bald ihren hinreißenden Schwung. Zudem zerschellte die militärische Stoßkraft der Derwische bei dem Versuche nach Ägypten vorzudringen. Das alte Steuerunwesen riß wieder ein, die Rechtspflege verkam erneut.

Durch das Vordringen Italiens (Erwerbung der abessinischen Küstenländer) und Frankreichs auf der West-Ost-Linie (Faschoda-Konflikt) sah England die erstrebte Kap-Kairo-Verbindung gefährdet und eroberte den Sudan nun endgültig.

Das Condominium-Agreement (1899) schuf eine gemeinsame englisch-ägyptische Verwaltung. Interessant war hierbei die staatsrechtliche Lage: Der Sudan war damit abhängig von England und Ägypten, Ägypten seinerseits war aber immer noch abhängig von der Türkei. Trotz der unter dem Kondominium bald eingetretenen Befriedung und Beruhigung des Landes können Zündstoff besonders religiöse Fragen liefern. Man glaubt deshalb auch heute noch christliche Schulen und Kirchen einzig in Khartum dulden zu können.

Mit Ausbruch des Weltkrieges und mit der englischen Protektorats-Erklärung über Ägypten schien das Kondominium praktisch erledigt zu sein. Nun begann jedoch der ägyptische Nationalstolz zu erwachen, was sich in der Gründung der Wafd-Partei äußerte. Die seit 1919 anhaltenden Unruhen zwangen England 1922 wieder zur Aufhebung des Protektorats über Ägypten. England war aber nicht gewillt, auch den Sudan herauszugeben, der wegen des Nilstromes als Wasserlieferant für Ägypten lebensnotwendig ist. Da England strategische, Ägypten wirtschaftliche Interessen am Sudan hat, verschärfte sich der Konflikt. Ägypten begann nun eine rege Propaganda im Sudan zu entfalten. Das führte 1924 zu einer de facto-Aufhebung des Condominium Agreement von 1899 durch England.

Die Interessen beider Staaten begannen sich aber sofort wieder zu nähern, in dem Augenblick, wo Italien am Oberlauf des Blauen Nils (in Abessinien) Fuß faßte. Der Blaue Nil führt nämlich seine fruchtbringenden Wassermassen von Abessinien aus durch den Sudan nach Ägypten. Dadurch wird eine gewisse Abhängigkeit dieser Länder von dem Beherrscher des Oberlaufes des Nils begründet. Am 26. 8. 1936 führten deshalb die nunmehr wieder parallel laufenden Interessen Englands und Ägyptens zu einer Wiederherstellung und feierlichen Bekräftigung des Kondominiums.

Für die in neuester Zeit bei gebildeten Eingeborenen aufkommenden Ideen einer „sudanesischen Nation" fehlt jedoch die Grundlage einer einheitlichen Bevölkerung und fehlen verbindende Interessen.

(b) Die Verwaltung des Sudans[269].

Nach der Inbesitznahme des Sudans durch die englischen Truppen bildete die Schaffung einer geordneten Verwaltung und die Einrichtung einer wirksamen Rechtspflege zunächst mit Hilfe von Beamten aus dem Offiziersstande ein wesentliches Moment für die Befriedung des Landes. Die in den ersten Jahren geübte direkte Verwaltung war aber zu zeitraubend und anstrengend für die Europäer, sie war jedoch andererseits wegen der durch die Mahdiherrschaft entstandenen chaotischen Zustände auch erforderlich. Seit 1915 trifft man aber umfangreiche Vorbereitungen für die Durchführung der indirect rule.

Im Gegensatz zum Süden des Landes, in dem kulturell niedrigstehende Negervölker leben, ist dem Norden des Sudans gemeinsam der mohammedanische Glaube, die arabische Sprache, sowie ein ausgeprägtes Stammeszusammengehörigkeitsgefühl, so daß hier die denkbar günstigsten Voraussetzungen für die Einführung der indirekten Verwaltung gegeben sind. Schwieriger gestaltete sich die Entwicklung bei den primitiven Negervölkern des durch den Obernil versumpften Südens; es fehlen jede soziale Struktur, einheitliche Religion und Sprache.

Die Scheichs des Nordens haben daher bald eine Stellung im Verwaltungssystem erringen können (z. B. in der Finanz- und Polizeiverwaltung). Im Süden hat man erst im letzten Jahrzehnt vorsichtig den Schritt gewagt, angesehene Häuptlinge mit gewissen Vollmachten auszustatten.

(c) Die Gerichtsverfassung des Sudans.

(A) Die staatlichen Gerichte[270].

Oberste Instanz in der staatlichen Gerichtsorganisation war anfangs der Generalgouverneur mit Unterstützung des „Legal Secretary". In den zehn Provinzen wurden Mudirs' Courts gebildet, denen der Provinzialgouverneur und zwei weitere Beamte angehörten. Ihnen unterstanden wieder die district courts. Im Jahre 1915 wurde als oberste Berufungsinstanz an Stelle des Generalgouverneurs ein High Court of Justice eingerichtet, der in manchen schweren Fällen zugleich die erste Instanz bildet.

(B) Die mohammedanischen Gerichte.

Neben den staatlichen Gerichten wurden in den nördlichen mohammedanischen Teilen des Landes noch Glaubensgerichtshöfe gebildet (Mohamedan-Law-Courts), bzw. wieder eingerichtet. Sie bestehen aus einem „Grand Kadi" und mehreren „Naib Kadis". Ihr Gesetzbuch ist der Koran. Sie sind insbesondere zuständig für Prozesse aus: Heirat, Ehebruch, Vormundschaft, Familienstand, Erbschaft und Stiftungen.

---

[269] Krämer S. 116, 214 ff.

[270] Winship S. 20 ff.; Krämer S. 117.

Die oberste Instanz bildet der Mohamedan High Court („Großkadi") in Khartum. Die mohammedanischen Gerichte sind weitestgehend unabhängig und unterstehen nur der Aufsicht des britischen Legal Departement (Legal Secretary). Hauptaufgabe der Aufsicht ist die Verhinderung des Einreißens des „alten Schlendrians". Anfangs ist es schwer gewesen, ein allen Ansprüchen genügendes Richterpersonal heranzubilden. Heute ist die Bedeutung dieser Gerichte wieder ständig im Wachsen begriffen[271].

Durch die „Powers of Nomad Sheikh's Ordinance of 1922" wurde etwa 300 Scheichs nomadischer und halbnomadischer Stämme vorerst die unbedingte Strafgewalt über ihre Stammesangehörigen übertragen, die sie nach ihrem eigenen Rechtsempfinden ausüben konnten. Die Provinzialbehörde führte nur die Aufsicht.

Den südlicheren Dorfscheichs hatte man damals noch keine besonderen Vollmachten gegeben, weil der Zusammenhalt innerhalb der Dorfbevölkerungen zu wünschen übrig ließ — da es ja keine Stämme mehr gibt. Aber man machte doch bereits an einigen Stellen Versuche durch Belehnung von Dorfscheichs mit Rechtsprechungsvollmachten.

Die „Powers of Sheikh's Ordinance of 1927/28" übertrug dann allen Scheichs — nicht nur mehr den Nomaden — richterliche Funktionen. Gemäß Native Courts' Ordinance of 1932 wurden dann in den nördlichen Provinzen „Native Customary Courts" eingerichtet unter den Scheichs als Vorsitzenden und Ältesten als Beisitzern. Die ursprünglich begrenzten Strafbefugnisse wurden bald erweitert. Statt des Sudan Penal Code begann die Rechtsprechung schon bald dem „common law of the particular tribe or district" zu folgen[272].

Genau wie die Einführung der Eingeborenenselbstverwaltung, so stieß auch diejenige der Eingeborenenrechtspflege im äußersten Süden des Landes auf viele Hindernisse. Hier hat man mit der „Chief'" Courts' Ordinance of 1931" den ersten Schritt getan, und denjenigen Häuptlingen, die bereits eine gewisse Autorität genießen, auch richterliche Funktionen übertragen.

Unangenehm bemerkbar macht sich in neuerer Zeit folgender Umstand: Die Richter der offiziellen Sharia, der mohammedanischen Gerichtshöfe, blicken mit Verachtung auf die Rechtsprechung der Scheichs herab. Ähnlich tun es auch die Eingeborenenregierungsbeamten gegenüber denjenigen des „local self-government". Hierdurch werden unnötige Reibereien und Verzögerungen im Behördenverkehr hervorgerufen, so daß England sich bemüht, wieder einen Ausgleich zu schaffen. Über den Verlauf dieser Bestrebungen verlautet noch nichts[273].

---

[271] Winship S. 20 ff.; Krämer S. 117 f.
[272] Krämer S. 217 f.
[273] Krämer S. 220.

B. Zusammenfassung: Rechtsquellen und Gesetzgebung in den deutschen und britischen Gebieten Afrikas.[274]

Bisher hat sich noch jede kolonisierende Nation in rechtlicher Beziehung folgendem Problem gegenüber gesehen: Als notwendiges Annex jeder menschlichen Gemeinschaft besitzt auch das Kolonialvolk eine Art Recht, das jedoch von dem des Eindringlings mehr oder minder abweicht. Für die Weiterentwicklung des Rechts in dem betreffenden Kolonialgebiete bestehen nun folgende Möglichkeiten:

1. Keines der beiden Völker gedenkt von seinem Rechte zu lassen, weder die Herren noch die Beherrschten. So ist es z. B. während der ersten Kolonisationszeit im alten Rom gewesen. Nur der civis Romanus hatte das Vorrecht, nach römischem Gesetz zu leben, sei es in der Heimat, sei es in den Kolonien. Eingriffe in das Recht der beherrschten Völker fanden aber auf der anderen Seite zunächst ebenfalls nicht statt.

2. Erst mit der weiteren Ausdehnung des Reiches und mit der Intensivierung von Handel und Wirtschaft begannen sich die Rechtsorganismen dann langsam den gesteigerten Bedürfnissen eines Weltreiches anzupassen und durch gegenseitige Beeinflussung geschmeidiger zu werden (ius gentium). Unbeeinflußt vom römischen Rechte blieben während dieses Verschmelzungsprozesses meist nur noch das Familien- und Erbrecht, sowie das lokale Recht der einzelnen Kolonialvölker.

3. Einer anderen Lage stand England in Indien gegenüber. Zu Zeiten Clive's und Warren Hasting's verfügten die Inder bereits über hochentwickelte Rechtssysteme, und zwar solche sowohl der Mohammedaner, als auch der Hindu. Englands Recht hat in Indien nur in ganz geringem Umfange Eingang gefunden, und es hat sich, soweit das doch geschehen ist, ganz an indisches Recht und indische Verhältnisse anpassen müssen.

Eine andere Entwicklung nahm das Recht in Südafrika. Genau so, wie die burische Einstellung die Eingeborenen nur in ihrer Eigenschaft als Arbeitskräfte vor der Ausrottung schützte, wurde auch Eingeborenenrecht als nicht vorhanden angesehen. Theoretisch wurde das geltende holländisch-römische und englische Recht angewandt, praktisch waren die Behörden oft gezwungen, das Gesetz zu mißachten und nach Eingeborenenrecht zu urteilen. Charakteristisch für dieses anormale System war der außerhalb des südafrikanischen Rechtsraumes stehende Eingeborenengerichtshof in King William's Town[275].

Das Ergebnis solchen Vorgehens waren verwirrende Rechtsverhältnisse. So entschied z. B. der Supreme Court der Kapprovinz 1893: Eingeborenenehen seien zwar „nicht unmoralisch aber unerlaubt" und dies sogar in dem Eingeborenenreservat von Glen Grey. Die Stellungnahme des Supreme Court von Transvaal hatte

---

[274] Hailey S. 262 f.
[275] Hailey S. 349.

noch 1910 gelautet: Die Kinder aus den gewohnheitsrechtlich geschlossenen Eingeborenenehen seien unehelich[276].

Erst § 11 des Native Administration Act of 1927 hat in der Union wenigstens in der Theorie Wandel geschaffen und für die Gerichte die Verpflichtung ausgesprochen, auch Eingeborenenrecht voll gelten zu lassen. Eine Verpflichtung, wie sie in den übrigen englischen Gebieten meist schon seit längerer Zeit bestand. Der dadurch geschaffene Zustand in den englischen Kolonien ähnelt dem, der auch zu deutscher Zeit in unseren Schutzgebieten bestand: Europäisches Recht und innerhalb seines Gefüges afrikanisches Recht bestimmen das gesamte Leben des Territoriums.

a. Das Recht der Europäer.

Die deutschen Schutzgebiete hatten eine den englischen protectorates ähnliche völker- und staatsrechtliche Stellung. Wie die deutschen Kolonien gemäß Schutzgebietsgesetz der Konsulargerichtsbarkeit unterstanden, so war dies auch für die englischen Protektorate angeordnet durch den Foreign Jurisdiction Act of 1890. Ebenso wie das common law Englands in den Protektoraten, so wurde in unseren afrikanischen Gebieten das Recht des Mutterlandes eingeführt. Sowohl das Recht der deutschen Schutzgebiete als auch das der britischen protectorates macht die heimische Weiterentwicklung des Rechts ipso iure mit, im Gegensatz zu den englischen „Kolonien“, die an den heimatlichen Veränderungen des englischen Rechts nicht teilhaben, sondern bereits eine eigenständige Entwicklung pflegen[277].

Rechtsänderungen werden in der Regel durch die Gesetzgebung bewerkstelligt. Diese Gesetzgebung kann nach heutigem Brauch entweder im Mutterlande erfolgen oder in der Kolonie selbst. Die Gesetzgebungsorgane für die deutschen Kolonien waren im Mutterlande:

1. In seltenen Fällen der Bundesrat zusammen mit dem Reichstag in der Form von „Gesetzen“;
2. der deutsche Reichskanzler im Namen des Kaisers durch „Gesetze“ oder „Verordnungen“.

Für die britischen „dependencies“ (= Kolonien und Protektorate) ist heimischer Gesetzgeber:

1. In Ausnahmefällen das Parlament, insbesondere für Schiffahrtsgesetzgebung, privatrechtliche Angelegenheiten der Weißen in den Kolonien usw. durch „acts“;
2. der König, berechtigt dazu durch common law, British Settlements Act of 1887 oder Foreign Jurisdiction Act of 1890 in der Form von „Orders in Council“[278].

[276] Hailey S. 361 ff.
[277] v. Hoffmann, Einführung, S. 169 f.
[278] Wengler, Verwaltungs-Organisation, S. 8 ff.

Die quantitativ bei weitem überwiegende Gesetzgebung erfolgt jedoch in den afrikanischen Gebieten selbst, wo leichter eine Berichtigung als notwendig oder eine Verbesserung als möglich erkannt werden kann.

1. Das Recht in den deutschen Schutzgebieten[279].

In den deutschen Kolonien wurde sofort mit Übernahme der Herrschaft deutsches Heimatrecht als Richtschnur eingeführt. Schon bald erkannte man aber, daß das deutsche Recht nur auf die Europäer anwendbar war und daß man bezüglich der Eingeborenen deren Rechte und Bräuche zur Anwendung bringen mußte. Zu deutschem und Eingeborenenrecht ist als dritte Rechtsquelle auch das für das Deutsche Reich verbindliche Staats- und Völkerrecht zu zählen.

Die Gesetzgebung in den deutschen Schutzgebieten selbst wurde durch den Gouverneur ausgeübt. In Einzelfällen oder für gewisse Materien war dem Gouverneur das Verordnungsrecht vom Reichskanzler delegiert worden; außerdem war seine Befugnis zum Erlaß polizeilicher und sonstiger die Verwaltung betreffenden Vorschriften bereits im Schutzgebietsgesetz festgelegt worden. Die Gouverneure mit Ausschluß derjenigen von Togo (sowie Samoa und Kiautschau) konnten ihre Rechtsetzungsgewalt in begrenztem Umfang an andere (Bezirks-) Beamte widerruflich weiter übertragen.

In seiner Eigenschaft als Gesetzgeber durch Landesverordnung wurde der Gouverneur seit 1903 unterstützt vom sogenannten Gouvernementsrat. Er bestand außer dem Gouverneur aus beamteten und nichtbeamteten Mitgliedern, die dieser berief. Die Zahl der beamteten durfte diejenige der außeramtlichen Mitglieder nicht übersteigen. Eingeborene konnten dem Gouvernementsrat niemals angehören (entgegen teilweise englischem Brauch). Der Gouvernementsrat war zuständig für die Begutachtung der Vorschläge an das Reichskolonialamt für den jährlichen Haushaltsvoranschlag. Weiter waren ihm die Entwürfe der nicht bloß lokalen Verordnungen des Gouverneurs vorzulegen. Im übrigen konnte der Gouverneur den Gouvernementsrat in allen beliebigen Dingen befragen, war aber in keinem Falle an die Meinungsäußerung desselben gebunden.

Die Gültigkeit der erlassenen Rechtssätze trat ein, wenn sie veröffentlicht worden waren. Diese Veröffentlichung geschah in den verschiedenen Schutzgebieten jedoch nicht nach einheitlichen Vorschriften oder Gesichtspunkten. Die Folge war, daß eine Übersicht über die deutsche Kolonialgesetzgebung gewaltig erschwert wurde.

---

[279] Hänel, Rechtsfindung, S. 516; Zache, Kolonialverwaltung, im deutschen Kolonialbuch, S. 100; v. Hoffmann, Kolonialrecht, S. 35 ff., 43 ff.; Thurnwald S. 236; Wengler, Verwaltungs-Organisation, S. 13.

2. Das Recht in den britischen Einflußgebieten.

aa) Die Mandate.

Nachdem England die deutschen Kolonien als Mandatar übernommen hatte, war es nicht ohne weiteres möglich, auch das deutsche Recht sofort zu verdrängen und durch englisches zu ersetzen. Das Eindringen in den deutschen Rechtsraum vollzog sich vielmehr langsam und hat in Togo z. B. erst 1932 zur endgültigen Beseitigung des von den Deutschen gesetzten Rechts geführt[280]. In South-West-Africa gilt sogar noch heute deutsches Recht, soweit es ausdrücklich aufrechterhalten worden ist (z. B. das Bergrecht[281]) oder soweit es dem nunmehr geltenden Recht nicht zuwiderläuft[282].

Das heutige Recht Südwestafrikas gründet sich auf die Administration of Justice Proclamation of 1919, ergangen auf Grund des Treaty of Peace and South-West-Africa Mandate Act of 1919 in Verbindung mit der Mandatssatzung (Art. 2). Es setzt sich seit dem 1. 1. 1920 also folgendermaßen zusammen:

1. Aus dem jeweiligen holländisch-römischen Kap-Recht;
2. den ausdrücklich auf Südwestafrika für anwendbar erklärten Unionsgesetzen;
3. den Verordnungen des südwestafrikanischen Landtages;
4. dem bestehengebliebenen deutschen Recht.

Die Gesetzgebung für das Mandatsgebiet South-West-Africa kann geschehen durch[283]:

1. den General-Governor of the Union;
2. den Administrator of South-West-Africa;
3. den Südwester Landtag.

Der Governor-General of the Union ist höchste Verwaltungsbehörde der Union. Im Mandatsgebiet Südwestafrika kann er aber auch auf dem Gebiete der Gesetzgebung tätig werden im Wege der „proclamation". Dies insbesondere bei Nichteinigkeit der Südwester Instanzen bezüglich finanzieller Gesetzgebung.

Der Administrator für South-West-Africa kann ebenfalls durch „proclamations" gesetzgeberisch eingreifen und erteilt im übrigen nur seine Zustimmung zu den Gesetzen des Landtages.

Der Mandats-„Landtag" besteht aus dem Administrator, dem Volksrat (Assembly), dem Executive Committee und dem Beirat (Advisory Council). Der Volksrat seinerseits setzt sich wieder zusammen aus 6 ernannten und 12 von der weißen Mandatsbevölkerung gewählten Mitgliedern[284].

Die vom Landtag erlassenen „ordinances" bedürfen der Zustimmung des Administrators, der außerdem die Entscheidung des General-Governors vorbehalten kann. Schließlich müssen die Süd-

---

[280] Full S. 100 ff.; Thurnwald S. 246.
[281] Gerstmeyer S. 490 ff.
[282] Hoops S. 135; Hailey S. 177.
[283] Hoops S. 71, 129 ff.
[284] Mair S. 294.

wester Verordnungen auch der Unions-Legislative vorgelegt werden, die sie durch Gesetz entkräften kann (act of disallowance). Eine Mitwirkung des Beirates ist obligatorisch z. B. für Steuergesetze, Mandatshaushalt und andere finanzielle Angelegenheiten.

Der Gesetzgebung des Landtages unterliegen alle nicht ausdrücklich ihm vorenthaltenen Materien. Amtssprachen sind Englisch und Afrikaans, Deutsch ist ebenfalls zugelassen. Einer Nachprüfung durch den High Court unterliegen zwar nicht die proclamations des Generalgouverneurs oder des Administrators — wohl aber die ordinances des Landtages.

In Tanganyika-Territory gibt es gemäß Tanganyika Order in Council of 1920 folgende Rechtsquellen[285]:

1. Durch königliche Orders in Council, proclamations oder ordinances seit 1920 gesetztes Recht;
2. rezipiertes anglo-indisches Recht in Form von Gesetzen und Gesetzbüchern (gemäß Application of Laws Ordinance of 1920);
3. das 1920 im Vereinigten Königreich geltende Recht (common law, equity law, statute law, case law), soweit es mit Mandatsrecht vereinbar ist;
4. Eingeborenenrecht.

Die gesetzlichen Grundlagen für die Gesetzgebung[286] in Tanganyika sind die Tanganyika Order in Council of 1920, die Legislative Order in Council of 1926/37, sowie die königlichen Instruktionen von 1920/26/37. Nach diesen Gesetzen ist die Rechtsetzungsbefugnis — unter Beibehaltung derjenigen des Königs — an den Gouverneur zusammen mit dem Legislative Council delegiert worden.

Der Gouverneur ist der Vorsitzende des gesetzgebenden Rates (= Legislative Council). Letzterem gehören die 13 leitenden Beamten des departements als „official members" an und 10 weitere vom Gouverneur ernannte Mitglieder (unofficial members)[287]. Nach der Beratung mit diesem Gremium und mit seiner Zustimmung kann der Gouverneur Gesetze mit sachlich unbeschränkter Zuständigkeit erlassen. Immerhin müssen die von London herausgegebenen Instruktionen befolgt, bzw. Gesetzentwürfe erst vorgelegt werden. Bei wichtigeren Gesetzen muß der Gouverneur die Zustimmung des Königs vorbehalten, so z. B. bei solchen über Kronrechte, Militär- und Währungswesen, Banken, Ehescheidung, Handel und Schiffahrt im Empire, sowie bei unterschiedlicher Gesetzgebung für Weiße und Eingeborene. Verfassungsänderungen können nur unter Zustimmung des Colonial Secretary vorgenommen werden, der auch allen in Kraft befindlichen Gesetzen eine „disallowance" erteilen, d. h. ein Verbot aussprechen kann. Diejenigen Gesetze, die die jeweils für sie erforderliche Zustimmung gefunden haben, werden vom Gouverneur in Kraft gesetzt (enacted) und veröffentlicht.

---

[285] Gunzert S. 32 f.
[286] Gunzert S. 18 ff.
[287] Mair S. 294.

Meist ist vorgesehen, daß auch der Gouverneur die notwendigen Ausführungsbestimmungen zu erlassen habe in Form von „rules, regulations". Dies geschieht z. T. unter Mitwirkung des aus 6 amtlichen Mitgliedern bestehenden Executive Council. Für den Fall der Nichtbefolgung können in den Ausführungsbestimmungen bis zu 2000 sh Geldstrafe oder 2 Monate Gefängnis angedroht werden.

Das Mandatsgebiet Kamerun wird beherrscht[288]:

1. Vom Rechte Nigerias;
2. dem common law, sowie doctrines of equity (gültig in England am 1. Januar 1900), statutes of general application und dem case law (= Spruchrecht);
3. Eingeborenenrecht.

Ähnlich liegen die Dinge im Mandat von Togoland, wo Gold Coast-law Anwendung findet.

Die Mandate British-Kamerun und Togoland bilden keine selbständigen Einheiten mehr und unterstehen ebenso wie bezüglich ihrer Rechtsprechung und Verwaltung, so auch in ihrer Gesetzgebung den englischen Territorien, denen sie zugeschlagen worden sind: Nigeria und Gold Coast.

bb) Die Union of South Africa.

Für die Südafrikanische Union ist in rechtlicher Beziehung charakteristisch, daß sie das in der Frühzeit der Kolonisation eingeführte holländisch-römische Recht bis heute beibehalten hat. Seitdem England von Südafrika Besitz ergriffen hatte, legte es besonderen Wert nur auf die Beeinflussung des Verfahrensrechtes, da dieses dem Publikum sichtbarer vor Augen tritt als das materielle Recht. Durch die Charter of Justice wurde 1827 das englische Geschworenensystem, englisches Beweisrecht und anderes eingeführt. Auch das Handelsrecht ist — da es erst in moderner Zeit zur vollen Entwicklung gekommen ist — von überwiegend englischen Einflüssen bestimmt[289].

Die vorbehaltlose Anerkennung des Eingeborenenrechtes wurde in der Union mit britischer Unterstützung gegen den burischen Widerstand erst 1927 durchgekämpft.

Trotz des Nebeneinanders des Europäer- und des Eingeborenenrechtes kann aber von einer gegenseitigen Anpassung oder gar Verschmelzung kaum die Rede sein. Im Gegenteil wirkt sich die Wesensverschiedenheit der beiden Rechtsräume sogar weitgehend in der Gesetzgebung aus, indem nämlich eine unterschiedliche Rechtssetzung für Weiße und Eingeborene gepflogen wird. Das „Recht" als solches gilt insbesondere für die weiße Bevölkerung, während den Bedürfnissen der Eingeborenen durch Spezialgesetze Rechnung getragen wird. Mindestens 35 Unionsgesetze behandeln so die Eingeborenen

---

288 Gerstmeyer S. 490 ff.; Arning S. 108 ff.

289 Lugard S. 536; Krüger.

speziell oder doch unterschiedlich. Eine ähnliche Entwicklung beginnt sich sehr zum Leidwesen Englands in allen den Gebieten abzuzeichnen, in denen europäische Interessen sehr stark sind, z. B. in Südrhodesien und Kenya[290].

Den sichtbarsten Ausdruck fanden die Spannungen zwischen europäischen und eingeborenen Interessen auf dem Gebiet des Wahlrechts zur gesetzgebenden Volksversammlung. Transvaal und Oranje-Freistaat haben den Eingeborenen niemals ein politisches Wahlrecht zugestanden. In der Kapprovinz war zwar zunächst das Wahlrecht gleicherweise auf Europäer und Eingeborene ausgedehnt worden (1853), weil die Zahl der Weißen vor den mehreren Annektionen im Übergewicht war. Bereits im Jahre 1892 wurden aber wieder gewisse Einschränkungen getroffen, indem man den Nachweis einer gewissen Bildung, eines Vermögens von 75 Pfund und eines Jahresmindesteinkommens von 50 Pfund verlangte. Durch diese Maßnahmen wurden vornehmlich die Eingeborenen von politischer Einflußnahme ausgeschlossen. In Natal hatte man 1865 ein verwickeltes Verfahren geschaffen für die Aufnahme von Eingeborenen und Asiaten (= Inder, Araber) in die Wählerliste. Die Folge war auch hier, daß Eingeborene nur in sehr geringer Anzahl zur Ausübung des Wahlrechtes gelangten.

Die gegensätzliche Haltung in der Frage des Eingeborenenwahlrechts war eines der größten Hindernisse bei der Gründung der Südafrikanischen Union. Schließlich einigte man sich, den in den vier Staaten bestehenden Zustand auch in die vier neuen Provinzen übernehmen zu wollen. Das passive Wahlrecht aber wurde den Eingeborenen ausdrücklich entzogen.

Die Kämpfe um das Eingeborenenwahlrecht sind aber damit immer noch nicht zur Ruhe gekommen. 1930 erhielten alle weißen Frauen das Stimmrecht (nicht die der Eingeborenen!), 1931 wurden sämtliche Einschränkungen für die Ausübung des Wahlrechtes durch die Weißen beseitigt[291].

Der Representation of Natives Act of 1936 führte als Folge des sich steigernden Rassenbewußtseins eine völlige Trennung der Wählerschaften durch. Für die Eingeborenen wurde ein eigener Wahlapparat ins Leben gerufen. Zunächst können nunmehr vier Europäer als Vertreter der Farbigen in den Senat gewählt werden. Außerdem wurde ein aus zwölf Mitgliedern bestehender Native Representative Council geschaffen, der aber nur beratende Befugnisse und keinerlei Verantwortung hat[292].

Die Unions-Legislative war früher beschränkt gewesen zugunsten des Westminster-Parlaments z. B. auf dem Gebiete der Handelsschiffahrt, der Admiralitätsgerichtsbarkeit, der Gesetzgebung bezüglich der Verfassung, Landesgrenzen und Exterritorialität. Diese wie auch andere Beschränkungen sind auf Grund des Statute of West-

[290] Hailey S. 267, 274.
[291] Hoops S. 60 f.
[292] Thurnwald S. 194 ff.; Hailey S. 150 ff.

minster of 1931, des Status of the Union Act of 1934 und des Royal Functions and Seals Act of 1934 endgültig beseitigt worden. Die Union ist in ihrer Gesetzgebung heute völlig unabhängig[293].

An der Unionsgesetzgebung wirken gemäß sec. 19 S. A. A. mit[294]:

1. Das House of Assembly (= Unterhaus);
2. der Senate (= Oberhaus);
3. der englische König durch seinen Vertreter, den Generalgouverneur.

Das Parlament der Union hat zwar gemäß sec. 59 S. A. A. volle Gesetzgebungsgewalt, aber nicht ordnungsmäßig zustandegekommenen Gesetzen kann der Supreme Court of South Africa die Gültigkeit absprechen. Eine gemäß sec. 85—91 S. A. A. beschränkte Legislative ist auch dem provincial council jeder der vier Unionsprovinzen verblieben[295].

cc) Die britischen Kolonien und Protektorate.

Das holländisch-römische Recht bestimmt nicht nur das Rechtsleben der Union von Südafrika, sondern es hat sich mit der Zeit auch auf Swaziland, 1898 auf Südrhodesien und 1920 auf Südwestafrika ausgedehnt. Der Rechtskreis des holländisch-römischen Einflußgebietes wird im Norden begrenzt von einem Rechtsraume, in dem in ausgedehntem Maße anglo-indisches Recht rezipiert worden ist, so in den Ländern Kenya und Sansibar, Somaliland, 1899 im anglo-ägyptischen Sudan, seit 1920 in Tanganyika-Territory.

Der mohammedanische Rechtskreis, der sich auf den Koran gründet, zählt seinerseits Sansibar, Somaliland und den Sudan zu seiner Einflußsphäre. Andererseits gehören die Protektoratsgebiete im Westen Afrikas (Nigeria, Goldküste, Sierra Leone und Gambia) in gewisser Weise ebenfalls zu diesem Rechtsraume. Im übrigen ist in den Westafrikanischen Protektoraten englisches Recht als Grundlage allen Rechtsdenkens aufgenommen worden.

In den ostafrikanischen Gebieten „the principle was adopted of applying English Common Law, Equity and Statutes of General Application — — — and a like rule has been adopted to Tanganyika“[296].

Ganz gleich, um welche Gebiete es sich handelt, das Schwergewicht der englischen Gesetzgebung liegt bei ihnen allen im Kolonialgebiet selbst[297]. Dies nicht nur in Südrhodesien, das sich infolge seines responsible government dem Status eines Dominions genähert hat, sondern ebenfalls in den anderen Kolonien und Protektoraten Englands.

---

[293] Hoops S. 65 ff.; Hailey S. 267.
[294] Abgedr. bei Hoops S. 146.
[295] Hoops S. 57 ff.
[296] Hailey S. 271.
[297] Lugard S. 536.

Im einzelnen liegt die örtliche Gesetzgebung in der Hand des betreffenden Gouverneurs — und zwar übt er sie allein in den „protectorates“ und zusammen mit den legislative councils in den „colonies“. Die Mitglieder dieser Gesetzgebungsräte sind teils amtlich oder nichtamtlich, teils ernannt oder gewählt, teils Weiße oder auch Eingeborene[298]. Infolge der durch dieses Verfahren möglichen partikularistischen Vielfalt der Gesetzgebung bemüht sich England einheitliche Richtlinien aufzustellen und gibt z. T. Muster-Ordinances heraus[299].

Die mit Zustimmung des legislative council zustande gekommenen Gesetze werden in der „Gazette“ veröffentlicht. Der König kann die Gesetze durch Mißbilligung (= disallowance) wieder außer Kraft setzen[300].

b. Das Recht der Eingeborenen.

Bei einer näheren Betrachtung des Eingeborenenrechtes können Bedenken auftauchen, ob man die „Rechts“übungen der Afrikaner überhaupt schon als Recht im eigentlichen Sinne bezeichnen kann. Die bestimmten Ordnungen sind wohl in den seltensten Fällen bewußt gesetzt und werden auch meist unbewußt durchgeführt. Vielmehr hat sich im Laufe vieler, vieler Menschenalter eine Art Trieb zum gesetzmäßigen Handeln herausgebildet, durch den Freiheit und Willkür des einzelnen allmählich zugunsten der Allgemeinheit in gewissem Grade abgeschliffen und einem gemeinschaftlichen Ordnungssystem eingepaßt wurden. Die damit erreichte Entwicklungsstufe läßt sich aber noch gut mit Bildern aus dem Tierreiche vergleichen: Bienenstock und Ameisenstaat befinden sich ebenfalls in einem Stadium, in dem das einzelne Lebewesen sein Eigenleben bereits weitgehend zugunsten der Allgemeinheit eingeschränkt hat[301].

Wie in jedem bekannten primitiven Recht spielen auch im afrikanischen mehr oder minder verschwommene religiöse Vorstellungen eine große Rolle. Diese Urzusammenhänge bedingen, daß Recht, Religion und Aberglaube ein untrennbares Gemisch in den Köpfen und Herzen der Eingeborenen bilden. Darüber hinaus spielt auch noch oft der Ahnenkult hinein: Die Angst vor dem Groll der Vorfahren hält von der Begehung einer Rechtsverletzung ab — oder aber spornt erst recht zur Tat an. Ja, die rächende Hand der Ahnen kann — nach dem primitiven Glauben der Eingeborenen — unter Umständen sogar Familien, Sippen oder ganze Dörfer dem Verderben weihen[302].

Unter diesen Gesichtspunkten betrachtet und unter Berücksichtigung des Rassenbewußtseins insbesondere der Buren, wird es verständlich, daß sich das Eingeborenenrecht bis in die neueste Zeit

---

298 Mair S. 294.
299 Gunzert S. 21; Wengler, Verwaltungs-Organisation, S. 25 (Anm. 6).
300 Wengler, Verwaltungs-Organisation, S. 24 ff.; Lugard S. 537.
301 Meinhof S. 11 ff.
302 Hailey S. 266.

hinein nicht recht durchzusetzen vermochte und zwar oft auch nicht einmal mit seinen brauchbaren Institutionen. Die bereits erwähnte Tatsache, daß Kinder aus nichtchristlichen Eingeborenenehen noch 1910 für unehelich erklärt wurden[303], ist für diesen normalen Zustand ganz charakteristisch. Auf der anderen Seite ist aber zuzugeben, daß der bedeutende Unterschied der Entwicklungsstufe zwischen europäischem und afrikanischem Recht unweigerlich zu Spannungen führen muß. Innerhalb weniger Jahrzehnte soll in Afrika eine Rechtsentwicklung vollzogen werden, zu der Europa Jahrhunderte gebraucht hat. Man kann das Eingeborenenrecht einfach nicht mit einem Schlage nach europäischem Muster umgestalten, ohne das soziale Leben, Wirtschaft und politische Organisationen der Eingeborenen aufs schwerste zu erschüttern, wenn nicht seiner letzten Bande zu berauben.

Nun ist allerdings auch insbesondere von deutschen Wissenschaftlern der Versuch gemacht worden, durch systematische Kleinarbeit das Eingeborenenrecht zu erforschen, um es möglichst bald zu kodifizieren — und so seine Entwicklung planmäßig und richtungweisend zu fördern[304]. Der Weltkrieg hat uns dann aber um die Früchte dieser mühseligen Arbeit gebracht.

Als nach einer langen Periode der Rechtsunsicherheit sich endlich auch die Union zur Anerkennung des Eingeborenenrechts entschloß, geschah dies nicht in allen Provinzen in der gleichen Weise. Dies deshalb, weil keine genaue Begrenzung des anerkannten Eingeborenenrechts vorgenommen worden war. In den Gebieten, in denen keine oder nur gering entwickelte native courts bestanden, beschränkte man sich auf ein gesetzlich zulässiges Mindestmaß von Eingeborenenrecht (so in der Kapprovinz, im Oranje-Freistaat). Andererseits ist das native law Natals in einem Code (proclamation 168 of 1932) bindend und erschöpfend festgelegt, so daß hier der Umfang der Anerkennung des Eingeborenenrechts feststeht. In allen anderen Fällen ist native law eben alles jenes Recht, das entweder von den Gerichtsbeamten aufgespürt, in bereits gefällten Entscheidungen berichtet oder in Sammlungen aufgezählt ist[305].

Im großen und ganzen hat damit das Eingeborenenzivilrecht seinen Platz innerhalb des gesamten afrikanischen Rechtsraumes gefunden. Das Strafrecht der Eingeborenen ist dem Zivilrecht insoweit nicht gefolgt, da es sich im allgemeinen viel zu wenig mit europäischen Anschauungen verträgt. Aber auch das Zivilrecht gilt nur zwischen Eingeborenen und „when not repugnant to natural justice and humanity or incompatible with any local ordinance“[306] (= eine Art ordre public). Zur Ergänzung des Eingeborenenrechts, besonders eben auch in strafrechtlicher Hinsicht, wird dann das englische sogenannte common law herangezogen. Das Ergebnis ist, daß — zu-

[303] Hailey S. 268.
[304] Thurnwald S. 243.
[305] Hailey S. 269.
[306] Lugard S. 536 f.; v. Hoffmann, Einführung, S. 173; Hailey S. 270, 379.

mindest die fortgeschritteneren, gewandteren native courts nach Eingeborenengewohnheitsrecht und nach vereinfachtem common law Recht sprechen. Einerseits zur besseren Kontrolle, andererseits zur gründlichen Information wird teilweise eine Kodifizierung der grundlegenden Rechtseinrichtungen gefordert.

Die Weiterentwicklung des Eingeborenenrechts liegt heute besonders in der Hand der native courts, sowie der der native authorities, soweit letztere befugt sind, lokale Gesetzgebung zu üben. Ferner bilden die europäischen Behörden das Eingeborenenrecht fort — und zwar besonders sichtbar in der Form von Spezialgesetzen und solchen, die die Eingeborenen unterschiedlich von den Europäern behandeln (differential laws). Zu einer eigenen Arbeit an ihrem Recht durch Mitwirkung an der Gesetzgebung des Landes sind die Eingeborenen bisher nur in Westafrika gekommen, während sie in der Union und in Kenya durch Bestellung weißer Vertreter an der Tätigkeit der gesetzgebenden Körperschaften teilnehmen[307].

c. Das intergentile Recht.[308]

Aus der vorangegangenen Schilderung des europäischen und des afrikanischen Rechtes geht klar hervor, daß sich in Afrika eine Menge von Rechtssystemen überlagern und überschneiden. Deutsches, holländisches, ein vielfältiges englisches Recht, indisches und arabisches Recht bilden zusammen mit den vielen, vielen Abarten des Eingeborenenrechts ein schier unübersehbares Durcheinander. Ähnlich wie für die Angehörigen verschiedener europäischer Rechtskreise die Kollisionsnormen in Form des Internationalen Privatrechts gelten, so bedarf man auch innerhalb des afrikanisch-englischen Rechtsraumes — ja hier auch wieder innerhalb der einzelnen Länder — solcher Ausgleichsbestimmungen[309], die das „intergentile Recht" enthält. Hierbei handelt es sich um einen „Komplex von Rechtsnormen, die bestimmen, ob auf ein Rechtsverhältnis Europäerrecht oder Eingeborenenrecht, bzw. welches Eingeborenenrecht (wenn es deren, wie häufig, mehrere gibt) anwendbar ist".

Eine derjenigen Normen, die der Anwendbarkeit des Eingeborenenrechts Schranken zieht, der „ordre public colonial" wurde früher bereits erwähnt. Ihm entspricht auf seiten des Europäerrechts die sogenannte Anpassungsklausel, nach der die Anwendung des europäischen Rechts ausgeschlossen ist, sofern es mit den örtlichen Rechtsgebräuchen nicht vereinbart werden kann. Bei allem handelt es sich um „die Frage des sinnvollen Aufeinanderabstimmens der verschiedenen Rechtssysteme innerhalb der kolonialen Rechtsordnung".

Die Stellung des Richters in Afrika ist durch die Verwendungsmöglichkeit der Generalklauseln erheblich stärker als die des Richters

---

307 Wengler, Verwaltungs-Organisation, S. 43.
308 Wengler, Kolonialrecht, S. 517 ff.
309 Hailey S. 304 f.

in Europa. In Afrika kann er das anzuwendende Recht selbst bestimmen, und er kann es dann voll, vereinfacht oder sogar nur als Richtlinie zur Anwendung bringen.

C. Zusammenfassung: Das materielle Kolonialrecht.

1. Deutschlands Recht für die Weißen.

aa) Zivilrecht.

Deutschland hatte während seiner Kolonialzeit für die Weißen auf dem Gebiete des Zivilrechts das gesamte Reichs- und preußische bürgerliche Recht in seinen afrikanischen Gebieten eingeführt. Da auch bis heute von einzelnen Vorschriften nicht unbedingt feststeht, ob sie bürgerlich-rechtlicher Natur oder öffentlich-rechtlich sind, trat damals eine teilweise Erschwerung, ja manchmal Ungewißheit in der Rechtspflege darüber auf, ob eine Vorschrift noch dem bürgerlichen Rechte angehörte oder nicht. Man ging deshalb dazu über, Gesetze (besonders der Grenzgebiete) ausdrücklich für die Kolonien für anwendbar zu erklären, bzw. es griff der Kaiser oder der Reichskanzler durch Verordnung ein, oder man half sich mit entsprechender Anwendung.

Von dem Grundsatz der Übernahme des bürgerlichen Rechts in vollem Umfange gab es aber auch einige Ausnahmen, so insbesondere, wenn Einrichtungen oder Verhältnisse vorausgesetzt waren, die in den Schutzgebieten nicht vorlagen. Teilweise hat man an die Stelle der ausfallenden andere zutreffendere Vorschriften gesetzt.

So zeigte sich z. B. das Vereinsrecht des BGB. als unzulänglich und unanwendbar auf die deutschen Kolonialgesellschaften. Durch eine neue, spezielle Regelung (vom 15. März 1888, 2. Juli 1889) wurde der Rahmen der Kolonialgesellschaften weiter gespannt, weniger staatliche Eingriffsrechte in die innere Verfassung derselben vorgesehen, aber eine schärfere Aufsicht eingeführt. Nach der Genehmigung durch den Reichskanzler erlangten die Kolonialgesellschaften nur durch Beschluß des Bundesrates die Rechtsfähigkeit (Konzessionssystem).

In handelsrechtlicher Beziehung fand deutsch-preußisches Recht nur insoweit Anwendung, als das Handelsgewohnheitsrecht der betreffenden Kolonie nicht entgegenstand.

Einzig rechtlich anerkannte Form der Trauung war in den Kolonien die obligatorische Zivilehe[310].

Einer Frage, die in der heimatlichen Gesetzgebung unbekannt ist, dem Landproblem, muß in der Kolonie um so gründlichere Aufmerksamkeit zugewandt werden. Handelt es sich doch nicht allein darum, dem Kolonisten ausreichend Land zur Verfügung zu stellen, sondern mit ebensolcher Wichtigkeit darum, den augenblicklichen und zukünftigen Landbedarf der Eingeborenen nicht zu schmälern. Von ihrem Landbesitz, d. h. von ihrem Wohlstande hängt ihre Kaufkraft

---

[310] v. Hoffmann, Kolonialrecht, S. 106 ff.

für die heimatlichen Industrieprodukte ab — während sie als besitzlose Proletarier eine Belastung, ja sogar eine Gefahr für die Kolonien bedeuten. Man ist aus diesem Grunde dazu übergegangen, den einzelnen Eingeboreneneinheiten etwa das Vierfache des bereits urbar gemachten Landes als „Reservat" zu übertragen[311], diesen Besitz amtlich festzustellen und die Verfügungsmacht der Eingeborenen darüber zu beschränken. Das übrige, herrenlose Land wurde zum Kronland erklärt und zu tragbaren Preisen an weiße Siedler verkauft bzw. verpachtet[312].

Auch auf dem Gebiete des Bergrechts waren nur Vorschriften bürgerlichen Inhalts übernommen worden. Die Regelung war so, daß grundsätzlich Bergbaufreiheit herrschte, aber Vorschriften bestanden über den Erwerb der Befugnis, Bergbau zu treiben. Schürfrechte (= Rechte zum Aufsuchen von Bergbaumineralien) und Bergbaurechte waren im übrigen bis ins einzelne genau bestimmt[313].

Die Unerfahrenheit und Hilflosigkeit der Eingeborenen gegenüber europäischen Rechtsinstitutionen hat es erforderlich gemacht, daß eine Reihe von Schutzgesetzen für Eingeborene erlassen werden mußten, z. B. in Deutsch-Südwest über leichteres Erlöschen von Schulden Eingeborener bei Europäern und über Eingeborenenkreditgeschäfte[314]. Weitere Bestimmungen, die die Eingeborenen vor einer leichtfertigen Verfügung über ihr Land schützten, wurden bereits erwähnt. Anordnungen, die eine Ausnutzung durch Arbeitsverträge verhinderten, werden noch besprochen werden.

bb) Strafrecht.

Auf dem Gebiete des Strafrechtes waren die dem Strafrecht angehörenden Vorschriften der Reichsgesetze in den deutschen Schutzgebieten eingeführt worden (§ 3 Schutzgebietsgesetz, § 19 Ziffer 2 KGG., § 6 Ziffer 1 Schutzgebietsgesetz) — wohlgemerkt also nicht das RStGB. als solches. Denn auch in strafrechtlicher Hinsicht bedürfen die besonderen Verhältnisse der Kolonialgebiete eine andere Würdigung als die der Heimat. Nur solchen eingeführten Normen konnte eine Wirkung zugesprochen werden, deren Nichtachtung auch vom kolonialen Standpunkt aus eine Rechtsgüterverletzung darstellte. Nach ganz allgemeiner Rechtsüberzeugung waren schutzwürdige Güter insbesondere: Ehre, Leben und Eigentum. Fand das betreffende Rechtsgut in den Kolonien keine allgemeine Anerkennung als solches, so bedurften die dasselbe schützenden Vorschriften einer besonderen Einführung — was z. B. auf dem Gebiete des Konkurs- und Gewerberechtes geschehen ist[315]. Dasselbe gilt auch von den zahlreichen Sondergesetzen strafrechtlichen Inhalts (z. B. Sprengstoffgesetz).

[311] v. Hoffmann, Kolonialrecht, S. 123.
[312] v. Hoffmann, Kolonialrecht, S. 116 ff.
[313] v. Hoffmann, Kolonialrecht, S. 133 ff.
[314] v. Hoffmann, Einführung, S. 187 ff.
[315] Lütken S. 30 ff.

Außer dem Reichsstrafrecht galt in unseren Kolonien entsprechend dem heimatlichen Landesstrafrecht das spezielle Kolonialstrafrecht[316]. Materien des Landesstrafrechts konnten durch den Kaiser im Wege der Verordnung eingeführt werden, unter Androhung von Gefängnis bis zu einem Jahre, von Haft oder Einziehung von Gegenständen. Außer vom Kaiser konnten auch vom Reichskanzler oder den dazu ermächtigten Schutzgebietsbeamten Strafverordnungen erlassen werden[317].

2. Deutschlands Recht für die Eingeborenen.

Selbst unter Aufwendung größter Mühe und mit Hilfe der besten Dolmetscher soll es mitunter nahezu unmöglich sein, in das Eingeborenenrecht einzudringen, um wenigstens einiges System darin zu ermitteln. Man erkennt nur sofort auf Schritt und Tritt bereits europäische Einflüsse. Versucht man die Eingeborenen selbst über ihr Recht auszuforschen, so verstehen sie entweder die Frage schon gar nicht — da ihnen unsere einfachsten Rechtsbegriffe meist vollkommen fremd sind —, oder sie suchen aus dem Gesichtsausdruck des Fragenden zu ergründen, welche Antwort er wünsche, oder aber endlich sie werden mißtrauisch, weil irgendeine persönliche oder religiöse Saite berührt wurde und weichen einer bestimmten Antwort aus. Am besten läßt das Eingeborenenrecht sich noch während der Gerichtsverhandlungen einigermaßen erkennen.

Feststeht allerdings, daß die Eingeborenen leicht dazu neigen, tatsächliche Zustände, wenn sie nur durch Macht geschaffen und aufrechterhalten werden, als damit genügend rechtlich begründet anzusehen. Wer sich z. B. unrechtmäßigerweise zum Häuptling emporgeschwungen hatte, sich aber durchzusetzen wußte, der trat dann in sämtliche Rechte und Pflichten seiner Häuptlingsstellung ein, wurde Eigentümer des Grund und Bodens des Stammes usw. Persönliche Macht und persönlicher Einfluß sanktionierten eben den früheren Rechtsbruch[318].

Innerhalb der Vielfalt der Eingeborenenrechte, entstanden durch die Überlagerung mehrerer Völker (z. B. Pygmäen, Bantu usw.) und durch Spaltung in unzählige Stammesteile und Dorfgemeinschaften, gibt es aber intakte Gruppen von Indern und Arabern, die nach indischem bzw. mohammedanischem Glaubensrecht leben[319].

Die Farbigen selbst verfügen über kein einheitliches, geschweige denn ein geschriebenes Recht. Darum enthielt die Verordnung über die Einführung des ersten Eingeborenenschiedsgerichtes in Duala (Deutsch-Kamerun) die berühmt gewordene Bestimmung: Für die Rechtsprechung des Schiedsgerichtes sind die an Ort und Stelle in Übung stehenden Gebräuche und Gewohnheiten maßgebend. Nach dieser Vorschrift, die in alle späteren Anordnungen über die Bildung

---

[316] v. Hoffmann, Einführung, S. 216.
[317] v. Hoffmann, Kolonialrecht, S. 139 ff.
[318] Seitz, im deutschen Kolonialbuch S. 270 ff.
[319] Winkelmann S. 838.

von Eingeborenenschiedsgerichten überging, mußten natürlich auch die deutschen Beamten verfahren, soweit sie als Eingeborenenrichter zu amtieren hatten. Wie schon betont, stieß aber die Feststellung dieser Gebräuche häufig auf Schwierigkeiten — das besonders in den Küstengebieten mit ihrer zusammengewürfelten Bevölkerung. Waren die Gewohnheiten dann ermittelt, dann widersprachen sie des öfteren den rechtlichen und sittlichen Anschauungen der Europäer und konnten deshalb doch wieder nicht in Anwendung kommen.

aa) Das Eingeborenen-Zivilrecht.

Entscheidungsgrundlagen waren im Zivilrecht: allgemeine Erwägungen, Parteiwille, deutsche Rechtsgedanken und Eingeborenenrecht im Rahmen des ordre public colonial[320]. Im Gegensatz zur deutschen Auffassung vom bürgerlichen Recht berühren nach Ansicht der Eingeborenen „privat"rechtliche Verpflichtungen nicht nur die betreffenden Parteien, sondern vor allem ihre Gemeinschaft (Familie, Sippe, Dorf). Insofern ist jedes Zivilrecht auch Verbandsrecht und damit gewissermaßen öffentliches Recht. So gibt es z. B. am Boden keinerlei den öffentlichen Bindungen enthobenes Privatrecht. Ja, die Eingeborenen kennen meist gar keine festen, rechtlichen Beziehungen zwischen Mensch und Boden. Das „Verfügungs"recht, das den Häuptlingen oder Sippenältesten zusteht, ist entstanden aus ihren früheren autoritären Schiedssprüchen zwischen den Sippenangehörigen. Damit ist das „Eigentum" der Häuptlinge auch nicht als Besitztitel im deutschen Sinne anzusehen, vielmehr handelt es sich um eine Art Treuhänderschaft. Mit dem Eindringen europäischer Rechtsgedanken trachteten nun viele Eingeborenenhäuptlinge danach, ihre Treuhänderstellung in die eines Eigentümers umzufälschen. Daraus und aus dem Streben, möglichst das beste Land für sich zu gewinnen, sind dann die vielen Landstreitigkeiten entstanden, die besonders an der Westküste noch heute andauern[321].

Eine weitere Eingeboreneneinrichtung, die den Deutschen viel Mühe gekostet hat, ist die Sklaverei. Durch weitschauende und systematische Arbeit ist ihre Ausrottung in deutscher Zeit sehr weit fortgeschritten. Man darf nun aber nicht etwa glauben, daß die Sklaverei bei den Eingeborenen — insbesondere denen der Westküste — auf Abneigung stößt. Nach Meinung der Herren und der Sklaven machen sich die Europäer ein ganz falsches Bild von ihrem Verhältnis. Die Sklaven werden sehr gut gehalten und wie Familienmitglieder behandelt (Haussklaven). Bereits des öfteren wird berichtet, daß tatkräftige ehemalige Sklaven sich bis zur Häuptlingswürde emporarbeiten konnten[322]. Es soll sogar gang und gäbe gewesen sein, daß Eltern ärmerer Gebiete ihre Kinder in die Sklaverei verkauften, damit diese sich nicht mehr so um ihr tägliches Brot abzumühen brauchten.

---

[320] Arning S. 108 ff.

[321] Schober S. 138 ff.

[322] Seitz, im deutschen Kolonialbuch, S. 271; Newland S. 151 ff.

Eine häufig verhängnisvolle Rolle spielt bei den Eingeborenen das Pfandrecht. Nicht nur Tiere und Sachen, sondern auch Menschen (besonders Frauen: „Pfandweiber") zu verpfänden, war allgemein Brauch. Konnte der Pfandschuldner den Gläubiger nicht rechtzeitig befriedigen, ging das Pfand in die Verfügungsgewalt des Gläubigers über. Dem daraus entstandenen Unwesen hat die deutsche Regierung ebenfalls zu steuern versucht.

Unklar waren weiter die verschiedenen Auffassungen über das Erbrecht — zumal in Gebieten, wo das Mutterrecht oder die Vielweiberei herrscht. Streitigkeiten in der Erbfolge wurden, wie so manche andere Rechtsfrage, bei den Eingeborenen häufig durch das Recht des Stärkeren entschieden.

Am unangenehmsten sind für europäische Richter die Zaubereifälle. Da die Eingeborenen unerschütterlich an Verzauberung glauben, sind die Gerichte gezwungen, zwecks Aufrechterhaltung ihres Ansehens Zaubereianzeigen nachzugehen. Nicht immer ist es dann aber möglich, die Verzauberung in einen Giftmordversuch oder ähnliches umzudeuten, um wenigstens auf diesem Wege zu einer Bestrafung des Übeltäters und zu einer Befriedigung der öffentlichen Meinung beizutragen[323].

Mehrfach besteht bei den Eingeborenen die Auffassung, daß — wenn ein Fall nicht durch Augenzeugen oder sonstwie befriedigend aufgeklärt werden kann — diejenige Partei siegen müsse, die für ihre Sache die „besseren" Zeugen beibringen kann[324]. Besser sind die Zeugen aber beileibe nicht, wenn sie mehr oder Genaueres aussagen können — sondern wenn sie „den stärkeren Zauber" haben.

bb) Das Eingeborenen-Strafrecht.

Die deutsche Schutzgewalt fand bei den Eingeborenen unserer Kolonien ein je nach ihrer Kulturstufe verschieden gestaltetes Strafrecht vor. Dieser Umstand und die Tatsache, daß mit europäischer Anschauung unvereinbare Straftatbestände (z. B. Gebären von Zwillingen) und Strafmethoden (z. B. Folter) bestanden, machte es unmöglich, das Strafrecht der Eingeborenen in demselben Grade anzuerkennen, wie deren Zivilrecht. Ein stärkstes Eingreifen des europäischen Gesetzgebers war notwendig und wünschenswert[325]. Man war aber damals noch nicht genügend in der Kenntnis von Land und Leuten fortgeschritten und hat deshalb vorläufig von einer erschöpfenden Aufzählung der strafbaren Handlungen für die Eingeborenenrechtspflege ganz bewußt abgesehen. Das war auch wieder der Grund dafür, daß man von ehernen Fundamenten der damaligen heimatlichen Strafrechtspflege in den Kolonien schon zu jener Zeit lassen mußte, so z. B. von dem Grundsatz: Nulla poena sine lege[326].

[323] Zache, Eingeborenen-Politik, im deutschen Kolonialbuch, S. 46.
[324] Seitz, im deutschen Kolonialbuch, S. 272.
[325] v. Hoffmann, Einführung, S. 219.
[326] H. Karlowa S. 25 ff.; Wick S. 68 f.

Die Eingriffe in das Strafrecht der Farbigen konnten vorgenommen werden im Wege von Verordnungen des Kaisers, des Reichskanzlers sowie der dazu berechtigten Schutzgebietsbeamten. Als Richtlinie für das Eingeborenenstrafrecht dienten die Grundsätze des RStGB., soweit sie sich auf den Begriff des Vergehens beziehen. Dies allerdings unter Berücksichtigung der besonderen Verhältnisse der Eingeborenen. Für die Art und Höhe der Strafen waren deshalb in erster Linie die Anschauungen der Eingeborenen maßgebend[327].

Oft fehlte den Eingeborenen das Verständnis für die Strafbarkeit einer bestimmten Handlung. Im Gegenteil sind Taten, die nach europäischer Anschauung verabscheuungswürdig sein können, nach ihrer primitiven Ansicht manchmal von der Religion vorgeschrieben oder aus sonstigem Grunde als „gute“ anzusehen. In diese Gruppe fallen: das Töten von Zwillingen, die Abtreibung und alle Arten von Verzauberung[328].

Im Gegensatz zu der heimatlichen Regelung hatte es sich für erforderlich erwiesen, auch die Verletzung von Arbeitsverträgen unter Strafe zu stellen. Bei fortgesetzter Trägheit, bei Widersetzlichkeit, unbegründetem Verlassen der Arbeitsstelle oder sonstigem erheblichem Verstoße konnte der Dienstherr oder Arbeitgeber bei dem zuständigen Beamten die Verhängung einer Zuchtstrafe beantragen[329]. Eine ähnliche Regelung, wie sie noch heute in den englischen Gebieten in der Form des Masters and Servants Act getroffen ist.

In Kamerun ist im Wege der Dienstvorschrift die vorsätzlich falsche uneidliche Aussage vor Gericht zur strafbaren Handlung erklärt worden[330].

Ein Runderlaß des damaligen Gouverneurs von Togo, Grafen Zech, vom 11. Februar 1907 (Amtsblatt, S. 50) nannte als Eingeborenendelikte: Abtreibung, Blutrache, Gottesurteile z. B. durch Giftprobe (Ordale), Fetischdienst, Anmaßung von Häuptlingseigenschaft, Eintreibung der Prozeßkosten in Form von Branntwein, Genuß von Branntwein durch Amtspersonen während der Gerichtssitzung[331].

Das britische materielle Kolonialrecht.

Im deutschen Kolonialrecht ist die Gliederung in ein Recht für Europäer und ein solches für Eingeborene ganz klar durchgeführt. Weiter entsprach der logischen Denkweise des Deutschen die strenge Sonderung der Disziplinen des Zivil- von denen des Strafrechtes. Nicht so leicht gestaltet sich eine dementsprechende Aufteilung im englischen Kolonialrecht. Sowohl Europäer- wie Eingeborenenrecht einerseits und Zivil- und Strafrecht andererseits greifen häufig inein-

---

327 v. Hoffmann, Kolonialrecht, S. 141.
328 Lütken S. 47 ff.; Wick S. 70 f.; Deutsche Kolonialpolitik S. 181 ff.
329 v. Hoffmann, Kolonialrecht, S. 90 f.
330 v. Hoffmann, Einführung, S. 220.
331 H Karlowa S. 23; Full S. 100 ff.

ander über. Klare Trennungslinien sind bewußt vermieden, eine Tatsache, die man sich bei der folgenden Schilderung des englischen materiellen Kolonialrechtes vor Augen zu halten hat.

1. Britisches Recht für die Weißen.

aa) Zivilrecht.

Auf dem Gebiete des Zivilrechts überwiegt in sämtlichen von England beherrschten oder beeinflußten Gebieten zumindest für die weiße Bevölkerung das englische Recht. Zur Ermittlung des geltenden Rechtes sind hierbei zu trennen die protectorates von den colonies. Während die Protektorate (ebenso wie die deutschen Schutzgebiete) die durch die Heimat vollzogene Weiterentwicklung des eingeführten Rechtes mitmachen, bleibt in den englischen Kolonien das eingeführte Recht ohne Veränderungen durch die Heimat in Geltung, und zwar so, wie es zur Zeit der Übernahme des betreffenden Gebietes in das Empire gegolten hat.

Das in den englischen dependencies geltende bürgerliche Recht besteht aus[332]:

1. Dem Wort für Wort festgelegten „statute law" (= auf gesetzgeberischem Wege geschaffenes Recht), das allem übrigen Recht vorgeht;
2. dem nur aus Berichten bekannten „common law". Dieses ist eine Art Gewohnheitsrecht, das durch jahrhundertelange Rechtsprechung in England aufgedeckt („declaratory" precedents) oder geschöpft („original" precedents) worden ist. Auch höchstrichterliche Entscheidungen irischer, kolonialer und amerikanischer Gerichte können in das common law Eingang finden;
3. dem „law of equity" (= Billigkeitsrecht), dieses ergänzt das common law.

bb) Strafrecht.

Das britische Strafrecht hat das der Eingeborenen zum größten Teile verdrängt und gilt deshalb für Weiße und für Farbige gemeinsam. Allerdings ist es in Afrika selten mehr das reine englische Recht, sondern es haben bedeutende indische, aber z. B. in Tanganyika auch deutsche und andere Einflüsse eingewirkt.

Nach der englischen Einteilung[333] zerfallen die strafbaren Handlungen in eine Gruppe schwererer (= indictable offences) und eine leichte (= offences punishable summarily). Die schwereren Straftaten können sein: Kapitalverbrechen, Verbrechen (= felonies) und Vergehen (= misdemeamours). Die leichten strafbaren Handlungen bestehen aus kleineren Vergehen und Übertretungen.

Das Streben Englands geht heute dahin, sich möglichst aus der Rechtspflege für Eingeborene zurückzuziehen, so daß — ganz nach

[332] Geldart S. 9 ff.
[333] Geldart S. 226 ff.

dem Stande der Entwicklung der indirekten Verwaltung des betreffenden Landes — die englischen Gerichte nur noch die schwereren oder verwickelteren Fälle entscheiden, die übrigen Prozesse jedoch weitgehend den native courts zuzuschieben trachten.

2. Britisches Recht für die Eingeborenen.

Großbritannien stand und steht hier vor den gleichen Problemen wie Deutschland. In der einschlägigen englischen Literatur findet man folgende Ansichten und Beobachtungen vertreten, die selbst auf die Gefahr der Wiederholung vermerkt seien.

Das europäische Recht, so wie es die Engländer gern eingeführt wissen wollen, ist für die Eingeborenen vorläufig noch viel zu verwickelt. Bei dem häufigen Personalmangel hat der Beamte meist auch nicht genügend Zeit, um nach bewährter gründlicher Methode vorgehen zu können. Überdies wirken auf die Eingeborenen auch nur kluge und schnelle Entscheidungen, aber nicht die langwierigen und gewundenen Gedankengänge etwa einer Beweisaufnahme oder bei der Begründung von Urteilen usw.[334].

Die Zwangslage, in die sich der Richter infolgedessen manchmal versetzt sieht, wird noch vergrößert, wenn europäisches Recht und Eingeborenenrecht sich widersprechende Regeln aufstellen — das Eingeborenenrecht aber wegen seines Verstoßes gegen Sitte und Moral Europas nicht angewandt werden kann, obwohl es die Farbigen nicht anders kennen, und nicht anders erwarten. So ist es dem Richter doch z. B. unmöglich, einem Verlangen auf Tötung von Zwillingen stattzugeben, weil deren Gebären von den Eingeborenen als unnatürlich und mit einem bösen Zauber behaftet angesehen wird[335]. Ebensowenig ist es angebracht, einem Knaben zu gestatten, daß er „das von seinem Vater ererbte Weib" (= seine Mutter) verkauft — wie nach einem Bericht aus Kamerun tatsächlich verlangt wurde[336]. Seltsam mutet es auch an, wenn in einem dem berühmten salomonischen Prozesse ähnlichen Falle beide Mütter restlos damit einverstanden sind, daß das streitige Kind in zwei Hälften geschlagen werde. Dieses pfiffig sein sollende Urteil des weißen Richters wurde von den Eingeborenen allgemein mit Befriedigung aufgenommen. Um so enttäuschter waren sie dann, daß es dann doch nicht ausgeführt wurde[337].

Die europäische Einflußnahme auf das materielle Eingeborenenrecht gestaltet sich sehr schwierig. Man kann dasselbe nicht von den überkommenen Formen des Familienlebens, der sozialen Struktur und der Eingeborenenwirtschaft loslösen. Es besteht also nur die Möglichkeit, durch das Eingeborenenrecht immer mehr in europäische Gedankengänge zwängende Entscheidungen dieses allmählich in die gewünschten Bahnen zu lenken. Nur die schwersten Verstöße gegen europäisches Empfinden kann man wagen sofort restlos zu beseitigen,

---

[334] Stigand S. 57.
[335] Lugard S. 550.
[336] Mühling S. 184 ff.
[337] Schweitzer S. 74 f.

so z. B. Gottesurteile, Blutrache usw. Rücksichtslos eingegriffen werden muß z. B. gegen die Eigentümlichkeit vieler westafrikanischer Völker, Geheimgesellschaften zu pflegen, die die Bevölkerung mit bis zu Menschenopfern und Menschenfresserei gehenden Riten terrorisieren. Ebenso muß man versuchen, die nützlichen und schädlichen Zwecken dienende Magie zum Verschwinden zu bringen, da sie als die Beherrscherin des gesamten Lebens der Eingeborenen die Mehrzahl aller Prozesse verursacht[338].

In der Regel ist das Eingeborenenrecht ein ungeschriebenes. Es gibt aber außerdem bereits zwei Kodifikationen des native law:

1. in Natal;
2. in Basutoland.

Da die Eingeborenen Natals, die Zulu, besonders schwer zu behandeln sind, wurde deren Recht in der Proclamation No. 168 of 1932 kondifiziert. Der Natal Code geht in seinen Anfängen auf Gesetze seit dem Jahre 1878 zurück. Jedoch bewirkte die schriftliche Niederlegung des Eingeborenenrechts eine gewisse Starrheit. Eine Änderung ist nur auf dem schwierigen gesetzgeberischen Wege möglich, wobei sich die mangelhafte Kenntnis der Gesetzgebungskörperschaften bezüglich der Eingeborenenangelegenheiten unliebsam auszuwirken imstande ist. Als Beispiel sei genannt, daß der Brautpreis (= lobolo) für eine Frau, der in einer festgesetzten Menge Rinder zu leisten ist, nach einer großen Rinderpest unerschwinglich geworden war[339].

Im Jahre 1903 wurde unter dem Häuptling Lerothodi von Basutoland ebenfalls eine Art Eingeborenengesetzbuch geschaffen und nach ihm „Basuto Code of Lerothodi" benannt. Bisher ist der Code durch etwa 25 Gesetze verbessert und geändert worden[340].

aa) Das Eingeborenen-Zivilrecht.

In bezug auf das bürgerliche Recht ist der gegenwärtige Zustand in den britischen Besitzungen in Afrika überall der, daß Stammesgewohnheitsrecht und Eingeborenenbrauch Anerkennung gefunden haben. Die ins einzelne gehenden Regelungen sind aber z. T. noch viel zu unbekannt und infolge ihrer meist nur örtlichen Gültigkeit zunächst zu unwichtig, um genauer dargestellt werden zu müssen. Hier sollen nur einige grundlegende Wesenszüge des Eingeborenenrechts hervorgehoben werden.

Die Eingeborenen sind ein abstraktes Denken nicht gewohnt, deshalb erschöpfen sich ihre gegenseitigen Rechtsbeziehungen im allgemeinen in der sinnfälligen Hingabe von Sachen. Es steht also im Vordergrunde der Realvertrag. Sogar die Eheschließung bildet einen solchen Realvertrag, indem die (Arbeitskraft der) Frau mit Rindern gekauft wird. Ist die Ehe wieder geschieden, so ist der Brautpreis in

[338] Rohrbach S. 58 ff.
[339] Meinhof S. 116 ff.; Buell I. S. 111 ff.; Hailey S. 359, 268 f.
[340] Buell I. S. 175 ff.; Hailey S. 396, 609 f.

Rindern der Sippe der Frau wieder zurückzuzahlen. Der Versuch der Abschaffung dieser Bräuche durch die Missionen hat einen katastrophalen Erfolg gezeitigt: Die europäische Einrichtung kirchlicher und ziviler Trauung schuf keinerlei anerkannte innere Bindungen — eine Verwahrlosung und der Zusammenbruch der ganzen Einrichtung der Eingeborenenehen war teilweise die Folge, mit allen sich daraus ergebenden Konsequenzen, z. B. bevölkerungspolitischer Art[341].

Der Unsitte der Verpfändung von Frauen, sowie der (frühzeitigen) Zwangsarbeit versucht man heute mit Strafandrohungen zu begegnen — bisher aber mit wenig Erfolg[342].

Grundlage des gesamten sozialen Lebens bildet neben dem Vaterrecht in weiten Bezirken Westafrikas auch das Mutterrecht. Das Wesen des Mutterrechts besteht darin, daß die Frau das Haupt der Familie bildet — einer Familie, die aus ihr und ihren heranwachsenden Kindern besteht. Der Mann, der u. U. mehrere Frauen besitzt, sorgt nur dafür, daß jede derselben als Lebensgrundlage ihre eigene Hütte bekommt, im übrigen kümmert er sich nicht um sie und seine Kinder. Will man ihn selbst überhaupt einer Familie zurechnen, so gehört er zu der seiner Mutter. Die Männer unter sich sind wieder in Altersklassenverbänden zusammengeschlossen, die sich in erster Linie dem Wehr- und Arbeitsdienst widmen[343].

Die vielfach bestehende Vielweiberei erklärt sich aus folgenden Umständen: Ein ehelicher Verkehr ist während der Stillperiode streng verpönt. Die Ernährung mit Muttermilch dauert aber in den tropischen Gebieten Afrikas ganz besonders lange, weil wegen der Tsetsefliege kein Vieh gehalten und keine Säuglingsmilch gewonnen werden kann. Während der bis zu zwei Jahren dauernden Stillzeit sucht sich der Mann dann auch andere Frauen, die er ehelicht.

Das Erbrecht ist meist im monogamen Sinne geregelt, d. h. nur die Kinder der Hauptfrau kommen als Erben in Betracht. Die Verwandtschaft schließt sich zu Sippen zusammen, deren ältestes männliches Mitglied (in Gebieten des Vaterrechts) anerkanntes Oberhaupt ist. Diesem Sippenältesten stehen oft auch weitgehende Rechtsbefugnisse zu (z. B. strafrechtlicher und bodenrechtlicher Art).

bb) Das Eingeborenen-Strafrecht.

In strafrechtlicher Beziehung sind die Eingeborenen dem europäischen Rechte unterworfen, welches allerdings z. T. verändert ist durch die Anpassungsbestrebungen an das Strafrecht der Eingeborenen. Neues Recht wird nach Möglichkeit für Europäer und Farbige gemeinsam geschaffen — außer in den Gebieten mit starken europäischen Interessen, wo die Eingeborenen auch in strafrechtlicher Hinsicht getrennt behandelt werden. Zu dem Eingeborenen-Strafrecht gehört auch das Familien-, Sippen- und Stammesstrafrecht, soweit es nach europäischer Anschauung geduldet werden kann.

---

[341] Thurnwald S. 405 f.
[342] Hailey S. 380.
[343] Schober S. 125 f.

Grund für eine Bestrafung ist nicht der Vergeltungsgedanke, sondern die Schädlichkeit der betreffenden Handlung für den einzelnen oder die Allgemeinheit. Sogar bei Tötung denkt der Afrikaner zuerst nur an den Verlust der menschlichen Arbeitskraft und die Erlangung einer entsprechenden Entschädigung. Erst wiederholte Tötungsdelikte fordern eine Ausmerzung des Übeltäters. So kann es vorkommen, daß Diebstahl oder Ehebruch im Rückfall viel strenger bestraft werden als Tötung im Einzelfalle[344].

Der Eingeborene begreift zwar, daß die üblichen Vergehen gegen Person und Eigentum bestraft werden müssen; er steht aber den Strafbestimmungen der Polizei- und Eingeborenenbehörden verständnislos gegenüber, soweit sie zum Beispiel Steuer- und Paßvergehen betreffen oder auch gesundheitspolizeiliche, forstwirtschaftliche und ähnliche Materien regeln[345].

Der Unterschied zwischen strafbaren Handlungen gegen Einzelpersonen und solchen gegen die Allgemeinheit ist noch stark verwischt. Immerhin werden — als Zeichen fortschreitender Entwicklung — bereits einige Straftaten mancherorts klar als Vergehen gegen die Gemeinschaft empfunden (z. B. Blutrache, Übertretung von Anordnungen der Häuptlinge usw.)[346].

Der Ehebruch wurde bei den Konde-Negern Kameruns früher mit dem Tode des Ehebrechers bestraft, während man der Frau mindestens die Ohren abschnitt. Die Eingeborenen sind nun sehr gegen das Justizsystem der Europäer aufgebracht, weil man sie zwang, auf diese ihre grausamen Strafen zu verzichten und ihre Klagen vor die Gerichte zu bringen („Frauenpalaver"). Es kommt aber nichtsdestoweniger auch heute noch vor, daß ein Ehebrecher getötet wird.

Die Arbeitsverträge zwischen Weißen und Eingeborenen führen beinahe eine Leibeigenschaft der letzteren herbei. Z. B. müssen in der Union nach dem Native Service Contract Act of 1932 die Kinder des Eingeborenen-Arbeiters bis zu 18 Jahren auch ohne ihren Willen mitarbeiten und u. U. sich bestrafen lassen. Es besteht auch nur eine geringe Aussicht für die Arbeitnehmer, gegenüber dem Arbeitgeber Gerichtshilfe zu finden. Als grundlegendes Übel wird bezeichnet, daß man Arbeitsvergehen im Wege der Strafgerichtsbarkeit ahnden lassen kann, statt sich auf die Zivilgerichtsbarkeit zu beschränken. Für eine Abschaffung der Strafgerichtsbarkeit ist aber andererseits die soziale und wirtschaftliche Entwicklung noch nicht weit genug fortgeschritten[347].

Die Arbeitsvergehen Eingeborener zerfallen in „größere" und „kleinere". Aber sowohl die Grenze zwischen diesen Gruppen als auch die Bestrafung ist in den verschiedenen Kolonialgebieten sehr

---

[344] Schober S. 144 f.
[345] Hailey S. 295.
[346] Hailey S. 265.
[347] Hailey S. 663 f.
[348] Hailey S. 660.

unterschiedlich. Die Bestrafung der kleineren Arbeitsvergehen besteht etwa in der Zahlung eines halben Monatslohnes bis zu 2 Pfund oder bis zu einem Monat Gefängnis, die der größeren in Zahlung bis zu 10 Pfund oder bis zu sechs Monaten Gefängnis[348].

In manchen Gebieten, so z. B. in South West Africa herrscht ein Mangel an eingeborenen Arbeitskräften. Das führt zu dem Mißstande, daß die Landwirte den eingeborenen Arbeiter nur ungern einer Bestrafung zuführen; denn bekommt er Gefängnis, so verlieren sie seine Arbeitskraft, bekommt er Geldstrafe, so kann er sie meist nicht bezahlen und muß dann auch wieder ins Gefängnis wandern. Wenn nun die Geldstrafe nicht durch eine Sammlung unter den Verwandten und Bekannten des Eingeborenen aufgebracht wird, bleibt dem Arbeitgeber oft nichts anderes übrig, als die Strafe selbst zu zahlen. Allerdings muß der Eingeborene die Summe dann abarbeiten. Um diesen Schwierigkeiten aus dem Wege zu gehen, machen die Arbeitgeber meist kürzeren Prozeß und ziehen dem Eingeborenen von sich aus sofort einen Teil seines Lohnes ab[349].

Auf die Strafbarkeit von Zauberei und Magie wird von den Engländern besonderer Wert gelegt. Dies, weil sie allzu leicht zu gemeingefährlichen Delikten ausarten können, so z. B. durch Mißbrauch von Leichengift u. ä.[350].

Infolge religiöser Wahnvorstellungen oder des verderblichen Wirkens von Geheimgesellschaften kann es sogar vorkommen, daß ein ganzes Dorf an einem Verbrechen beteiligt ist; dem entspricht dann auch eine über das ganze Dorf zu verhängende Kollektivstrafe.

Weitere Straftatbestände bilden, um nur einige zu nennen: Abtreibung, Tötung von Zwillingen; in Natal: Verführung lediger Frauen; in Nigeria: außerehelicher Geschlechtsverkehr und Inzest, Nichtzahlung von Steuern; in Tanganyika und Kenya: Unterlassung des Berichtes über den Tod von Vieh, Viehdiebstahl, ungesetzliche Anwerbung von Arbeitskräften; in dem Stadtbezirke Nairobi (Kenya): Nichtzahlung von Miete, unerlaubter Aufenthalt oder unerlaubter Wechsel desselben; in der Union: Rassenschande u. a.

Als Beispiel von Fällen, wie sie manchmal der Strafrechtpflege in den Kolonien unterliegen, sei folgender Bericht angeführt:

Im anglo-ägyptischen Sudan hatte ein Schilluk einen Dinka ermordet. Als er bestraft werden sollte, verteidigte er seine Tat damit, daß ein Krokodil seinen Sohn gefressen habe; das sei aber nur das Werk der Verzauberung durch seinen getöteten Feind gewesen, da er seine ganze Familie behext habe. — Offensichtlich kann man diesen Fall nicht nach europäischen Anschauungen richten, denn man muß bei der Beurteilung sehr stark Rücksicht auf die Anschauungen der Eingeborenen nehmen, die die Handlungsweise des Täters für ganz in der Ordnung halten.

---

349 Böhmer S. 186 ff.

350 Meinhof S. 69 ff.

D. Zusammenfassung: Das formelle Kolonialrecht.

1. Für die Weißen in den deutschen Kolonien.

Für das Verfahren galten in den deutschen Schutzgebieten die Bestimmungen des KGG. in Verbindung mit Verordnungen des Kaisers, des Reichskanzlers sowie der einzelnen Gouverneure. Das Verfahren richtete sich damit ebenfalls nach deutsch-preußischem Recht. Unberührt davon blieben die Anordnungen über die Militärgerichtsbarkeit.

Im bürgerlich-rechtlichen Verfahren waren maßgebend die Vorschriften der ZPO. über das amtsgerichtliche Verfahren. Auch die Anlegung von Grundbüchern war z. T. schon weit fortgeschritten[351].

Der Strafprozeß richtete sich nach folgenden Grundsätzen: Inquisitionsmaxime, Opportunitätsmaxime, Prinzip der Öffentlichkeit, der Mündlichkeit, der Eingeborenenbeteiligung (nur beratend und in Eingeborenenprozessen)[352]. Die Staatsanwaltschaft hat nur im Falle von Verbrechen und Vergehen bei der Hauptverhandlung erster Instanz sowie bei der Einlegung von Rechtsmitteln und im Verfahren zweiter Instanz mitzuwirken. Im übrigen tritt an die Stelle der Staatsanwaltschaft der Bezirksrichter. In seiner Hand lagen die Strafverfolgung sowie Untersuchungen und Ermittlungen. Es gab weder eine gerichtliche Voruntersuchung, noch eine öffentliche Klage. Das Gericht war bezüglich des Verfahrens freier gestellt, in das Protokoll waren z. B. nur die wesentlichen Ergebnisse aufzunehmen. Als Rechtsmittel gab es Beschwerde und Berufung, nicht die Revision. Gnadenbehörden waren der Reichskanzler, die Gouverneure und Vizegouverneure, im Falle der Todesstrafe der Kaiser. Infolge der von der Heimat abweichenden Verhältnisse waren in den deutschen Schutzgebieten für Fristen und Kosten besondere Vorschriften erlassen worden[353].

2. Für die Eingeborenen in den deutschen Kolonien.

Beim Eingeborenenverfahren handelt es sich im wesentlichen darum, „den goldenen Mittelweg" zwischen dem reinen Eingeborenenprozeß und dem europäischen Verfahren ausfindig zu machen. Dies hat zum Ausdruck zu kommen schon in der betreffenden Gesetzgebung und muß berücksichtigt werden bei der Aufsicht, im Rechtsmittelwesen usw. Es ist nämlich nicht angängig, daß der Eingeborenenprozeß in seinen Urformen mit Hilfe der Geheimbundjustiz und Wahrsagekunst, mit Ordalen, Geständniserpressungen durch Martern, Zwangsvollstreckung durch Selbsthilfe und grausame Strafvollstreckungsmaßnahmen heute noch geduldet wird. Ebenso stößt aber ein nach rein europäischen Grundsätzen aufgebautes Verfahren auf vorläufig unüberwindliche Hindernisse (Schriftunkundigkeit und Verständnislosigkeit der Eingeborenen). Wichtig ist, daß

---

351 v. Hoffmann, Kolonialrecht, S. 129 ff., 144 ff.

352 H. Karlowa S. 70 ff.

353 v. Hoffmann, Kolonialrecht, S. 145 f.; v. Hoffmann, Einführung, S. 223 f.

auf eine rasche und kluge Entscheidung gesehen wird, obwohl die Verhandlung auch einer gewissen Breite bedarf[354]. Nicht weniger zu beachten ist, daß der Entscheidung eine sofortige, energische Vollstreckung folgt.

aa) Das Verfahren in Eingeborenen-Prozessen.

Die für die Eingeborenenschiedsgerichte in Kamerun getroffene Regelung hat allgemeine Gültigkeit erlangt: „Für die Rechtsprechung des Schiedsgerichts sind die an Ort und Stelle in Übung stehenden Gebräuche und Gewohnheiten maßgebend", und zwar sowohl bezüglich materiellen, wie auch formellen Rechtes. Das Zivilverfahren vor den Eingeborenengerichten war nicht durch besondere Vorschriften des Kolonialgesetzgebers geregelt. Für das Strafverfahren waren vorgeschrieben Mündlichkeit und Öffentlichkeit. Eine Strafverfolgung lag im Belieben der Behörden, geschah aber von Amts wegen[355].

Im Eingeborenenprozeß selbst kann nicht nach europäischer Methode vorgegangen werden, da die Art des Europäers dem Afrikaner viel zu geradlinig ist. Der Eingeborene — besonders der der Westküste — liebt es, in seinem „Palaver" abzuschweifen und sich in Bildern, Gleichnissen, Sprichwörtern und Märchen zu ergehen[356]. Dem Europäer scheint dies überflüssig und langweilig, die eingeborenen Zuhörer folgen den nach ihrer Meinung erforderlichen Ausführungen mit regem Interesse und Verständnis. Oft bringen die Parteien auch eine Menge „Zeugen" mit, die durch ihren „besseren Zauber" oder wie eine Claque durch „Belärmen" ihrer Partei zum Siege verhelfen wollen[357]. Daß unter diesen Umständen die Eingeborenengerichtsbeamten sich beeinflussen ließen und es ihnen manchmal an Objektivität fehlte, erscheint somit verständlich. Über die Verhandlung war ein Protokoll aufzunehmen, das im Rechtsmittelverfahren als Unterlage zu dienen hatte. Schriftliche Abfassung des Urteilstenors, nicht der Gründe war vorgeschrieben; ebenso wie eine Eintragung der Entscheidung in ein sogenanntes Spruchbuch. Berufung und Begnadigung waren bekannt und wurden geübt, nicht so jedoch die Verjährung. Da die Eingeborenen sich oft gar nicht scheuten, vor Gericht die Unwahrheit zu sagen, durfte eine Vereidigung nur unter ganz besonderen Umständen vorgenommen werden. Dies dann möglichst in Anlehnung an das Stammesrecht des betreffenden Eingeborenen, also etwa durch Handauflegen auf den Erdboden usw.[358].

Erwähnenswert ist in diesem Zusammenhange das Prozeßmittel des „Königseides" in Togo. Es handelt sich hierbei um eine feierliche Form der Klageerhebung, die den Kläger verpflichtet, im Falle des Unterliegens eine vorher versprochene Buße zu zahlen. Der deutsche

---

[354] Winkelmann S. 844.
[355] v. Hoffmann, Einführung S. 225 ff.
[356] Mansfeld S. 169 ff.
[357] Meinhof S. 83 ff.
[358] Meinhof S. 83 ff.; Deutsche Kolonialpolitik S. 181 ff.

Gouverneur Graf Zech hatte die Beseitigung des Königseides angestrebt, aber die Engländer haben diese Einrichtung wieder zu Ehren gebracht, in dem Gedanken, möglichst alle brauchbaren Eingeborenen-institutionen unbeschadet weiterzuentwickeln[359].

bb) Die Vollstreckung in Eingeborenen-Prozessen.

Nach afrikanischer Rechtsanschauung brauchen Strafen gar nicht abschreckend zu wirken, weil ein Mensch doch nicht besserungsfähig sei. In voreuropäischer Zeit waren deshalb nur Wiedergutmachung durch Leistung einer Buße, Körperstrafen und nur in schweren Fällen Ausmerzung des Täters üblich. Strafen, wie z. B. Abhauen der Hand des Diebes sollten verhindern, daß der Täter jemals wieder einen Diebstahl beginge[360]. Mit dem Eingreifen deutscher Justiz wurde dieses Strafsystem weitgehend abgeändert und die Verhängung außerordentlicher Strafen — insbesondere Verdachtsstrafen — unmöglich gemacht. Verboten wurden alle Maßnahmen zur Herbeiführung von Aussagen und Geständnissen, die nicht gemäß StPO. erlaubt waren[361].

In den deutschen Schutzgebieten waren als Strafen zulässig:[362]

1. Körperliche Züchtigung (in der Form von Ruten- oder Prügelstrafe);
2. Geldstrafe;
3. Zwangsarbeit (ohne Verwahrung im Gefängnis);
4. Freiheitsstrafen (Gefängnis mit Zwangsarbeit oder Kettenhaft);
5. Todesstrafe;
6. in Kiautschau die Ausweisung.

Die körperliche Züchtigung konnte bestehen aus einer Rutenstrafe oder einer Prügelstrafe. Bei der leichteren Rutenstrafe konnten Eingeborene bis zu 20 Hiebe erhalten. Auf die schwerere Prügelstrafe konnte nicht gegen Jugendliche unter 16 Jahren erkannt werden. Ihre Höchstgrenze betrug 50 Schläge, wobei die zweite Hälfte erst 14 Tage nach der ersten Exekution vollstreckt werden durfte. Nicht gestattet war die Verhängung von körperlicher Züchtigung an Frauen, Indern und Arabern, in Deutsch-Südwest, außerdem nicht an Eingeborenen besseren Standes (gemäß Verordnung des Landeshauptmanns vom 8. November 1896)[363]. Allerdings wird die körperliche Züchtigung nicht immer von allen Eingeborenenstämmen als herabwürdigende Strafe empfunden, da sie in bestimmten Gebieten bei Mannbarkeitsfeiern zur Abhärtung durchaus üblich ist. Hier wie auch sonst verfehlen andere Strafen dann nicht ihren Zweck, wie z. B. das Schließen in einen Stock u. ä.[364].

359 Full S. 100 ff.; Buell I. S. 785 ff.
360 Meinhof S. 69 ff.
361 v. Hoffmann, Kolonialrecht S. 142.
362 v. Hoffmann, Einführung S. 221.
363 v. Hoffmann, Kolonialrecht, S. 91.
364 v. Hoffmann, Einführung S. 221.

Fragwürdig erscheint der Wert von Geldstrafen, weil der Afrikaner erst seit Ankunft der Europäer die Geldwirtschaft kennengelernt hat, und deshalb in manchen Teilen Afrikas dafür noch gar kein richtiges Verständnis besteht bzw. nur wenig Geld im Umlaufe ist. Zudem findet sich der Eingeborene allenfalls mit einer Entschädigung des Verletzten ab; den Sinn einer Strafzahlung an den Fiskus jedoch vermag er nicht zu begreifen. In Deutsch-Ostafrika war deshalb auch bei Uneinbringlichkeit von Geldstrafen eine Ablösung durch Naturalleistung vorgesehen.

Freiheitsstrafen sind den afrikanischen Volksrechten so gut wie unbekannt. Nach weitverbreiteter Ansicht der Eingeborenen haben sie nichts Entehrendes an sich, wegen ihrer Kurzfristigkeit oft auch nichts Abschreckendes. In den deutschen Schutzgebieten betrug die Höchstdauer der zeitigen Freiheitsstrafe mit Rücksicht auf die gesundheitlichen Verhältnisse 5 Jahre, während heute z. B. in Tanganyika bis zu 14 Jahren verhängt werden können[365]. Die Einrichtung der Kettenhaft entsprach in ihrer Schwere der deutschen Zuchthausstrafe. Eine Vollstreckung der Kettenhaft an Indern durfte aber nur in Einzelfesselung erfolgen. Im übrigen bestand diese Strafe darin, daß je acht bis zehn Häftlinge jeder einen Ring um den Hals erhielt, durch dessen Schlaufen eine sie alle verbindende Kette gezogen wurde. So konnte man mit geringstem Wachpersonal die Sträflinge auch im Freien beim Straßenbau ausgiebig beschäftigen.

Eine Strafvollstreckung gegenüber Häuptlingen konnte erst erfolgen, wenn sie zuvor abgesetzt worden waren, da keinesfalls die Häuptlingsautorität als solche geschwächt werden durfte.

Man darf sich keinem Zweifel darüber hingeben, daß das deutsche Strafensystem nur teilweise geeignet war, erzieherisch und bessernd zu wirken. Aber es fehlte — und es fehlt noch heute — ein wirksamer Ersatz für die alten grausamen Strafen der Eingeborenen. Reformversuche wurden 1909 von dem damaligen Gouverneur Togos mit den sogenannten Besserungs-Siedlungen gemacht. Die Ratio war: Man wollte die Eingeborenen, die früher an despotische Stammeszucht gewöhnt waren, von der deutschen Regierung aber zu viele Freiheiten zugebilligt erhalten hatten, durch eine schärfere Einschränkung ihrer Selbstbestimmung wieder an Zucht und Ordnung gewöhnen, ohne sie ihrem Lande und der Natur zu entfremden[366].

3. Das formelle Kolonialrecht für die Weißen in den britischen Gebieten.

Das Verfahren in den englischen Besitzungen ist ähnlich dem im Mutterlande selbst geübten. Allerdings haben sich in Afrika indisches und kontinentales Recht einen größeren Einfluß verschafft. In Tanganyika Territory läuft das Zivilverfahren heute folgendermaßen ab: Auf die Klageschrift hin (plaint) erfolgt gerichtliche Ladung (sum-

[365] Winkelmann, S. 837 f.
[366] Wick S. 62 f.

mons). Der gesamte Prozeßstoff einschließlich der Beweismittel soll sofort vorgetragen werden; ein späteres Vorbringen kann ausgeschlossen werden. Die streitigen Urteile bestehen aus dem mündlich verkündeten judgement mit Gründen und dem später schriftlich niedergelegten Tenor (decree), der für die Zwangsvollstreckung maßgeblich ist[367].

Das Strafverfahren läuft entweder in dem förmlichen High Court oder dem summarischen subordinate courts Verfahren ab.

Das High Court Verfahren beginnt mit den Voruntersuchungen (preliminary inquiries) des örtlich zuständigen subordinate court. Nachdem der attorney general die Akten erhalten hat, beschließt dieser die Einstellung, weitere Untersuchung oder förmliche Anklage vor dem High Court. Bei Bestreiten der Tat durch den Angeklagten findet dann die Hauptverhandlung vor dem Obergericht statt. Die Beweisaufnahme ist streng getrennt in diejenige der Staatsanwaltschaft bzw. des Angeklagten oder seines Verteidigers. Dann faßt der Richter (nicht der Staatsanwalt) das Verhandlungsergebnis zusammen und zieht die Beisitzer zu Rate.

Das summarische Verfahren vor den Untergerichten beginnt mit bloßer gerichtlicher Ladung unter Angabe der Beschuldigung. Öffentliche oder private Ankläger sind weder nötig noch üblich. Eine Überführung des Täters ist nur durch zwei Zeugen möglich und nicht etwa durch einen Indizienbeweis. Ein Berufungsrecht steht nur dem Verurteilten, nicht etwa dem Staatsanwalt zu[368].

Die Vollstreckung von Strafen gegen Europäer erfolgt getrennt von der Vollstreckung an Eingeborenen.

Wie bereits früher erwähnt, dienen die Magistratsgerichte keineswegs nur der Rechtsprechung über Europäer, sondern es unterstehen ihnen auch z. B. regierungsangestellte und landfremde Eingeborene, während die eigentlichen „natives" meist den Eingeborenen-Gerichten unterworfen sind. Nun hat allerdings der Begriff native in den verschiedenen englischen Gebieten eine abweichende Definition erfahren, ja selbst innerhalb der einzelnen Territorien hat sich der Gesetzgeber oft noch nicht endgültig ausgesprochen über die Abgrenzung der einheimischen von den landfremden Eingeborenen[369].

Ein Prozeß vor dem europäischen Gericht ist jedoch für die meisten Eingeborenen viel zu kostspielig. Weiter ist ihnen unvorteilhaft das strenge Verfahren, speziell das Beweisverfahren. Endlich sind auch die Eingeborenen gezwungen, sich vor den Magistrats-Gerichten der englischen Sprache zu bedienen. Diese Unfreiheiten, der mangelnde Kontakt mit dem Gerichtspersonal, u. U. auch der Zwang, in einer „box" (= Zeugenstand) stehen zu müssen, wirkt einschüchternd und befremdend auf sie, und läßt die Eingeborenen die europäischen Gerichte möglichst meiden[370].

---

[367] Gunzert S. 48 ff.
[368] Gunzert S. 42 ff.
[369] Stafford S. 10; Hailey S. 828 f.
[370] Hailey S. 298.

Die Furcht vor einer Verknöcherung des Rechtes hat zur Folge gehabt, daß Rechtskundige weitgehend ausgeschaltet worden sind. Überdies würde ein Afrikaner einen Anwalt im allgemeinen meist gar nicht bezahlen können. Nicht selten ist deshalb der europäische Beamte zugleich Richter, Staatsanwalt und Verteidiger in einer Person, indem er nämlich auch Zeugen vorlädt und vernimmt, und den Angeklagten über prozessuale Dinge aufklärt usw.[371].

4. Das formelle Kolonialrecht für die Eingeborenen in den britischen Gebieten.

Zwar sind die Verwaltungsbeamten unter den Europäern noch die geeignetsten zur Ausübung der Eingeborenen-Rechtsprechung. Sie stehen mit ihnen laufend in Fühlung und können deren Glaubwürdigkeit, Motive, Ausreden und Beschönigungen noch am genauesten beurteilen[372]. Trotzdem arbeiten aber die mit Europäern besetzten Eingeborenen-Gerichte nicht immer zufriedenstellend. Das liegt daran, daß sie infolge der ihnen begegnenden Schwierigkeiten die Menge der Prozesse nicht meistern können, und infolge dieser Überlastung oberflächlicher sind. Einer steigenden Anerkennung der native courts folgt in manchen Teilen Afrikas heute schon ein größerer Zulauf zu ihnen, während auf der anderen Seite die magisterial courts für die Eingeborenen an Bedeutung verlieren. Der native unterwirft sich manchmal nur noch deshalb dem weißen Richter, weil dieser mit den Verhältnissen nicht so vertraut ist und den Fall nicht so gut übersieht, allerdings auch deshalb, weil der Eingeborene weiß, daß er in dem Europäer einen objektiven Richter finden wird, welcher Ruf den Eingeborenen-Richtern nicht immer anhaftet. Außerdem ist der Neger ebenso wie der Araber leicht bestechlich, weiter neigt er zu unsachlichen Erwägungen, mißachtet die ihm auferlegten Zuständigkeitsbeschränkungen und ist auch oft entschlußunfreudig. Gar nicht zu sprechen von Unsitten, denen er frönt, indem z. B. die eingeborenen Richter Togos während der Verhandlung berauschende Getränke zu sich nahmen usw.

aa) Das Verfahren in Eingeborenen-Prozessen.

Die Verhandlungen vor den native courts sind, außer in Nigeria oder in Stadtbezirken, sehr primitiv und an keinerlei Regeln gebunden. Der eingeborene Richter kennt die vor ihm Auftretenden und deren Lebensverhältnisse ganz genau. Während der Verhandlung können Zwischenfragen gestellt, Erläuterungen und Einwände vorgebracht werden.

Fälle von Meineid, die vor den europäischen Gerichten häufig sind, kommen vor den native courts kaum vor, da der Schwörende umgeben ist von seinen Verwandten und Bekannten.

---

[371] Stigand S. 57; Hailey S. 299.
[372] Hailey S. 301.

Es besteht kein spezielles Beweisverfahren. Die Verläßlichkeit der Zeugen ist jedoch zweifelhaft, zumal sie des öfteren die Rache dessen fürchten, zu dessen Ungunsten sie aussagen[373]. Vor den native courts sind auch Beweismöglichkeiten anerkannt, die ein europäisches Gericht niemals dulden könnte. So ist es z. B. vor dem Eingeborenen-Gericht möglich, daß die eine Partei die andere auffordert, die Wahrheit ihrer Behauptungen dadurch kund zu tun, daß sie ein Mahl über dem Grabe eines beiden Parteien gemeinsamen Vorfahren einnähme.

In den Gebietsteilen, in denen schon Protokolle aufgenommen werden, geschieht das meist nur durch Bezeichnung der Parteien, des Streitgegenstandes bzw. der Anklage und der getroffenen Entscheidung. Das Bewußtsein, daß auf Grund des Protokolls eine Kontrolle durch europäische Verwaltungsbeamte stattfinden wird, übt einen heilsamen Einfluß auf den ganzen Hergang des Verfahrens aus[374].

Als Sicherungsmaßnahmen gegen die Entscheidungen der native courts sind eingerichtet: Die Aufsicht und die Berufung. Die Aufsicht wird gehandhabt, indem entweder die Protokolle oder deren Abschriften regelmäßig geprüft werden oder dadurch, daß der Verwaltungsbeamte seinen Bezirk regelmäßig bereist. Die Aufsichtsbehörden können die Entscheidungen revidieren, nochmalige Verhandlung anordnen oder den Fall an ihr eigenes Gericht ziehen. Sie werden tätig auf Grund eigener Initiative gelegentlich der Kontrolle oder bei Beschwerde des sich zurückgesetzt Fühlenden. Die Beschwerde ist eine Art formloser Berufung, im Gegensatz zur formellen, deren Bearbeitung nicht in der Willkür des Beamten steht. Die Beschwerde wird oft dann vorgebracht, wenn der commissioner sich bei dem betreffenden native court aufhält — dadurch sparen die Eingeborenen Zeit und Kosten[375].

Durch die in letzter Zeit energisch betriebene Bildung von native courts of appeal wird verhindert, daß sich eine Europäerbehörde allzufrüh mit Eingeborenenmaterien befassen muß. Revision durch die Verwaltung und Berufung an die höheren Eingeborenengerichte stehen damit vorteilhaft nebeneinander. Im Falle, daß z. B. (von Europäern inspirierte) Verwaltungsvorschriften in Frage stehen, wird es günstiger sein, wenn die nochmalige Prüfung der Entscheidung durch europäische Beamte vorgenommen wird — dies im Wege der Revision. Nicht jedoch so, wenn z. B. aus einem verwickelten familien- oder erbrechtlichen Verhältnis der Eingeborenen geklagt wird — dann ist es angebrachter, daß sich auch in der Berufungsinstanz noch eine Eingeborenenbehörde mit dem Prozeß befaßt. Auf eine weitere Berufung hin könnte der Fall dann ja immer noch wieder vor europäische Gerichte gebracht werden[376].

---

[373] Böhmer S. 538.
[374] Hailey S. 297 f.
[375] Hailey S. 289.
[376] Hailey S. 307.

bb) Die Vollstreckung in Eingeborenenprozessen[377].

Der Afrikaner hat früher überhaupt keine Freiheitsstrafen gekannt, sie werden deshalb auch heute noch oft nicht als soziale Erniedrigung, sondern etwa wie ein Unglück empfunden. Der praktische Nutzen wie auch der erzieherische Wert der Gefängnisse läßt sich allerdings nicht bestreiten, in Hinsicht auf die geleisteten öffentlichen Arbeiten (z. B. Straßenbau), den handwerklichen Unterricht und so weiter. Außerdem wird in vielen Ländern ein Gewinn aus der Arbeitskraft der Häftlinge dadurch gezogen, daß dieselben an zahlende öffentliche oder private Unternehmer zur Arbeitsleistung „vermietet" werden.

Die mit der Freiheitsstrafe bezweckte abschreckende Wirkung als solche tritt aber nicht ein. Es wird im Gegenteil aus Uganda und Barotseland berichtet, daß Eingeborene die Gefängnisse gern als willkommene Gelegenheit benutzen, ihre Arbeits- und Steuerpflicht erst einmal aufzuschieben, um sich ihrer so vielleicht ganz entledigen zu können. In Uganda bestehen nämlich bis zu 60% aller Gefangenen aus Steuersäumigen.

Auch das persönliche Verhältnis zwischen Sträflingen und Wachmannschaften ist meist derart „harmonisch", daß die Eingeborenen keinen Grund haben, bei der gebotenen regelmäßigen Arbeit sowie dem verhältnismäßig guten Essen irgend etwas Entehrendes zu finden.

Die geringe Abschreckungswirkung und der Mangel an Gefangenenanstalten veranlaßt die Gerichte gern dazu, lieber Prügelstrafen zu verhängen. England — in dem noch 1811 die Prügelstrafe gang und gäbe war — bemüht sich heute, dieselbe in Afrika einzuschränken, ohne aber bisher einen brauchbaren Ersatz gefunden zu haben.

Geldstrafen, die bei den von der Hand in den Mund lebenden Eingeborenen bei ihrem mangelnden Sinn für Geldwirtschaft kaum immer beizutreiben sind, werden auch oft nur deshalb erhoben, weil der Richter „prozentual beteiligt" ist oder um den Staatssäckel wieder aufzufüllen.

Außer den genannten Vollstreckungsmaßnahmen kennt man heute noch: die Schließung in Stöcke u. ä., Vermögensbeschlagnahme; für Jugendliche: Einlieferung in Besserungsanstalten, Arbeitsläger sowie die Verhängung von Kollektivstrafen gegen ganze Dörfer (z. B. gemäß Tanganyika Collective Punishment Ordinance of 1921)[378].

[377] Lugard S. 547, 559 ff.; Hailey S. 309 ff.
[378] Gunzert S. 40 ff.

III. Gedanken zur künftigen Kolonialrechtspflege Deutschlands.

Die gesamte deutsche Kolonialpolitik der Zukunft wird vom Rassegedanken beherrscht sein und nicht nur eine persönliche Trennung zwischen Weiß und Schwarz zur Folge haben, sondern auch eine räumliche und institutionelle. So wird der Rassegedanke auf dem Gebiete des Rechtslebens durch eine gegenseitige Achtung und Befruchtung der beiden Rechtsräume zum Ausdruck kommen. „Wir lehnen es ab, den schwarzen Menschen europäisieren zu wollen, sondern wir wollen auch ihm seine Eigenart inmitten der Herrschaft der weißen Menschen sichern. Wir verneinen aber die Predigten der Mischung gegensätzlicher Rassen.“ [379] Diese Worte Alfred Rosenbergs charakterisieren auch unsere zukünftige Haltung gegenüber dem afrikanischen Rechtsraum. Auch hier kann weder von einer Ausmerzung noch von einer Verschmelzung die Rede sein.

Die Kolonialpolitik des Dritten Reiches wird sich von derjenigen des Kaiserreiches vor 1914 in der weltanschaulichen Unterbauung unterscheiden. Wünschenswert für die Eingeborenen sind nicht Universitäten, sondern praktische Möglichkeiten, sie aus dem Zustand der Halbkultur zu einem Vollafrikanertum zu führen, durch Erhaltung ihrer Bindungen an den Boden, durch Schulung in landwirtschaftlicher und handwerklicher Beziehung und Anhalten zur Mitarbeit an der Aufschließung des Landes. Keineswegs ist damit beabsichtigt — wie die Eingeborenen fürchten könnten —, daß Deutschland eine Rückführung in den „Buschzustand“ plant, vielmehr soll ihre Treue zu sich selbst und zu ihrem eigenen Volkstum gestärkt werden.

A. Die deutschen Behörden.

Es sei zunächst die Selbstverständlichkeit betont, daß die folgenden Ausführungen de lege ferenda die Privatansicht des Verfassers darstellen, also keinerlei offiziöse Bedeutung haben. Sie sollen ein Aussprachebeitrag zur künftigen kolonialen Rechtsgestaltung sein, nicht mehr.

a. Für die Verwaltung.

Spitze der Kolonialverwaltung dürfte, wie auch bereits im Kaiserreiche, in Zukunft das Kolonialministerium sein, das heute noch als Kolonialabteilung einen Teil des Auswärtigen Amtes bildet. Zukünftige Aufgaben ministerieller Instanzen werden etwa sein: Maß-

[379] Zitat bei Kühne S. 33.

nahmen der kolonialen Forschung, der Produktion, des Handels, Verkehrs, auf dem Gebiete des Finanz-, Schul- und Arbeitswesens. Fraglich ist nun allerdings, ob das Kolonialministerium für alle diese Angelegenheiten ausschließlich zuständig sein soll oder ob die Fachministerien heranzuziehen sind. Die moderne Entwicklung bei anderen Kolonialmächten scheint dahin zu gehen, daß eine ausschließliche Zuständigkeit des Kolonialministeriums nicht für zweckmäßig erachtet wird[380] — was angesichts der steigenden Intensivierung sämtlicher kolonialer Verwaltungszweige und des hohen Standes des Nachrichten- und Verkehrswesens verständlich erscheint.

Spitze der Verwaltung im Kolonialgebiet selbst wird wie früher ein Gouverneur sein müssen. Auch die Einrichtung des alten Gouvernementsrates wird zu übernehmen sein — nur unter anderer Bezeichnung. Größere Gebiete wird man zweckmäßigerweise in Provinzen und diese in Bezirke untergliedern. Auch im Schutzgebiet selbst wird eine ähnliche stoffliche Untergliederung bei den einzelnen Verwaltungsinstanzen einzuführen sein, wie sie bei den ministeriellen Behörden durchgeführt ist.

Genau so, wie im Reiche die NSDAP. als politische Willensträgerin des Volkes dem Staate befiehlt, — genau so wird auch das kolonialpolitische Amt der NSDAP. mit der staatlichen Kolonialverwaltung verknüpft und in ähnliche Wechselwirkung gebracht werden, wie sie auf anderen Gebieten in der Heimat bereits besteht[381].

Die Eingeborenenverwaltung wird in ähnlicher Weise zu organisieren sein wie sie die Engländer üben. Je nach dem Bildungsstande der einzelnen Häuptlinge, Sippenvorstände oder besonders beauftragten Eingeborenen wird man ihnen mehr oder weniger Rechte auf dem Gebiete der Exekutive einräumen. Voraussetzung ist, daß Eingeborene zur Verfügung stehen, die regelmäßige schriftliche Berichte an die deutschen Behörden abfassen können[382]. Da den Eingeborenen jedoch in großem Maße das Verständnis für die europäische Ordnung und deren innere Werte abgeht (man erinnere sich nur an Liberia[383]), sind ihnen weiße Beamte in genügender Anzahl beizugeben, die sich der Mühe unterziehen, sich mit der Sprache, Psyche und mit den äußeren Angelegenheiten der Eingeborenen so vertraut zu machen, daß sie sich genügend einfühlen können, um wahrhaft erzieherisch und kulturfördernd tätig zu werden.

b. Für die Rechtspflege.

Die zukünftige Gerichtsverfassung der deutschen Schutzgebiete wird ohne Frage wieder eine Trennung der Gerichtsbarkeit der Weißen von der der Eingeborenen bringen. Dies zumindest in der Organisation, wenn auch vielleicht nicht immer in personeller Hinsicht. Auch

[380] Wengler, Verwaltungs-Organisation, S. 20.
[381] v. Wangenheim S. 42 ff.
[382] Thurnwald S. 447.
[383] Rohrbach S. 58 ff.

der Grundsatz der Trennung von Justiz und Verwaltung ist im Sinne einer Zuständigkeitsverteilung angebracht — auf jeden Fall für die weiße Bevölkerung. Sicherlich wird man sich dann in der Justiz den Grundsatz der Engländer zu eigen machen, daß ein Europäer niemals der Rechtsprechung eines Eingeborenengerichtes unterstehen kann. Vielmehr wird man für diese wieder deutsche Gerichte und deutsches Recht einführen (Bezirksgerichte, Obergericht), so wie es bis 1918 gewesen war. Das Recht ist mit Ausschluß desjenigen zu übernehmen[384], das kolonialen Verhältnissen und Umständen widerspricht. Anzustreben ist jedoch eine möglichst genaue Festlegung des auszuscheidenden bzw. einzuführenden Rechtes. Es wird in der Hand des Gesetzgebers liegen, ob das in Form einer Generalklausel geschieht oder jeweils im einzelnen besonders angeordnet wird.

Für die Einrichtung der Eingeborenengerichtsbarkeit bestehen folgende Möglichkeiten:

1. die Einsetzung weißer Richter;
2. die Einsetzung weißer Richter mit Eingeborenenbeisitzern;
3. die Einsetzung eingeborener Richter.

Die weißen Beamten sind zwar in persönlicher Hinsicht viel zuverlässiger. Andererseits fehlt ihnen — zumindest eine tiefere — Kenntnis des Eingeborenenrechts, was u. U. langwierige und ihrem Ansehen schadende Beweisaufnahmen erforderlich macht. Hinzu kommen Sprachschwierigkeiten, eine den Eingeborenen unverständliche Neigung zur Konzentration des Streitstoffes.

Einem europäischen Richter das Präsidium eines Gerichts zu geben, dem noch ein oder mehrere Eingeborenenrichter angehören, ist deshalb abzulehnen, weil — abgesehen von Abstimmungsschwierigkeiten — damit das Eingeborenenrecht als solches sich mit der Zeit immer mehr mit europäischem Recht vermischen würde[385]. Ein Vorgang, wie er sich infolge der gemischten Besetzung der Eingeborenengerichte in den französischen Kolonien heute abspielt.

Die Einrichtung des Beisitzes von Eingeborenen mit Beratungsbefugnis, die früher in den deutschen Schutzgebieten üblich war, zeigt ebenfalls gewisse Mängel. Nicht immer sind die Eingeborenen objektiv und ehrlich. Auch macht es meist Schwierigkeiten, gerade das aus ihnen herauszubringen, wessen der weiße Richter an Rechtsstoff bedarf. Der englische Brauch, an Stelle von Eingeborenen manchmal landeskundige Weiße (Pflanzer, Kaufleute, Missionare) als Beisitzer heranzuziehen, muß selbstverständlich als Notbehelf angesehen werden.

Bei der Verwendung nur Eingeborener als Richter macht sich zum Vorteil geltend, daß sie meist eine traditionelle Autorität genießen, daß ihnen Sprache, Gedankengänge und persönliche Verhältnisse der Eingeborenen vertraut sind sowie die Methoden, mit denen

[384] Schack, Wiederaufbau, S. 381.
[385] Hailey S. 420 f.

ihre Rassegenossen angefaßt werden müssen[386]. Besonders beauftragte Eingeborene als Richter einzusetzen, die sich eine gewisse Autorität erst schaffen müssen, wird sich zum Teil als Fehlschlag erweisen, da diese Eingeborenen oft einen schweren Stand haben und sich nicht durchzusetzen vermögen.

Auf alle Fälle dürfte immer eine strenge Aufsicht durch deutsche Behörden am Platze sein. Mittel derselben wären insbesondere persönliche Anwesenheit, Akteneinsicht und alle Art von Eingriffsrechten.

Die Ausgestaltung des Rechtsmittelwesens hängt von der Güte der Eingeborenen-Rechtsprechung und ihrer Aufsicht ab. Weniger erforderlich ist die Übereinandertürmung vieler Instanzen, wie im britischen Reich, als vielmehr deren Wirksamkeit. Brauchbar scheint die Einrichtung der Engländer, von jedem Eingeborenengericht die Möglichkeit der Beschwerde an die Aufsichtsbehörde zu geben — insbesondere wenn Verwaltungsvorschriften (europäischen Ursprungs) in Frage stehen. In den übrigen Fällen z. B. familien- oder erbrechtlichen Inhalts ist wohl die Berufung an ein zweitinstanzliches Eingeborenengericht angebrachter. Das Berufungsgericht ist aufzustellen bei einem Oberhäuptling oder besonders befähigten oder einflußreichen Eingeborenen.

Die Zuständigkeit des Eingeborenengerichts sollte sich nur auf Bagatellsachen erstrecken, z. B. Ehesachen, Diebstähle und Körperverletzungen. Für wichtigere Prozesse müßte das Eingeborenen-Berufungsgericht erstinstanzlich zuständig sein[387]. Besonders schwere Fälle, z. B. Landesverrat, gemeingefährliche Verbrechen und Kapitalverbrechen wären wohl den europäischen Behörden zu übertragen (den Aufsichtsbehörden, d. h. entweder Verwaltungs- oder Justizbeamten).

Schwierigkeiten bereitet die Behandlung von Mischlingen, Mischprozessen, von Stadt- und Minenbevölkerungen sowie endlich derjenigen Farbigen, die weder den Europäern noch den Eingeborenen gleichgeachtet werden können (Inder, Araber). Deutschland hatte früher die Regelung getroffen, daß die betreffenden Personen entweder wie deutsche Reichsangehörige oder wie Eingeborene zu behandeln waren. Schließlich hatte man für diejenigen Prozesse, die sich nun immer noch nicht einordnen ließen, Khadis, Liwalis oder Jumben als Richter eingesetzt. Die Engländer haben besonders in Tanganyika und Kenya diese Einrichtung in das Rechtssystem eingebaut und fortentwickelt. Diese „Zwischengerichte“ weiter auszugestalten und u. U. als dritte tragende Säule in die Gerichtsorganisation einzugliedern, wird unerläßlich sein.

Die deutschen Gerichte würden am besten für zuständig erklärt nur für Streitigkeiten zwischen deutschen Reichsangehörigen oder für Anklagen gegen dieselben. Recht und Verfahren bestimmte sich dann nach rein deutschen Gesichtspunkten. Die Eingeborenengerichte, die das Extrem dazu bilden würden, sollten zuständig sein nur für

[386] Winkelmann S. 841.
[387] Thurnwald S. 447 ff.

kleinere Zivil- und Straffälle und nur Eingeborenenrecht anwenden — allerdings innerhalb des ordre public. In den Raum der erwähnten Zwischengerichte würden alle Arten von Mischprozessen fallen, aber auch alle Nichtreichsangehörigen: Ausländer, Japaner, Asiaten, Mischlinge und nichtstammesangehörige Eingeborene. Richter hätten wohl Deutsche zu sein mit Beisitzern des in Frage stehenden Rechtskreises. Die Zwischengerichte hätten je nach dem Prozeß deutsches Recht, internationales Privatrecht, intergentiles, indisches oder mohammedanisches sowie Eingeborenenrecht anzuwenden.

B. Rechtsquellen und Gesetzgebung.

In dem Augenblick, in dem Deutschland die Herrschaft in seinen Kolonien wieder antritt, taucht das Problem des Nachfolgerechtes auf, da das deutsche Recht dann in bereits von hochstehendem europäischen Recht erfüllte Räume vorstößt. Es fragt sich, ob und inwieweit das bis dahin geltende Recht übernommen werden soll. Nicht immer hat der Nachfolgestaat in der Geschichte das frühere Recht beseitigt, so gilt zum Teil noch heute in Kanada und auf Mauritius der Code Napoléon, gilt in Südafrika noch holländisch-römisches Recht. Ebenso findet man holländisches Recht auf Ceylon, in British Guayana, sowie deutsches Recht z. B. in South-West Africa.

Deutschland andererseits hat auf seinen früher spanischen Inseln, ebenso auf den zunächst unter deutsch-britisch-amerikanischem Kondominium stehenden Samoa-Inseln die alten europäischen Rechtsordnungen bald beseitigt[388]. Es ist als sicher anzunehmen, daß auch in unseren wiedererlangten Kolonien fremdes Recht wird zwar schonend, aber schnellstens abgelöst bzw. „umgegossen" werden[389].

Das Recht der Kolonialdeutschen wird grundsätzlich ihr Heimatsrecht sein, zugeschnitten allerdings auf die besonderen kulturellen und wirtschaftlichen Verhältnisse. Auch Eingeborenen-Zivil- und -Strafrecht wird innerhalb des durch europäisches Empfinden gezogenen Rahmens als Rechtsquelle für die Eingeborenen Anerkennung finden, ebenso die Rechte der asiatischen Minderheiten —, soweit es gegenüber deutschem Recht erforderlich und dienlich erscheint.

Das neu zu schaffende deutsche Kolonialrecht wird in seinen großen Zügen durch die Reichsgesetzgebung selbst erlassen werden. Neben Verfassung und Verwaltung der deutschen Schutzgebiete wird die Ordnung der Rechtspflege eines der ersten grundlegenden Gesetze bilden. Im übrigen ist die gesetzliche Festlegung von Grundsätzen über Zoll, Steuern, Gesundheitspflege, Siedlung u. a. m. baldigst erwünscht[390].

---

[388] v. Hoffmann, Einführung, S. 166 f.
[389] Gerstmeyer S. 490 ff.
[390] v. Wangenheim S. 82.

Das Schwergewicht der kolonialen Gesetzgebung wird allerdings wohl ähnlich der englischen Regelung und entgegen der französischen im Schutzgebiet selbst liegen. Dringend erforderlich ist, daß der gesamte Kolonialrechtsstoff in einem Reichskolonialgesetzblatt konzentriert und veröffentlicht wird.

Im Zusammenhang mit der Erörterung der künftigen Gesetzgebung taucht die Frage auf, ob und inwieweit man die Eingeborenen dabei heranzuziehen gedenkt. Mit dem von den Engländern[391] aufgeworfenen Problem, ob die parlamentarische die geeignete Regierungsform für die Eingeborenen ist, wird man sich in Deutschland kaum beschäftigen. Denn abgesehen von der praktischen Schwierigkeit, unter der eingeborenen Bevölkerung eine korrekte Wahl durchzuführen, hat sich das parlamentarische System selbst bei hochstehenden Kulturvölkern derart schlecht bewährt, daß man es den Eingeborenen schon besser gar nicht oktroyiert. Dagegen wird man wohl parallel den Einrichtungen des Reiches angesehene und verantwortungsbewußte Farbige in einen Eingeborenenrat berufen, mit dem zusammen dann die maßgeblichen deutschen Kolonialorgane insbesondere Anordnungen bezüglich der Eingeborenen beratschlagen können.

C. Materielles Kolonialrecht.

Festgestellt wurde bereits, daß deutsches Recht wohl wieder in unsere Kolonien übernommen werden muß. Weniger einfach ist es, mangels praktischer Erfahrung Vermutungen darüber anzustellen, inwieweit deutsches materielles Recht Eingang finden wird. Während z. B. die Rassengesetze, das BGB., das HGB., das RStGB. und die GBO. für die Deutschen in mehr oder wenig veränderter Form in die Schutzgebiete übergehen werden, werden nur Teile des Verfahrensrechts (ZPO., StPO., GVG., ZVG., KO., FGG.) zur Anwendung kommen. Materien wie: Gewerbe-, Polizei-, Gemeinde- und Bauernrecht werden für die Kolonien wohl überhaupt einer Sonderregelung unterzogen werden. Einen ihr eigentümlichen Fragenkomplex wirft die Einführung des Rechtes der NSDAP. und ihrer Gliederungen auf.

In das materielle Eingeborenenrecht wird vom deutschen Gesetzgeber wahrscheinlich auf einigen Gebieten stark eingegriffen werden. So werden z. B. Boden- und Kreditrecht, aber auch das Arbeitsrecht eingehenden Regelungen unterworfen werden müssen. Besonders auf dem Gebiete des Strafrechts ist eine weitgehende Reform unerläßlich. Das Problem ist hierbei nur, daß die Eingeborenen die z. T. tiefgreifenden Änderungen ihres Rechts wohl kaum verstehen werden. Wie soll man sie darüber nun aufklären, wie soll man ihnen das so fortgebildete Recht innerlich näherbringen?

---

[391] Thurnwald (über Hailey) S. 416 ff.

Es muß auf jeden Fall verhindert werden, daß die eingeborenen Richter versuchen, deutsches Recht zur Anwendung zu bringen. Nicht nur, weil deutsches Recht dadurch im Ansehen leiden könnte, sondern die Entscheidungs- und Entschlußfreudigkeit der Eingeborenengerichte kann leicht beeinträchtigt werden dadurch, daß sie immer wieder feststellen müssen, daß die deutschen Behörden an den Entscheidungen der Eingeborenen auf Grund deutschen Rechts etwas auszusetzen haben. Eine ähnliche Rechtslage findet sich wie geschildert in Cold Coast[392]. Im Gegenteil muß man die Eingeborenengerichte veranlassen, sich nur nach ihrem eigenen Recht und Brauch zu richten und dieses durch ihr Spruchrecht weiter zu bilden und zu verfeinern.

Sammlungen von Eingeborenenrecht, die während der früheren deutschen Zeit bereits weitgehend vorbereitet waren und bald zu Kodifikationen hätten führen können, müssen trotz der Schwierigkeiten und Mühseligkeiten wieder in Angriff genommen werden. Eine Befragung der Eingeborenen wird aber wohl kaum allein zum Ziele führen: Mangelnde Sprachkenntnis, Verschiedenheit der Rechtsbegriffe und die deutsche Tendenz zur Abstraktion und Verallgemeinerung — und damit Herbeiführung von Trugschlüssen können einen Erfolg in Frage stellen. Hingegen ist zu empfehlen eine genaue Aufzeichnung allen zufällig bekanntwerdenden Rechts. Der Gefahr einer Kodifikation, daß sich infolge ihrer Starrheit Recht und Wirklichkeit voneinander entfernen (vgl. den Natal Code) muß vorgebeugt werden. Eine Kodifikation ist gelegentlichen Aufzeichnungen aber vorzuziehen, da diese letzteren leicht unverdienterweise bindende Kraft erhalten[393].

D. Formelles Kolonialrecht.

Durch die Verschiedenheit der Anschauungen und Kulturstufen ist eine andere als die deutsche Verfahrensart unerläßlich. Es gibt nur wenige allgemeingültige Verfahrensgrundsätze im Eingeborenenprozeß. Allerdings wäre es wünschenswert, gerade diese gesetzlich festzulegen, da eine einheitliche Protokollierung, Beamtenernennung, Rechenschaftsablegung, sowie Regeln über Verhaftung, Zustellungen und Vollstreckung sogar von den Engländern dringend gefordert werden[394].

Das Eingeborenengericht soll weder europäische Gerichte zu imitieren versuchen — wie es z. B. aus Nigeria berichtet wird —, noch dessen materielles oder formelles Recht anzuwenden versuchen. Immerhin bedarf es gewisser Formalitäten zur Aufrechterhaltung von Würde und Einfluß des Gerichts. Unbedingt zu achten ist auf eine Abfassung von Protokollen, die mindestens zum Inhalt haben: Die Bezeichnung der Parteien, der Streitsache oder Anklage, sowie

[392] Hailey S. 474.
[393] Meinhof S. 116 ff.; Winkelmann S. 839.
[394] Hailey S. 309.

der Entscheidung. Auch muß darauf gesehen werden, daß die Gerichtsschreiber nicht kraft ihrer „Bildung" einen Einfluß auf die z. T. primitiven Häuptlinge erlangen[395].

Die Aufsicht muß darauf bedacht sein, die infolge der Palaver-Sucht der Eingeborenen mögliche Bildung von „Prozeßmonstren" vor den Eingeborenengerichten zu verhindern. Im übrigen sollten jedoch Eingriffe durch deutsche Stellen weitgehendst vermieden werden, andernfalls aber eine schnelle und gerechte Entscheidung getroffen werden. Denn der Farbige hat trotz seiner naiven Weltanschauung und seines wenig entwickelten Denkvermögens — ähnlich wie bei uns ein Kind — ein außerordentlich feines Rechtsgefühl. Er verträgt Strenge sehr wohl, nur nicht Ungerechtigkeit.

Eine Verbesserung des Strafensystems ist anzustreben, vielleicht indem besonders der alte Gedanke der Wiedergutmachung ausgebaut wird[396]. Zu erwägen dürfte auch sein, ob man nicht die frühere deutsche Einrichtung auf Neu-Guinea ins künftige Kolonialrecht für Afrika übernimmt: Auf entlegenen Plantagen hatte dort der Pflanzungsleiter oft die ausdrückliche behördliche Erlaubnis, Eingeborene mit bis zu 15 Stockhieben zu züchtigen. Zu bestimmten Zeiten erschien dann ein Regierungsbeamter, der nachprüfte, ob und inwieweit berechtigter- oder unberechtigterweise von der Disziplinarerlaubnis Gebrauch gemacht worden war. Selbst nach Zeugnissen von Ausländern war sich der Deutsche seiner Herrenstellung genügend bewußt, um keinen Mißbrauch zu treiben —, abgesehen davon, daß ihm dann die Erlaubnis sofort wieder entzogen worden wäre[397].

Einige Aufmerksamkeit sollte auch der Betreuung haftentlassener Eingeborener zugewandt werden, wie es z. B. in Kenya seitens der Heilsarmee (Salvation-Army) geschieht.

Anwälte der Eingeborenen sollten nur in beschränktem Umfange zugelassen werden; denn abgesehen davon, daß es ihnen bei ihrer Geschäftstüchtigkeit meist nur auf das Verdienen ankommt, würden sie es wohl kaum der Mühe wert erachten, zur Aufklärung des Rechtsfalles beizutragen[398].

Wie im materiellen Recht, so muß auch im formellen Recht oberster Grundsatz sein: Erhaltung und Weiterbildung bereits bestehender, gesunder Rechtsgrundsätze und deren Anpassung an die neue Zeit mit ihren neuen Erfordernissen.

---

395 Lugard S. 555.
396 Thurnwald S. 448 f.; Hailey S. 1644.
397 Thomas, Auszug in der „Auslese" 1939, S. 673 ff.
398 Lugard S. 444 f.

IV. Anhang.

MITTELLÄNDISCHES MEER
ROTES MEER
ENGLISCH-
ÄGYPT.
SUDAN
BRIT.
SOMALI-
LAND
GAMBIA
SIERRA
LEONE
GOLD-
KÜSTE
TOGO
NIGERIA
KAMERUN

...ER OZEAN
AFRIKA
DEUTSCH-
OSTAFRIKA
NJASSALAND
NORD-RHODESIEN
SÜD-
RHODESIEN
DEUTSCH-
SÜDWEST
AFRIKA
BETSCHUANALAND-
PROTEKTORAT
TRANSVAAL
SWASI-
LAND
ORANGE-
FREIST.
NATAL
BASUTO-
LAND
SÜDAFRIKAN.
UNION
KAP-LAND
INDISCHER
OZEAN

A. Erwerb der einzelnen afrikanischen Gebiete durch England.

1588 Beginn der Festsetzung in Gambia.
1667 Beginn der Festsetzung in Gold Coast.
1806 Endgültige Eroberung der Cape Province.
1808 Festsetzung in Sierra Leone.
1841 Besetzung Natals.
1861 Beginn der Festsetzung in Nigeria (Lagos).
1862 Beginn der Festsetzung in Basutoland.
1876 Beginn der Festsetzung in Bechuanaland.
1884 Festsetzung in Somaliland.
1885 Beginn der Festsetzung in Kenya.
1889 Festsetzung in Nord- und Süd-Rhodesien.
1890 (1. 7.) Sansibar gegen Helgoland eingetauscht.
1890—1894 Kondominium über Swaziland.
1891 Festsetzung in Nyassaland.
1892 Uganda unter dem Schutz der britischen Ostafrika-Gesellschaft.
1899 Kondominium über den Anglo-Egyptien Sudan.
1902 Endgültige Eroberung Transvaals, des Oranje-Freistaates (und Swazilands).
1919 Deutsch-Südwestafrika wird Unionsmandat.
Deutsch-Ostafrika wird britisches Mandat.
Kamerun wird britisches Mandat.
Togo wird britisches Mandat.

B. Größe und Bevölkerung der von England beherrschten oder beeinflußten Gebiete.

Land	Größe in qkm	Einwohner	Weiße	Eingeborene	Araber	Inder	Mischlinge	Bemerkungen
Anglo-Egyptien-Sudan	2 620 000	5 697 300 (1937)	5 341 (1933)	5 723 198 (1933)	—	—	—	—
Basutoland	30 343	562 411 (1936)	1 434 (1936)	495 937 (1931)	—	200 (1933)	2 000 (1933)	—
Bechuanaland	712 700	265 800 (1937)	1 899 (1936)	155 354 (1921)	—	52 (1921)	1 003 (1921)	—
British Cameroons ...	88 266	825 300 (1937)	354 (1936)	781 000 (1933)	—	—	—	—
(Cape Province) ...	717 839	3 522 200 (1936)	748 455 (1931)	3 000 000	—	—	—	—
Gambia	10 706	198 000 (1937)	217 (1936)	199 294 (1931)	—	—	—	—
Gold Coast	203 600	3 231 000 (1937)	2 800 (1936)	2 866 658 (1931)	1 (1921)	629 (1931)	3 182	—
Kenya	582 646	3 261 500 (1937)	18 269 (1936)	2 966 993 (1931)	11 932 (1933)	38 325 (1936)	1 344	Goanesen: 3 246 (1933)
(Natal)	91 382	1 940 600 (1936)	177 424 (1931)	1 700 000	—	—	—	—
Nigeria	869 400	20 190 800 (1937)	5 246 (1936)	19 923 677 (1931)	—	490 (1931)	—	—
Nothern Rhodesia ...	745 772	1 378 000 (1936)	9 913 (1936)	1 371 213 (1933)	1 000 (1933)	176 (1931)	—	—
Nyassaland	124 000	1 622 900 (1937)	1 781 (1936)	1 608 023 (1933)	—	1 474 (1933)	—	—
(Orange-Free-State) ..	128 580	799 900 (1936)	205 324 (1932)	600 000	—	—	—	—
Sierra Leone	80 400	189 000 (1936)	718 (1936)	1 766 323 (1931)	—	1 216 (1931)	290 (1931)	—
Somaliland	176 000	347 000 (1937)	68 (1931)	344 700 (1931)	1 614 (1931)	543 (1931)	—	Bantu: 262 (1931)
Southern Rhodesia ...	386 000	1 289 000 (1936)	55 419 (1936)	1 055 000 (1931)	—	1 700 (1931)	2 402 (1931)	—
South-West-Africa ..	808 550	359 516 (1936)	31 049	241 733 (1933)	—	—	—	Caprivi-Zipfel: 27 383 qkm
Swaziland	17 365	156 800 (1937)	2 735 (1936)	122 290 (1932)	—	10 (1932)	700 (1932)	—
Tanganyika-Territory.	941 552	5 146 900 (1937)	8 703 (1937)	5 000 160 (1933)	7 000	30 126 (1933)	—	Deutsche: 2 981 (1937)
Togoland	33 775	341 254 (1936)	43 (1936)	293 628 (1931)	—	—	—	—
(Transvaal)	286 053	3 301 000 (1936)	714 100 (1932)	2 600 000	—	—	—	—
Uganda	304 873	3 686 700 (1937)	1 994 (1936)	3 604 135 (1933)	—	14 860 (1935)	—	Seengebiet: 35 265 qkm
Union of South Africa	1 223 268	9 588 655 (1936)	2 003 512 (1936)	5 761 900 (1934)	—	198 900 (1934)	607 100 (1934)	57 % Buren, 34 % Engländ.
Zanzibar (und Pemba)	2 642	235 465 (1931)	278 (1931)	186 466 (1931)	33 401 (1931)	15 283 (1931)	37 (1931)	Hauptinsel: 1 658 qkm

C. Geschichtstabelle über die Union.

1652 Beginn der Kolonisation Südafrikas durch die Niederländisch-Ostindische Kompanie.
1795 Südafrika zum ersten Male von England besetzt.
1803 Südafrika unter der Batavischen Republik.
1806 Südafrika endgültig von England besetzt.
1836 Der große „trek".
1837 Gründung von Natal, Oranje-Freistaat und Transvaal.
1841 Besetzung Natals durch England.
1848 Annektion des Oranje-Freistaates durch England.
1854 Aufgabe des Oranje-Freistaates.
1862 Festsetzung Englands in Basutoland.
1876 Festsetzung Englands in Bechuanaland.
1877 Annektion Transvaals durch England.
1881 Aufgabe Transvaals.
1881 Abschluß einer Unabhängigkeitsgarantie zwischen England und der Südafrikanischen Republik bezüglich Swazilands.
1884 Ohm Krüger bittet Bismarck um Reichsschutz; dieser weist das Ansinnen jedoch mit Rücksicht auf England zurück.
1889 Festsetzung Englands in Süd-Rhodesien (und Vollendung der Einkreisung der Buren-Republiken).
1890 England und die Südafrikanische Republik übernehmen gemeinsam die Verwaltung Swazilands.
1895 Bewaffnete Einfälle Englands in die südafrikanische Republik (durch Dr. Jameson — Gold- und Diamantenfunde — Krügertelegramm des deutschen Kaisers).
1899 Beginn des Burenkrieges.
1902 Friede zu Bloemfontein.
1906 „responsible government" in Transvaal.
1907 „responsible government" in Oranje-Free-State.
Vereinigung von Zoll, Eisenbahn und Justiz.
1910 Gründung der südafrikanischen Union.
1914 Burenaufstände beim Ausbruch des Weltkrieges.
1924 General Hertzog, der Führer der nationalen Buren, wird Ministerpräsident.
1926/1930 Reichskonferenzen (Erlangung der Unabhängigkeit durch die Dominien).
1939 Smuts Ministerpräsident; Kriegserklärung an Deutschland.

D. Die deutsche Bevölkerung von South-West-Africa.

1914 es waren von 14 800 Weißen
12 300 Deutsche
das waren 84 % einschl. der Beamten

1936 insgesamt

naturalisierte Deutsche . .	5 847	(= 19 %)	
Reichsdeutsche	3 284	(= 12 %)	
Nicht-Deutsche	21 546		= 30 677

davon gezählte Kinder

naturalisierte Deutsche . .	1 274	
Reichsdeutsche	955	
Nicht-Deutsche	11 394	= 13 623.

Die Zahl der Kinder der Deutschen ist offensichtlich falsch, da die Nicht-Deutschen gegenüber den Deutschen nicht über einen derartigen Kindersegen verfügen können!* Vielmehr muß sich die Zahl der Kinder ungefähr in demselben Verhältnis halten, wie die Zahl der Erwachsenen.

Erwachsene (Gesamtzahl abzüglich Kinder)

naturalisierte Deutsche . .	4 573	
Reichsdeutsche	2 329	
Nicht-Deutsche	10 152	= 17 054

demnach Kinder (im Verhältnis: 4 573 : 2 329 : 10 152)

naturalisierte Deutsche . .	3 653	
Reichsdeutsche	1 860	
Nicht-Deutsche	8 110	= 13 623

demnach in Wahrheit (Erwachsene und Kinder)

naturalisierte Deutsche . .	8 226	(= 27 %)	12 415**
Reichsdeutsche	4 189	(= 14 %)	
Nicht-Deutsche	18 262		= 30 677.

Selbst nach Angabe der Union beträgt die Zahl der Volksdeutschen 31 %. Nach unserer Errechnung jedoch 41 %***.

---

* Vergl. Blumhagen, Kolonialzeitung S. 175 ff.
** Ähnlich Hailey, S. 155.
*** Zu einem ähnlichen Ergebnis gelangt auf einem ganz anderen Wege: Umschau 1939 S. 732.

E. Die Rechtsprechung in South-West-Africa von 1930—1937.

	1930	1931	1932	1933	1934	1935	1936	1937
High Court								
Zivilfälle	228	221	192	143	140	135	116	146
Straffälle	70	53	58	61	74	52	50	45
verurteilte Weiße	22	13	14	17	12	11	19	9
Art der Tat der Weißen	—	—	—	Bedrohung Diebstahl Betrug	Betreten von Diam.-Gebiet	Diebstahl Inzest	Diebstahl Rassenschande	Rassenschande
verurteilte Eingeborene	48	40	44	44	62	41	31	36
Art der Tat der Eingeborenen	—	—	—	Einbruch Vieh- einfacher Diebstahl Mord Bedrohung	Vieh-Einbruch einfacher Diebstahl	Einbruch einfacher Diebstahl Bedrohung Flucht	Einbruch Diebstahl Mord Bedrohung	Einbruch Diebstahl Mord
Magistrates' Courts								
Zivilfälle	—	—	3198	1860	1389	1340	1442	1527
Straffälle	—	—	7787	8698	7464	7754	8582	9855
davon Störung des öffentlichen Friedens	—	—	29	45	62	76	122	147
davon Auspeitschung	—	—	1798	2954	2765	732	691	401

F. Die Rechtsprechung in Tanganyika von 1932—1937.

(High Court und Subordinate Courts)

	1932	1933	1934	1935	1936	1937
Zivilfälle	—	4264	3243	2755	2794	2969
zwischen Europäern	—	408	345	348	358	311
zwischen Asiaten	—	1369	995	980	989	1212
zwischen Eingeborenen	—	75	44	31	39	85
gemischte	—	2412	1859	1396	1408	1361
Straffälle	5203	5748	6163	6060	6736	7109
verurteilte Europäer	—	347	410	418	370	402
verurteilte Asiaten	—	752	936	888	919	1187
verurteilte Eingeborene und andere	—	4947	5181	4993	5671	5619
wegen Mordes	142	168	174	159	175	199
wegen Gewalttätigkeit	510	561	613	602	639	669
wegen (Einbruch-) Diebstahls	gesunken	gesunken	gesunken	um 455 gestiegen	gesunken	um 249 gestiegen
Übertretung lok. spez. Anordnungen	gestiegen	gestiegen	gestiegen	um 155 gesunken	um 653 gestiegen	um 114 gestiegen

G. Die Gerichtsverfassung von Tanganyika Territory

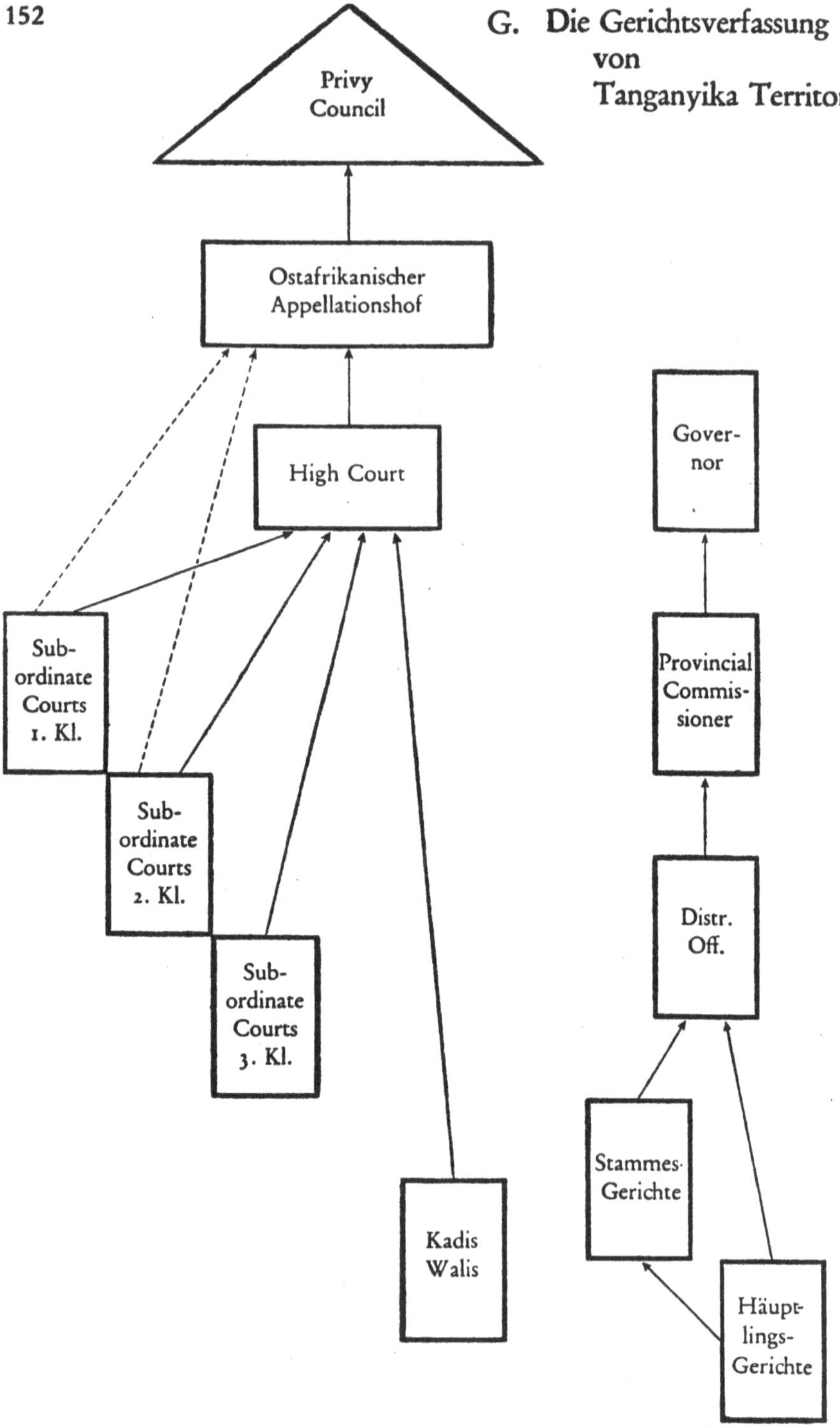

H. Die Rechtsprechung in Brit. Cameroons von 1932—1937.

Provincial Courts, Protectorate Court

	1932	1933	1934	1934	1935	1936	1937
	Prov. Courts bis März 1934			Protectorate Court ab April 1934			
Zivile Fälle	103	43	8	36	56	69	56
Straffälle	1330	1705	353	808	1403	1033	994
Wichtigste Straftaten	—	Schmuggel 568	Schmuggel 47	Schmuggel 163	Schmuggel 480	Schmuggel 515	Schmuggel 340
	—	Alkohol 209	Schlägerei 37	Diebstahl 110	Schlägerei 157	Schlägerei 150	Diebstahl 81
	—	Diebstahl 185	Alkohol 28	Schlägerei 51	Diebstahl 95	Diebstahl 123	Steuerverg. 56
	—	Steuerverg. 69	Bedrohung 26	Forstverg. 41	Steuerverg. 68	Bedrohung 74	Fortsverg. 53
Todesstrafe	—	2	3	—	4	—	—
Freiheitsstrafe	—	492	119	358	437	367	423
Geld- und andere Strafen	—	978	162	306	761	835	635
Freisprüche	—	233	68	144	180	274	218
Native Courts							
Zivile Fälle	—	8149	8201		10533	13882	14163
Straffälle	—	5141	4185		5123	6958	7172
Ehebrüche	—	206	207		238	313	456

I. Die Anzahl der Eingeborenen-Gerichte in British-Cameroons von 1933—1937.

	1933	1934	1935	1936	1937
	ohne Kentu		seit 1935 mit Kentu		
Adamawa, Dikwa seit 1935 Kentu					
A-Courts	2	2	2	2	2
B-Courts	12	10	10	10	7
C-Courts	2	2	2	2	6
D-Courts	1	—	4	4	4
Cameroons					
A-Courts	—	—	—	—	—
B-Courts	4	4	2	2	2
C-Courts	14	2	2	4	3
D-Courts	46	56	73	76	80

K. Die Rechtsprechung der Eingeborenen-Gerichte in der Provinz Cameroons (im Mandat British Cameroons) von 1933—1937.

	1933	1934	1935	1936	1937
Zivile Fälle	5004	4992	6599	9697	10694
Straffälle	2630	2180	2762	3347	3639
wichtigste Straftaten	Bedrohung 485	Bedrohung 436	Körperverletzung 539	Körperverletzung 576	Körperverletzung 689
	Diebstahl 380	Diebstahl 333	Steuerverg. 318	Eingeb.-VO. 280	Diebstahl 354
	Steuerverg. 225	Verleumdung 148	Eigentumsverl. 279	Eigentumsverl. 268	Fried.-Verl. 328
	Verleumdung 185	Steuerverg. 101	Moralverletzung 139	Farmdiebstahl 152	Moralverletzung 296
Todesstrafe	—	—	—	—	—
Freiheitsstrafe	556	567	540	656	474
Geldstrafe	1276	974	1017	1600	1639
Prügelstrafe	25	2	7	6	10
andere Strafen	283	356	477	766	213
Ehebrüche	147	171	166	233	383

L. Die Rechtsprechung der Eingeborenen-Gerichte in der Provinz Adamawa, Dikwa, seit 1935 auch Kentu (im Mandat British Cameroons), von 1933—1937.

	1933 (ohne Kentu)	1934 (ohne Kentu)	1935	1936 (seit 1935 mit Kentu)	1937
Zivile Fälle	3145	3209	3934	4185	3469
Straffälle	2511	2005	2361	3511	3533
wichtigste Straftaten	Diebstahl 708	Diebstahl 899	Eigentumsverl. 1147	Eigentumsverl. 974	Eigentumsverl. 677
	Körperverletzung 359	Körperverletzung 303	Körperverletzung 645	Körperverletzung 742	Körperverletzung 630
	Bedrohung 165	Bedrohung 189	Fried.-Verl. 164	Steuerverg. 617	Fried.-Verl. 313
	Widerstand gegen d. Staatsgewalt 109	Schlägerei 123	Eingeb.-VO. 77	Fried-Verl. 339	Steuerverg. 260
Todesstrafe	—	1	2	1	—
Freiheitsstrafe	418	589	640	653	486
Geldstrafe	502	637	704	1954	2381
Prügelstrafe	608	85	124	106	68
andere Strafen	59	53	69	23	22
Ehebrüche	59	36	72	80	73

M. Die Rechtspflege in Togoland von 1933—1937.

	1933	1934	1935	1936	1937
Magisterial Courts					
Zivilfälle	—	—	—	—	1561
Straffälle	—	—	865	809	892
Native Courts					
Zivilfälle	661	534	617	532	575
Straffälle	707	726	785	752	649

N. Die Legislative Councils in Gebieten ohne Selbstverwaltung.*

South-West-Africa:	12 gewählt, 6 ernannt.
Nordrhodesien:	5 amtlich, 4 ernannt (amtlich), 7 gewählt (nicht amtlich).
Nyassaland:	4 amtlich, 4 ernannt (nicht amtlich).
Kenya:	11 amtlich, 9 ernannt (amtlich), 11 gewählte Europäer, 5 gewählte Inder, 1 gewählter Araber, 2 ernannte (nicht amtliche) Vertreter weißer Rasse für die Eingeborenen.
Tanganyika:	13 amtlich, 10 ernannt (nicht amtlich).
Uganda:	7 amtlich, 6 ernannt (nicht amtlich).
Nigeria:	30 amtlich, 4 gewählt (nicht amtlich), 15 ernannt (nicht amtlich) aus der Kolonie und den Südprovinzen, die meist nicht amtlichen sind natives.
Gold Coast:	15 amtlich, 14 nicht amtlich (davon 6 gewählte Häuptlinge, 3 gewählte eingeborene Städter).

* Vergl. Maier, S. 294.

O. Proclamation Nr. 168/1932 (Natal Code).*

Der „Natal Code of Native Law" zerfällt in die Präambel und 17 Kapitel, die im einzelnen folgende Fragen betreffen:

Kapitel	I (§ 1):	Erläuterung von englischen und eingeborenen Rechtsbegriffen.
„	II (§§ 2—10):	Der Supreme Chief und dessen Anordnungen.
„	III (§§ 11—14):	Stammesgrenzen (Beschränkung der Freizügigkeit).
„	IV (§§ 15—24):	Chiefs und Headmen.
„	V (§§ 25—32):	Der Status der Einzelpersonen.
„	VI (§§ 33—43):	Die Kraal-Häuptlinge (= Vorstände von Eingeborenen-Siedlungen, bestehend aus mehreren oder auch einem Haus: § 1 (3) (1).
„	VII (§§ 44—56):	Vormundschaft.
„	VIII (§§ 57—75):	Eingeborenen-Ehen: A. nach Gewohnheitsrecht; B. durch „Eintritt" eines Verwandten des verstorbenen Ehegatten.
„	IX (§§ 76—84):	Scheidung und Aufhebung gewohnheitsrechtlicher Ehen.
„	X (§§ 85—96):	Der Brautpreis (Lobolo).
„	XI (§§ 97—107):	Das Kraal-Familien-System.
„	XII (§§ 108—118):	Erbschaft und Erbfolge.
„	XIII (§§ 119—129):	Medizinmänner und Pflanzenkundige (Heilkunde der Eingeborenen und ihre Bestrafung bei Mißbrauch).
„	XIV (§§ 130—143):	Einklagbare Straftaten („Privatklagedelikte").
„	XV (§§ 144—154):	Zivilprozeß und vermischte Bestimmungen.
„	XVI (§§ 155—171):	Strafbare Handlungen: A. gegen die öffentliche Ordnung, gegen Behörden, gegen Anstand und Moral; B. gegen die Heiratsbestimmungen (des Kapitels VIII); C. gegen verschiedene andere Bestimmungen (z.B. Waffentragen, unterlassene Verbrechensanzeige usw.); D. gegen Bestimmungen zur Verhinderung von Aufruhr und Schlägereien.
„	XVII (§§ 172):	Generalklausel (Strafe bis 10 Pfund oder 3 Monate Gefängnis).

Weiterhin gibt es ausführliche Bestimmungen über Schließung und Beendigung christlicher Eingeborenen-Ehen, sowie ihrer familienrechtlichen Folgen:

Bestimmungen über die Verwaltung der Reservate;
„ „ die Schürfrechte;
„ „ das Kaffernbier;
„ „ die Verantwortung bei Nichtausführung gesetzlicher Pflichten durch Häuptlinge usw. (u. U. kollektiv);
„ „ die Touristen-Transporte, Scheinkriegstänze, Festlichkeiten usw. in den Eingeborenen-Reservaten.

* Vergl. Stafford, S. 17 ff., 163 ff.

Schrifttum.

Afrika-Rundschau: Herausgeber: Afrika-Verein Hamburg-Bremen e. V., Verband der deutschen Handelskammern in Übersee. 1. Jahrgang 1935/36, 2. Jahrgang 1936/37, 3. Jahrgang 1937/38. Hamburg.

Ankermann, B.: Das Eingeborenenrecht Ostafrika. Stuttgart 1929.

Arning, Dr. W.: Deutsch-Ostafrika gestern und heute. Berlin 1936.

Baravalle, R.: Deutschland braucht seine Kolonien. Graz, Leipzig 1939.

Bauer, Dr. H. W.: Kolonien im Dritten Reich. Köln-Deutz 1936.

Bauer, Dr. H. W.: Kolonien oder nicht? Die Einstellung von Partei und Staat zum kolonialen Gedanken. Leipzig 1936.

Bismarck, von: Gedanken und Erinnerungen. Stuttgart, Berlin 1928.

Blumhagen, Dr. H.: Südafrika (Unter Einschluß Südwestafrikas). Hamburg 1921.

Blumhagen, Dr. H.: Südwestafrika einst und jetzt. Berlin 1934.

Blumhagen, Dr. H.: Südwest ist deutsch geblieben. Deutsche Kolonialzeitung, Heft 6, S. 175 ff. Berlin 1939.

Blumhagen, Hans Ernst: Die Doppelstaatigkeit der Deutschen im Mandatsgebiet Südwestafrika und ihre völkerrechtlichen Auswirkungen. Heft 5 der Schriftenreihe „Koloniale Fragen im Dritten Reich". Berlin 1938, 19 Seiten*.

Blumhagen, Hugo: Die Rechtsentwicklung in Deutsch-Südwestafrika unter dem Mandat der südafrikanischen Union. Heft 4 der Schriften der Akademie für deutsches Recht, Gruppe Kolonialrecht. Berlin 1939, 127 Seiten*.

Böhmer, R.: Die wirtschaftliche Bedeutung Deutsch-Südwestafrikas. Deutsche Kolonialzeitung, Heft 6, S. 180 ff. Berlin 1939.

Brinkmann, H.: Strafrecht und Strafverfahren. Dissertation. Borna-Leipzig 1904.

Buch der Deutschen Kolonien, Das. Herausgeber: A. Mayer. Potsdam-Leipzig.

Buell, R. L.: The Native Problem in Africa (2 vol.). New York 1928.

Clough, E. O., C. M. G.: An Annual Report upon the Affairs of the Various Countries, Territories and Dependencies under His Britannic Majesty's Crown on the Continent of Africa. 1933.

Crocker, R. W.: Nigeria, a critique of British colonial administration. London 1936.

Das Deutsche Kolonialbuch. Herausgeber: H. Zache. Berlin-Leipzig 1926.

Die deutsche Kolonialgesetzgebung: Sammlung auf Grund amtlicher Quellen. Herausgeber: Dr. Köbner, Gerstmeyer, Berlin.

Deutsche Kolonialpolitik. In Dokumenten. Herausgeber: E. G. Jacob. Leipzig 1938.

Deutsches Kolonial-Lexikon. Herausgeber: Dr. H. Schnee. Leipzig 1920.

Doerr, Dr. F.: Deutsches Kolonialstrafprozeßrecht. Leipzig 1913.

Eingeborenenrecht, Das: Togo, Kamerun, Südwestafrika, Südsee. Herausgeber: E. Schulz, Ewerth, L. Adam. Stuttgart 1930.

Full, A.: 50 Jahre Togo. Berlin 1935.

Gareis, Dr. K.: Deutsches Kolonialrecht. Gießen 1902.

Geldart, W. M. MA, BCL: Elements of English Law. London 1929.

Gerstmeyer: Übersicht über die Rechtsentwicklung in den deutschen Kolonien. Deutsches Recht Heft 23/24, S. 490 ff. Berlin 1937.

Goddard, T. U., M. B. E., B. A. (Oxon.): The Handbook of Sierra Leone. London 1925.

Gold Coast Handbook, The, London-Accra 1937.

Grimm, Dr. H.: Deutschlands Kolonialreich zu Beginn des Weltkrieges. Das Buch der deutschen Kolonien, S. 335. Herausgeber: Dr. A. Mayer. Potsdam, Leipzig.

Gürke, Dr. N.: Völkerrechtslehre und koloniale Ordnung. Deutsches Recht, Heft 23/24, S. 513 ff. Berlin 1937.
Gunzert, Th.: Die Rechtsentwicklung in Deutsch-Ostafrika unter britischem Mandat. Berlin 1938.
Hänel, K.: Koloniale Rechtsfindung. Deutsches Recht, Heft 23/24, S. 516 ff. Berlin 1937.
Hänel, K.: Rechtswahrer und Kolonialfrage. Deutsches Recht, Heft 23/24, S. 35. Berlin 1937.
Hailey, Lord, GCSJ, GCJE: An African Survey. A study of problems arising in Africa south of the Sahara. Oxford, London, New York, Toronto 1938.
A Handbook of Nyassaland. Herausgeber: S. S. Murray. London, Zomba 1932.
Hindorf, Dr. R.: Ostafrika gestern und heute. Das Buch der deutschen Kolonien. S. 256 ff. Herausgeber: Dr. A. Mayer. Potsdam, Leipzig.
Hitler, A.: Mein Kampf. München 1934.
Hoffmann, von, Professor H.: Einführung in das Deutsche Kolonialrecht. Leipzig 1911.
Hoffmann, von, Dr. H.: Verwaltungs- und Gerichtsverfassung der Deutschen Schutzgebiete. Leipzig 1908.
Hoffmann, von, Dr. H. Edler: Deutsches Kolonialrecht. Leipzig 1907.
Hoops, W. O. A.: Der Status der Südafrikanischen Union. Hamburg 1937.
Jenkins, Sir H. KCB.: British Rule and Jurisdiction beyond the Seas. Oxford 1902.
Johannsen, Dr. G. K., H. Kraft: Das Kolonialproblem Deutschlands.
Kameruns Heldenkampf. Soldatenbund. Halbmonatsschrift des Soldatenbundes e. V., Folge 9, S. 279 ff. Berlin 1937.
Karlowa, H.: Die Strafgerichtsbarkeit über die Eingeborenen in den deutschen Kolonien. Dissertation. Borna, Leipzig 1911.
Karlowa, R.: Deutsche Kolonialpolitik. Breslau 1939.
Karlowa, R., Generalkonsul z. D.: Die Pflichten der Kolonialnationen. Deutsches Recht vereinigt mit Juristische Wochenschrift, Heft 13/14, S. 508 ff. Leipzig 1939.
Karstedt, Dr. F. O.: Beiträge zur Praxis der Eingeborenen-Rechtsprechung in Deutsch-Ostafrika. Daressalam 1912.
Kemner, W.: Kamerun. Dargestellt in kolonialpolitischer, historischer, verkehrstechnischer, rassenkundlicher und rohstoffwirtschaftlicher Hinsicht. Berlin 1937.
Kersting, Dr. F.: Das öffentliche Recht der Deutschen Schutzgebiete. Zwickau 1911.
Köbner, Dr. O., Professor: Die Organisation der Rechtspflege in den Kolonien. Berlin 1903.
Kolonialverwaltung der europäischen Staaten, Die. Nach amtlichen Quellen. Berlin.
Krämer, W.: Die koloniale Entwicklung des Anglo-Aegyptischen Sudans. Berlin 1938.
Kraus, H.: Reichsstrafrecht und Deutsche Schutzgebiete. Dissertation. Berlin 1911.
Krüger, Dr. K., Professor: Südafrika. Berlin 1938.
Kühne, Dr. L.: Das Kolonialverbrechen von Versailles. Graz 1939.
Kuhn, Dr. H.: Die Deutschen Schutzgebiete. Erwerb, Verwaltung und Gerichtsbarkeit. Rechts- und Staatswissenschaftliche Studien, Heft 47, S. 292. Berlin 1913.
Lindequist, von, Dr. F.: Wie sieht es heute in unseren beiden größten alten Kolonien aus? Das Buch der deutschen Kolonien, S. 319 ff. Herausgeber: Dr. A. Mayer. Potsdam, Leipzig.
Loeff, W.: England ohne Maske. Tatsachen britischer Kolonialpolitik. Leipzig 1939.
Ludwig, H.: Ethische Grundzüge zukünftiger Deutscher Kolonialpolitik. Deutsches Recht, Heft 23/24, S. 499 ff. Berlin 1937.
Lugard, Lord F. D., GCMG, CB, DSO: The Dual Mandate in British Tropical Africa. Edinburgh, London 1929.

Lütken, E.: Das materielle Strafrecht in den Deutschen Kolonien. Dissertation. Greifswald 1914.
Mair, L. P., M. A., Ph. D.: Native Policies in Africa. London 1936.
Malherbe-Boucke, J.: Südafrika von heute. Das Heimatland der Buren. Stuttgart 1936.
Mansfeld, A.: Urwald-Dokumente. Berlin 1908.
Martens, O., Karsted, Dr. O.: Afrika. Ein Handbuch für Wirtschaft und Reise. Berlin 1936.
Mayer, Dr. A.: Die Entstehung der Kolonien. Das Buch der Deutschen Kolonien, S. 18 ff. Herausgeber: Dr. A. Mayer. Potsdam, Leipzig.
Mecklenburg, Adolf Friedrich, Herzog zu: Koloniale Wohlfahrt und Zukunft. Das Buch der Deutschen Kolonien, S. 323 ff. Herausgeber: Dr. A. Mayer. Potsdam, Leipzig.
Meinhof, C.: Afrikanische Rechtsgebräuche. Hamburgische Vorträge. Berlin 1914.
Mühling, K., Regierungsrat: Er verkauft seine Mutter! Jambo. Abenteuer, Unterhaltung und Wissen aus Kolonien und Übersee, Heft 7, S. 184 ff. Leipzig 1927.
Naendrup, Dr. H.: Entwicklung und Ziele des Kolonialrechtes. Vortrag. Münster 1907.
Neumann, M.: Die Rechtseinheit im Deutschen Kolonialrecht und die Errichtung eines Obersten Kolonialgerichtshofes. Dissertation. Borna, Leipzig 1911.
Newland, H. O., Captain: West Africa. A handbook of praktical information. London 1922.
Nigeria Handbook, The. London 1936.
Official Yearbook of the Colony of Southern Rhodesia 1926—30. Salisbury 1932.
Official Yearbook of the Union and the Basutoland, Bechuanaland, Protectorate and Swaziland. Pretoria 1938.
Othenberg, L.: Die Zuständigkeit in privatrechtlichen Mischprozessen nach deutschem Kolonialrecht. Dissertation. Hannover 1914.
Padmora, G.: Afrika unter dem Joch der Weißen. Zürich, Leipzig.
Pahl, W.: Afrika zwischen Schwarz und Weiß. Bern, Leipzig, Wien.
Perels, Dr. K.: Die Errichtung eines Kolonial- und Konsular-Gerichtshofes. Hamburg 1910.
Perham: Native Administration in Nigeria. Oxford, London, New York, Toronto 1937.
Preller, Dr. H.: Englische Geschichte. Berlin 1934.
Prinzipien der britischen Außenpolitik. Schriften des Deutschen Instituts für außenpolitische Forschung und des Hamburger Intstitutes für Auswärtige Politik, Heft 6. Herausgeber: Prof. Dr. F. Berber. Berlin 1939.
Reinsch, P. S., Professor: Colonial Government. An introduction to the study of colonial institutions. New York 1911.
Report by His Majesty's Government in the United Kingdom of Great Britain and Northern Ireland to the Council of the League of Nations on the Administration of the Cameroons under British Mandate for the Year 1933, 1934, 1935, 1936, 1937. London.
Report by His Majesty's Government of Great Britain and Northern Ireland to the Council of the League of Nations on the Administration of the Tanganyika Territory for the Year 1933, 1934, 1935, 1936, 1937. London.
Report by His Majesty's Government in the United Kingdom of Great Britain and Northern Ireland to the Council of the League of Nations on the Administration of Togoland under British Mandate for the Year 1933, 1934, 1935, 1936, 1937. London.
Report by the Hon. W. G. A. Ormsby-Gore, MP. (Parliamentary Under-Secretary of State for the Colonies), on his Visit to West Africa during the Year 1926. London 1926.

Report Presented by the Government of the Union of South Africa to the Council of the League of Nations Concerning the Administration of South West Africa for the Year 1933, 1934, 1935, 1936, 1937. Pretoria.

Rhodesian Manual on Agriculture Industry and Mining. Johannesburg 1931.

Rohrbach, P., Rohrbach, J.: Afrika heute und morgen. Grundlinien europäischer Kolonialpolitik in Afrika. Berlin 1939.

Rosenberg, A.: Wesen, Grundsätze und Ziele der NSDAP.

Schack, F.: Das Deutsche Kolonialrecht in seiner Entwicklung bis zum Weltkriege. Hamburgische Universität, Band 12. Hamburg 1923.

Schack, F., Dozent: Kolonialrecht im Wiederaufbau. Deutsches Recht, Heft 17/18. Berlin 1937.

Schapera, I.: Land Tenure Among the Natives of Bechuanaland Protectorate. Z. f. vergl. Rechtswissenschaft 52 (1938), Seite 130—159*.

Schapera, I.: A Handbook of Tswana Law and Custom, compiled for the Bechuanaland Protectorate Administration. London-New York 1938, 326 Seiten*.

Schnee, Dr. H., Gouverneur i. R.: Die Deutschen Kolonien vor, in und nach dem Weltkrieg. Leizig 1935.

Schnoeckel, P.: Die deutschen Kolonien im Jahre 1933, außenpolitisch gesehen. Das Buch der Deutschen Kolonien, S. 250 ff. Herausgeber: Dr. A. Mayer. Potsdam, Leipzig.

Schnoeckel, P.: Unter fremder Mandatsherrschaft. Das Buch der Deutschen Kolonien, S. 245 ff. Herausgeber: Dr. A. Mayer. Potsdam, Leipzig.

Schober, R.: Kamerun. Neuzeitliche Verwaltungsprobleme einer tropischen Kolonie. Berlin 1937.

Schulungsbrief, Der. Das zentrale Monatsblatt der NSDAP. und DAF., Folge 8. Berlin 1939.

Schweitzer, A.: Afrikanische Geschichten. Leizig 1938.

Seelbach, Dr. F.: Grundzüge der Rechtspflege in den Deutschen Kolonien. Dissertation. Bonn 1904.

Seitz, Dr., Gouverneur a. D.: Eingeborenenrecht im alten Kamerun. Das deutsche Kolonialbuch, S. 270 ff. Herausgeber: H. Zache. Berlin-Schmargendorf, Leipzig.

Sell, Dr. M.: Die neue Deutsche Kolonialpolitik. München 1933.

Sieglin, L.: Die koloniale Rechtspflege und ihre Emanzipation vom Konsularrecht. Kolonialrechtliche Abhandlungen, Heft 1. Münster 1908.

Skowran, P.: Das Südafrika-Buch. Berlin 1937.

The South and East African Year Book and Guide. Herausgeber: G. Gordon-Brown FRGS. London 1938.

Spießer, F.: Die zweite Generation — und was dann? Deutsche Kolonial-Zeitung, Heft 6, S. 178 ff. Berlin 1939.

Stafford, W. G.: Native Law as practised in Natal. Johannesburg 1935.

Steinmetz, Dr. S. R.: Rechtsverhältnisse von eingeborenen Völkern in Afrika und Oceanien. Berlin 1903.

Stigand, C. H., Captain: Administration in Tropical Africa. London 1914.

Strunz, J., Dr.: Der Völkerbund. Entstehung, Organisation und Wirkung. Leipzig 1930.

Thomas, G.: Gab es in den Deutschen Kolonien Grausamkeit? Die Auslese. Aus Zeitschriften des In- und Auslandes, Heft 8, S. 673 ff. Berlin 1939.

Thurnwald, R.: Koloniale Gestaltung. Methoden und Probleme überseeischer Ausdehnung. Hamburg 1939.

Thurnwald, R.: Vergleichende Rechtswissenschaft. Eingeborenenrecht und Kolonialrecht. Z. f. vergl. Rechtswissenschaft 33 (1939) S. 1—9*.

Tönjes, P. H., Direktor: Deutsche Auswanderung. Das Buch der Deutschen Kolonien, S. 313 ff. Herausgeber Dr. A. Mayer. Potsdam, Leipzig.

Troll, Dr. C.: Das Deutsche Kolonialproblem. Berlin 1935.

Türcke, Dr. Freiherr von: Die Bedeutung der Art des deutschen Kolonialerwerbs für die Gegenwart. Deutsches Recht vereinigt mit Juristische Wochenschrift, Heft 36, S. 1843 ff. Leipzig 1939.

Umschau, Die, in Wissenschaft und Technik, Heft 32, 42. Frankfurt/Main 1939.
Urkunden zur letzten Phase der deutsch-polnischen Krise. Herausgeber: Auswärtiges Amt. Berlin 1939.
Wall, P. Thomas: Topham's Principles of Company Law South African Edition. London 1937.
Wangenheim, von, H. U.: Kolonien des Dritten Reiches. Gedanken über die Erfordernisse und Möglichkeiten ihrer Gestaltung. Berlin 1939.
Weltkrieg in den Kolonien, Der: Nach Berichten von Kriegsteilnehmern. Das Buch der Deutschen Kolonien, S. 215 ff. Herausgeber: Dr. A. Mayer. Potsdam, Leipzig.
Wengler, W., Dr. Dr.: Kolonialrecht und Rechtswissenschaft. Zeitschrift der Akademie für deutsches Recht, S. 517. Berlin 1939.
Wengler, W., Dr. Dr.: Die Verwaltungsorganisation der Kolonien im tropischen Afrika. München, Leipzig 1937.
Wengler, W., Dr. Dr.: Zeitschrift für ausländisches öffentliches Recht und Völkerrecht, S. 360 ff. 1938.
Wengler, Wilhelm: Die Eingeborenengerichtsbarkeit in den Mandatsgebieten Togo und Kamerun. Z. f. vergl. Rechtswissenschaft 53 (1939), Seite 144 bis 188*.
Werder, Peter von: Sozialgefüge in Westafrika. Z. f. vergl. Rechtswissensch. 52 (1938), Seite 34—153*.
The West African Directory and Year Book 1920/21. Herausgeber: Dusé Mohamed Ali, W. F. Hutchinson. London.
Westermann, Diedrich: Der Afrikaner heute und morgen. Berlin-Essen 1937.
Wick, Dr. H.: Die Farbigenrechtspflege in den deutschen Schutzgebieten. Kolonialrechtliche Abhandlungen, Heft 4. Münster 1914.
Winkelmann, Dr., Gerichtsassessor: Probleme der Eingeborenenrechtspflege in Afrika. Deutsche Justiz, amtliches Blatt der deutschen Rechtspflege, Heft 20, S. 835 ff. Berlin 1939.
Winkelmann, G.: Die Eingeborenenrechtspflege in Deutsch-Ostafrika, Kamerun und Togo unter deutscher Herrschaft. Z. f. vergl. Rechtswissenschaft 53 (1939), Seite 189—221*.
Winkelmann, G.: Die Eingeborenenrechtspflege im britischen Mandatsgebiet Tanganyika. Z. f. vergl. Rechtswissenschaft 53 (1939), Seite 327—359*.
Winship, N.: The Anglo-Egyptien Sudan A commercial handbook. Washington 1927.
Zache, H.: Die deutsche Kolonialverwaltung. Das deutsche Kolonialbuch, S. 99 ff. Herausgeber: H. Zache. Berlin-Schmargendorf, Leipzig.
Zache, H.: Deutschlands koloniale Eingeborenenpolitik. Das deutsche Kolonialbuch, S. 41 ff. Herausgeber: H. Zache. Berlin-Schmargendorf, Leipzig.
Zache, H.: Deutsch-Ostafrika (Tanganyika Territory). Berlin 1926.
Zumpt, Dr. F.: Kolonialfrage und nationalsozialistischer Rassenstandpunkt. Deutsches Ringen um kolonialen Raum, Heft 5. Hamburg 1938.
Zumpt, Dr. F.: Die Eingeborenenrechtspflege im britischen Mandatsgebiet Tanganyika und ihre praktische Auswirkung. Deutsches Recht vereinigt mit Juristische Wochenschrift, Heft 13/14, S. 537 ff. Leipzig 1939.

* Dieser Aufsatz konnte bei der Drucklegung nicht mehr im Text berücksichtigt werden.

Kolibri 360 GmbH
Ferdinand-Jühlke-Straße 7
99095 Erfurt, Deutschland
produktsicherheit@kolibri360.de